河北省社会科学基金项目
项目批准号：HB22YY017

英源外来词综合发展研究

郭思斯　著

中国纺织出版社有限公司

图书在版编目（CIP）数据

英源外来词综合发展研究 / 郭思斯著. — 北京：中国纺织出版社有限公司，2023.10

ISBN 978-7-5229-1127-4

Ⅰ. ①英… Ⅱ. ①郭… Ⅲ. ①汉语－外来语－研究 Ⅳ. ① H136.5

中国国家版本馆 CIP 数据核字（2023）第 194708 号

责任编辑：房丽娜　责任校对：江思飞　责任印制：储志伟

中国纺织出版社有限公司出版发行
地址：北京市朝阳区百子湾东里 A407 号楼　邮政编码：100124
销售电话：010—67004422　传真：010—87155801
http://www.c-textilep.com
中国纺织出版社天猫旗舰店
官方微博 http://weibo.com/2119887771
天津千鹤文化传播有限公司印刷　各地新华书店经销
2023 年 10 月第 1 版第 1 次印刷
开本：787 × 1092　1/16　印张：12
字数：230 千字　定价：78.00 元

前　言

本书旨在全面分析汉语中使用的英源外来词。作者不仅介绍了英源外来词进入汉语的历史背景、借入方法和发展趋势，还介绍了英源外来词的借入在历史上的三个高潮，即1840年至1919年、1919年至1950年、1950年至今。英源外来词可以通过音译、意译或两者结合的方式借用到汉语中，也可以直接以字母形式借用。为了满足国人在不同历史背景下的不同需要，英源外来词汉化主要有两种变化趋势，最突出的趋势是音译词向意译词的过渡。然而，如果意译词不能准确地表达英语输入的意思，就会发生由意译词向音译词的转变。

本书还试图基于音系知觉理论对英源外来词的借入过程进行全面地描述。结果表明，音系知觉理论能很好地解释英源外来词借入汉语时，音段、音节结构及超音段特征是如何发生变化的。英源外来词的汉化是在语音和音系的因素相互作用下完成的。首先，英源外来词的清不送气的爆破音借入时，虽然英语清不送气爆破音的发声起始时间（VOT-voice onset time）VOT值与汉语不送气清音的爆破音相似，但通常被借为汉语中的送气爆破音。因为汉语的爆破音没有清浊特征的区分，只通过送气、不送气区别特征，英源外来词中的清不送气的爆破音借为汉语中的送气爆破音的过程，证实了音系而不是语音在爆破音借入中所起的主导作用，即它将英语清浊音系特征的对立转化为汉语中送气不送气的音系区别。而英语腭槽音 /ʃ，tʃ，dʒ/的借入对音系的主导作用提出了挑战。英语腭槽音/ʃ，tʃ，dʒ/在不处于前高元音之前时，大多会映射成汉语国际音标的[ɕ，tɕ^{h}，tɕ]，而汉语国际音标的[ɕ，tɕ^{h}，tɕ]是在前元音前的音标[s, ts^{h}, ts], [ʂ, tʂ^{h}, tʂ] 或 [x, k^{h},k]的音位变体，即源语言中的音素直接映射到了目标语言中的音位变体，而不是音系理论认为的映射应在目标语言的词汇中。因此，将两者相结合的音系知觉理论是解释英源外来词借入的最佳选择。

描述英语元音的借入过程比辅音借入要复杂得多。因为不同的借入者对相似元音或不同汉字的个人喜好，使英语元音的借入表现出高度的灵活性。但从整体上看，英语元音舌位的前后特征比元音的舌位高低特征和圆唇特征在借入后能得到更好的保留，且舌位的高低特征和前后特征即使在借入过程中有偏差也在合理范围内。英语的圆唇特征得到比较忠实的映射：英语非圆唇前元音很少映射为汉语的圆唇元音；而英语圆唇后元音可映射为汉语的非圆唇元音。

在英源外来词音节结构借入的过程中，汉语比英语的音段配列限制更为严格，因此，要对在英语合格而汉语不合格的借入形式进行音系修补。知觉凸显性决定了修补策略是采取增音还是删音：知觉凸显性高的音素会采取增音策略保留，而知觉凸显性低的音素会采取删音策略。影响音素的知觉凸显性因素包括辅音位置、辅音丛类型等。此外，本书还考察了采取增音策略的元音插入的三种方法，辅音扩散比默认元音或者元音复制更为常用。

英源外来词超音段的借入过程受语音和音系因素的共同影响，虽然英语重音与汉语声调存在部分映射关系，但影响英语韵律借入的主要因素为汉语汉字的选择。

本书基于音系知觉理论，充分考虑语言学因素与语言学之外的因素（如书写系统、方言、字义、借入者的双语水平、英美源语的差异等），力图全面分析英源外来词的音系借入规律。

郭思斯

2023年1月

目　录
CONTENTS

第1章　绪论

外来词音系研究的一个中心问题是基础理论的选择，也就是说，究竟是用语音理论还是音系理论去解释外来语的借入规律。第一种理论是纯语音观点，认为本族语使用者无法接触到源语言的音系，外来词的借入是由于借用者对源词的误解造成的（Dupoux & Peperkamp, 2002; De & Cho, 2012; Iverson & Lee, 2006; Peperkamp & Dupoux, 2003; Shinohara, 2006）。第二种理论是纯音系观点，该理论认为外来词借入的本质是音系学的，外来词借入过程只是生成语法的结果（Jacobs & Gussenhoven, 2000; Kang, 2010; Paradis & LaCharite, 1997）。第三种理论是音系知觉理论，即借用者所感知到的声音信号受到了目标语语系规则的影响（Itô & Mester, 2001; Jacobs & Gussenhoven, 2000; Zhang, 2006）。

1.1　研究目标和意义

本书通过对外来语词典中大量的英源外来词进行音系分析，包括音段分析、音节结构分析和超音段分析，考察了所有可能在外来词借入过程中发挥重要作用的因素及其相互作用，包括语言因素和非语言因素。这些因素对实际借入过程的影响程度不同，通常有一、两个因素在具体的借入过程中起决定性作用。在实际的借用过程中，如果某一特征的知觉凸显性较强，删除这一特征会使借入者感知到明显的音段缺位，则这一特征通常会得到保留。另外，如果需要采取增音修补策略将源语言特征保留，所插元音也通常选择音长最短、知觉上最不具有凸显性的元音，以此最大限度上解决借入语与源词的感知相似问题。

以往对英源外来词的研究大多忽略了对音译外来词的音系学分析，中国学者认为外来词借入的主要方法是通过意译的方法，因为汉语书写系统与语音、音系之间的间接关系可能削弱了研究者的语音意识。因此，对英源音译外来词进行系统音系分析的很少。此外，一些研究虽涉及音系分析

（Kim, 2019; Yu，2010），但没有深入地研究。因此，本研究试图分析语音、音系、知觉因素等在英源外来词借入过程中所起的作用，为英源外来词借入的音系规律提供一个全面的分析。

1.2 语料收集与来源

本书中的研究成果基于大量的语料，对汉语中的英源外来词进行深入研究。在1273个英源外来词中，共分析了5360个音段。例如，在英语单词bit中，将首辅音[b]，元音[i]，尾音[t]分别作为一个音段进行分析。本研究中的语料主要来自三本不同的词典:《汉语外来词词典》（1984）、《现代汉语新词词源词典》（2001）和《新华外来词词典》（2019）。

对于语料的收集和来源有几点需要说明：第一，英源外来词的具体词源较难确定，因为字典没有列出源语言是英式英语还是美式英语。英式英语和美式英语在发音上有些差别，在研究过程中，如遇到因源语言方言差异造成的映射偏差，本文有具体指出说明。1840年的中英鸦片战争是中外语言词汇接触的一个转折点。在鸦片战争中战败后，晚清政府被迫对西方列强敞开国门。在此背景下，英国英源外来词形成了汉语外来词借入的第一个高潮。英式英语对汉语的影响一直持续到20世纪90年代。然而，随着美国经济的快速发展，近年来大量的美语外来词涌入中国，汉语更多地受到美式英语的影响。第二，本研究所挑选的语料多为普通名词，不包括专有名词，如人名、公司名称、品牌名称等。专有名词之所以被排除，是因为专有名词的借入往往受到中国国家科技术语委员会、新华社专有名词和翻译机构等中国官方机构标准的制约（Dong, 2012）。该标准往往只基于语音相似性对外来词的音系借入进行规范。第三，本研究只考察汉语中的英源外来词，因此源语言不是英语的外来词都被排除在分析之外。当外来词来源不明时，就用上述的词典进行查证。例如，从意大利借入的cappuccino，从法语借入的cafe等外来词被排除在外。第四，通过汉语方言如广东话、上海话和中国台湾话引入的英源外来词被排除在本研究之外，因为它们与汉语有着不同的音段和超音段特征，无法总结其音系借入规律。但如果英源外来词只是通过这些方言路径，最终进入汉语并一直被使用至今，那也属于本文的研究对象。第五，在研究英源外来词超音段的借入特征时，排除了受汉语中第三声调连读变调影响的音节。在汉语中，当两个三声音节连续出现时，第一个音节会变调成二声（Glewwe, 2015）。由于外来词也受这一规律的制约，所以很难区分第一个音节究竟是二声调还是三声调，这会将英源外来词的超音段特征与汉语本身的声调特征相混淆。

1.3 内容安排

本文的其余部分结构如下：第 2 章介绍了汉语中英源外来词的特点，包括英源外来词的发展历史和不同的借入模式。通过历时的研究方法，分析了英源外来词由最初音译词到意译词的发展到后来意译词到音译词的转变。第 3 章是理论综述部分，包括介绍外来词借入规律的语音理论、音系理论、音系知觉理论，并分析了每种理论在研究外来语借入规律的优缺点，音系知觉理论是目前分析外来语音系借入规律的最佳角度。第 4 章至第 6 章是本研究的主体部分，对英源外来词的借入规律进行了详细的分析，这三章分别从音段、音节结构和超音段三个方面对英源外来词的借入规律进行了分析。第 7 章总结了本研究的重要发现和贡献，并对未来的研究提出了建议。

第2章　英源外来词的借入

2.1　历史背景

汉语引进英源外来词的历史可分为三个时期：第一个时期是从1840年的中英鸦片战争至1919年的五四运动。那是中国社会发生巨变的时期。中国在鸦片战争中战败后，遭受了帝国主义列强的剥削和侵略，沦为了半殖民地。鸦片战争也是中外语言词汇交流的一个转折点。在1840年以前，作为四大文明古国之一，中国是文化和词汇的输出国。然而，鸦片战争之后，清政府被迫采取开放的政策，不得不接受许多外国的观念和事物。在这种情况下，一些中国的知识分子开始向西方学习。19世纪60年代以后，大量的西方作品被政府机构和个人引进和翻译，包括政治、科学和技术等各个领域。英源外来词达到了其借词史上的第一个高潮。这一时期涌现了一批有影响的学者，他们在中国借词史上发挥了重要作用。

林则徐被认为是中国历史上“放眼看世界”的第一人。他翻译了由英国作家休·默里（1834）编写的 *An Encyclopaedia of Geography*，译为《四洲志》。这本书介绍了亚洲、美洲、非洲和欧洲等三十多个国家的历史、社会、文化和民族情况等。在林则徐的作品中，许多地方、国家、湖泊和山脉的译名与我们今天使用的非常相似。这本书中还介绍了一些政治术语，如（1）中所列，它们是本研究语料库的一部分：

（1）《四洲志》中的外来词

英语输入	国际音标IPA	汉语拼音
parliament	[pA-li-man]	bā lí mǎn
president	[po-lje-ɕi-ljəŋ]	bó liè xī lǐng
senate	[ɕi-je]	xī yè

虽然这些音译词大多没有流传到现在，而且随着历史的发展转化为意译词，但是，这些词在当

时广为流传。

魏元的《海国图志》（1847）是当时亚洲最全面的一本世界百科全书。它也是第一本系统介绍西方军事、技术和政治的书，其中的外来词如（2）所示：

（2）英语输入	国际音标IPA	汉语拼音
pound	[pɑŋ]	bàng
company	[kan-pA-ni]	gān bā ní
acre	[ai-tɕjA]	āi jiā

张德彝是清代的外交家，写过许多欧洲游记。他的游记中出现了很多日常用语的外来词，示例见（3）：

（3）英语输入	国际音标IPA	汉语拼音
sherry	[ʂɤ-li]	shè lì
whisky	[xwei-sɿ-tɕʅ]	huì sì jì
soda	[sou-tA]	sōu dá

严复是中国文学史上著名的翻译家，奠定了中国翻译的基础，提出了被译者广泛接受的翻译标准。严复在引入外来词时坚持他的翻译标准“信、达、雅”（忠诚、表现力和优雅）。他翻译的一些外来词至今仍在使用，示例如（4）所示:

（4）英语输入	国际音标 IPA	汉语拼音
Utopia	[wu-two-pɑŋ]	wū tuō bāng
totem	[tʰu-tʰəŋ]	tú téng
logic	[lwo-tɕi]	luó jí

这一时期的英源外来词表现出以下几个特点：第一，由于外来词大多由个人引入，往往受到翻译者个人认知和喜好的影响。因此，这一时期的外来词很不稳定，而且晦涩难懂。例如，严复喜欢用中国文言文，而不是现代汉语（白话文）来翻译外来词。因此，他的许多译文晦涩难懂，至今没有流传下来。第二，这一时期的英源外来词受到了汉语方言，特别是粤语的影响。广州是鸦片战争后第一个被迫开放的通商口岸。林则徐的《四洲志》就是从中国澳门和广州当地的杂志报刊中收集来的。因此，方言对这些早期外来词的语音影响是不可避免的。第三，同一外来词的不同译法在这一时期并存。例如，民主 democracy 被翻译为“德谟克拉西，

德莫克拉欺，德漠克拉西”，电话telephone被翻译为“德律风，爹厘风，太立风”。音译是这一时期的主要方法，因为本地汉语词汇很难表达新事物或新概念的确切意义，汉语同音异义词又较多，译者也受当地方言的影响。因此，这一时期汉字的选择比较随意，导致了新词音译的混乱。因为没有有效的大众媒体来传播和统一这些外来词，所以这一时期不同地区的英源外来词之间是相互独立的。

第二个时期是从五四运动到20世纪50年代。五四运动后，西方作品被大量引入，且白话文取代文言文使外来语更容易被公众接受。这一时期的英源外来词产生了许多新的特点：首先，英源外来词大多是通过上海的吴语借入的，然后再传入普通话。1843年，上海被迫向西方侵略者开放，成为外国的殖民地，上海吴语外来词传播到周边地区，最终进入普通话。第二，关于生活日常、文化、艺术领域的外来词数量不断增加。这一时期，从英语中借词的目的是为了供民众在日常生活中使用，西方的文化和生活方式通过语言影响了中国人的生活方式，人们愿意尝试新的事物和新的生活方式，这一现象加速了英源外来词的传播，例子如（5）所示，许多外来词至今仍广为流传：

（5）

英语输入	国际音标IPA	汉语拼音
sofa	[ʂA-fA]	shā fā
copy	[kɑu-pei]	kǎo bèi
jeep	[tɕi-p^{h}u]	jí pǔ

第三个时期是从1950年至今。在20世纪六七十年代，英源外来词的借入受到了严格的限制，这一时期从英语中借来的新词很少。但是，1978年中共十一届三中全会之后，中国政府采取了对外开放政策，鼓励与世界各国交流，从而使英源外来词大量涌入汉语。这一时期的英源外来词表现出一些鲜明的特点：首先，英源外来词是通过粤语从南方传到北方的。因为当时香港是英国的殖民地，又与广东省使用相同的粤语方言，因此，英源外来词通过中国香港传入广东，又从广东沿海传入内陆地区，如（6）所示。一些英源外来词也通过中国台湾进入了大陆，像迷你mini > [mi-ni]，秀show > [ɕjəw]等。其次，娱乐、文化和日常生活领域中的英源外来词的数量在不断增加，因为和平与发展是世界的主题，人们更加关心日常的生活。例如，这一时期引入的朋克 punk > [p^{h}əŋ-k^{h}ɤ]，粉丝 fans > [fən-sɿ]等。第三，大量的英文字母词被直接借用到汉语中，例如，WTO（世界贸易组织），UFO（不明飞行物）等。因为中国国民的英语水平普遍提高，他们能准确地知道一个英语单词的意思，因此，人们可以在日常生活中直接使用这些字母词而不用借助其他人的翻译。第四，一些英源外来

词作为新语素参与本族语新词的创造。例如，*秀*show这个词在中文新词的创造中发挥着重要的作用，如 *服装秀*、*作秀*、*秀场*，甚至英语字母单词也可以参与到中文新词的创造中，如 IT 可以用作 IT *人才*、IT *市场*、IT *时代*。

（6）

英语源词	国际音标IPA	汉语拼音
party	[p^{h}ai-twei]	pài duì
disco	[ti-ʂʅ-kɑu]	dí shì gāo
encore	[an-k^{h}ɤ]	ān kě

2.2　译介方式

英源外来词的汉化过程按其翻译方法可以分为音译、意译、音意结合、字母词。在本节中，详细阐述了这四种借入方法，以及国人对不同翻译方法的态度和偏好。

意译是指通过语义借入的外来词，包括语素意译，即保留源词的语义和语法结构，逐字逐句地翻译源词的语义。例如，classroom 翻译为 教室，class 意思是 教，room 的意思是 室。另一种叫做整体意译，只是大致解释了源语言的特点和功能、整体词意，例如，computer 翻译为 *电脑*，它只是描述了对象但没有一一对应语素。

音译是指通过音译借入的词。它可以分为两种类型：一种是纯音译。输出的汉字语义与英语的语义无关，只有这些汉字的语音特征与英语的输入更为相近。例如，sofa 翻译为 [ʂA-fA] 沙发。*沙*发在中文的意思里*沙*意味着沙子，而*发*的意思是头发。这些汉字的语义与英语本义无关，只是代表英语源词的发音；另一种是谐音音译。汉语翻译既与英语源词的语义相关，又与英语源词的语音相关，例如，*Utopia* 音译为 *[wu-two-paŋ] 乌托邦* 这个翻译既与英语源词在语音上最为相近，又表达出了“世界上理想的国家”的含义。

音译意译结合分为两类，第一类是“音译＋类标”型，即外来词音译借入汉语后，又按照汉语偏正构词的模式，在其后加上一个表明词的意义类属的类标。例如，*car* 翻译为 *卡车，卡* 是发音的音素部分对应英语输入 *[k^{h}A]*，*车* 是添加类别的语义部分，车辆将英语外来词 *car* 的意义补充完整；第二类是“音译+意译”的组合，即外来语的翻译一分为二，一半音译，一半意译。根据音译、意译位置的不同可分为以下两种类型：“前音译后意译”，例如，*miniskirt* 翻译为 *[mi-ni-*

tɛwən] *迷你裙*，其中 *迷你* 是音译的部分，而 *裙* 为对应的语义翻译；“前意译后音译”，如 *airbus* 译为 *空中巴士*，前半部分 *air* 为意译 *空中*，而后半部分为音译 *bus* 为 *巴士*。

字母词可分为纯字母借词、字母+汉字、字母+数字、字母+数字+汉字几类。第一种是纯字母借词只是英文缩写，例如，英语单词 *CEO* 是 *Chief Executive Officer* 的缩写，*DIY* 是 *Do It Yourself* 的缩写；第二种是结合英语缩写和一个汉字可以创建一个新的单词, 如 *B超*、*T恤*；第三种是字母和数字的组合，例如，*MP4*、*3G* 等；第四种是字母、数字和汉字的结合，如 *3D 电影*。

在这些类型的借词中，音译和音译意译结合构成了本研究的语料库。因为本文主要从音系的角度来研究英源外来词的汉化规律，所以对意译词和字母词没有进一步的研究。

2.3 译介方式的演变

不同的译介方式反映了汉语在吸收外来词时的主观能动性，汉语并不是被动地接受外来词，而是根据当时的历史文化背景和自己的需求进行选择的。英源外来词进入汉语后，其词形和词义也不是一成不变的，而是经过人们一段时间的调整和改造后，才慢慢统一起来的。

英源外来词译介方式的演变主要有两种趋势。李海燕（2018）认为，最突出的趋势是由音译词向意译词的转变，使这些词失去了外来词的属性，而汉化为本土词。汉语表意文字的属性和对字义的高度重视促成了这一趋势。在《汉语外来词词典》收录的1784个英源外来词中，有483个由音译词转化为了意译词。Norman（1988）和 Masini（1993）认为，音译词往往是在借词史的第一阶段产生的。音译词一旦转化为意译词，前者就会逐渐消失，后者就会逐渐流行起来，变得不可逆转。这种转变是一个渐进而复杂的过程，伴随着激烈的竞争和选择。

例如，*水泥 cement* 这个词在35年的时间里经历了各种变化，最终成为意译词被大多数人所接受。这个词的发展情况如（7）所示：

（7）英源外来词 *水泥* cement 一词译介方式演变过程（李海燕，2018: 79）

年份	汉语翻译	译介方式
1882	赛门墩石灰	音译+类标
1882	赛门墩	音译
1884	水泥	意译
1887	塞门德土	音译+类标
1888	赛门土	音译
1889	崔门土	音译
1891	火泥西门土	意译
1894	四门町	音译
1897	西门土	音译
1898	塞门德土	音译+意译
1898	红毛泥	意译
1905	士敏土	意译
1917	赛门德	音译
1917	水门汀	音译
1917	洋灰	意译
1980	水泥	意译

从上面的分析中，我们可以看到 *水泥 cement* 这个词经历了复杂的变化，从纯音译演变为意译词的过程不是一蹴而就的，而是经过长时间的竞争和筛选，并且伴有过渡性交叉并存的现象。*Cement* 一词在1884年被首次翻译成 *水泥* 时，它是一个新创造的词，但当时并没有流行起来。在过渡期间，各种译介方式并存和更迭了一段时间，直到最后1980年又重新以 *水泥* 的意译形式胜出并沿用至今。在外来词引进之初，因为译者对所译内容很难找到本国对应词汇，纯音译方式以其突出的时效性成为译者的首选方式，但随着时间的推移，人们对这些外来词的概念有了更深入的了解，于是便逐渐摆脱了语音上的束缚，利用本国语言重新阐释外来词的内涵。

从纯音译词演变为意译词的过程呈现出系统化的规律。词汇内部组成单位之间存在意义的相互关系，一些词语的意义互相影响，从而形成语义场。处于语义场中的某一个外来词发生了从音译到意译的转变，很有可能会引发处于同一语义场中的其他外来词产生连锁反应，完成从音译到意译的转变。例如，有关 *电* 的外来词都曾采用音译的形式，但最终都被意译所取代。如 *telephone* 开始被译为 *德律风*，后演变为 *电话*，与 *电* 有关的外来事物，之后都套用了“电X”的意译方式，如*电视*、*电梯*、*电影* 等。

从纯音译词演变为意译词主要采取以下几种方式：首先，承袭已有的本族词语，把词语的形和义做为一个整体借用。例如，1902年严复在《原富》中用音译的方式翻译了一系列英国贵族的名字，如公*爵* > *[tu-k^{h}ɤ] 独克*、*侯爵* > *[mA-tɕi] 马基*、*伯爵* > *[ɚ- lɤ] 尔勒*、*子爵* > *[h^{w}ai-k^{h}aŋ] 怀康*、*男爵* > *[pA-lən] 巴伦*。然而，到了19世纪末20世纪初，中国学者翻译了大量的英国文学作品，对英国贵族的等级制度也逐渐了解。因此，有些译者套用中国封建君主统治时期的爵位制度来对应翻译英国的爵位制度。《礼记 王治》中曾记载：“王者之制禄爵，公、侯、伯、子、男，凡五等。”英国的爵位制度也是五个等级，因此这些音译词就转换为意译词，对应翻译为 *公爵*、*侯爵*、*伯爵*、*子爵*、*男爵*。这些称谓更受中国人的欢迎，对应的意译词也更容易被中国人所接受。第二，承袭古汉语里的词语，给原词添加新的含义。例如，*总统* 一词原是一个古汉语词，意为 *总揽*、*总管*，《汉书百官公卿表上》曾记载：“太师、太傅、太保，是为三公，盖参天子，坐而议政，无不总统，故不一职为官。”后因英语词 *president* 引入而做为其意译形式 *总统*，在现代汉语中意味着 *一个共和国的领导人*。第三，从日语中二次借用。因日本比中国对外开放的时间更早，又因汉字早年传入日本，因此，日语中有很多用中文字形翻译的外来词。于是，中国学者直接从日语中借用这些词的词形，而放弃日语的发音，将该外来词由最初的音译转为了日语引进词的意译。从19世纪90年代至20世纪30年代，中国引入了许多借用西方外来语的日语词汇。例如，*science* 一词在中国最初为音译为 *赛因斯*，五四运动时期曾广为流传，被亲切地称为 *赛先生*，之后被日语的翻译 *科学* 所取代。*科学*早期流传入日本时原指*科举之学*。在南宋陈亮《送叔祖主筠州高要薄序》中记载：“自科学之兴，世之为士者往往困于一日之程文，甚至于老死而不遇。” 后又从康有为的《日本书目志》中的《科学入门》《科学之原理》等书目介绍中传回中国，并沿用至今。第四，利用汉语语素已有的语义，创造一个具有新意义的外来词。例如，*水泥*曾被称作*洋灰*，*洋*意味着*外国*，*灰*则描述了未加水前灰色粉末的状态。这两个字合在一起整体表达了这种来自外国的灰色粉末，即*cement* 的意译词。

音译词向意译词的转变既有语言方面的原因，也有非语言方面的原因。从语言学的角度来看，由于不同的译者受到各自方言的影响，他们更倾向于将英语输入音译为他们更为熟悉的方言母语，且因为汉语有许多同音异义字，同一个英源外来词被随意借用成各种汉语形式。例如，*violin* *小提琴*在借用初期有十多种不同的翻译形式，如 *梵爱铃*、*梵华铃*、*梵阿铃*、*梵亚铃*、*梵婀铃*、*凡华林*、*凡哑林*、*凡哑令*、*伐乌林*、*外奥林* 等。因此，在借词的初始阶段，音译词是不统一、不稳定、易转化的；另外，在汉语词汇中，单音节词和双音节词占绝大多数，一些因纯音译而译为多音节词的外来词，不符合汉语词的语音习惯，因而很不稳定，更容易转化为意译词（李海燕，2018）。例如，英源外来词 *democracy* 起初被音译为 *德谟克拉西*，因其音节过长且字义间无有意义的联想，很难被中国民众所接受，最终转化为双音节意译词 *民主*；纯音译词仅利用汉语的语音因素而忽略其负载的语义。但是，汉语本质上是一种表意语言。当中国人看到一个汉字时，他们会下意识地从汉字的语义中推测联想出它的所指。因此，如果只随机选取语音相近的汉字而忽略其所带来的语义联想，中国民众会感到困惑而排斥外来词汇，因此，汉语中音译词大多会被淘汰而被有语义关联的意译词所取代。例如，英源外来词 *condemn* 起初被音译为 *康阒唔*，由于其语义无关联且难以联想，所以后来演变成了意译词*判罪*；最后，在借为音译词时，用字不当，选用生僻字或含贬义的字，很难被中国民众所接受，因此最终转化为意译词，如英源外来词 *lavender* 起初被音译为*剌贤垤（dié）尔*，因其含有生僻字不易于大众流传和推广，因此后发展为意译词 *薰衣草*。再如，英源外来词 *inflation* 音译词 *印发热凶*，*fallacy* 音译词 *发拉屎* 等，因其含有贬义或负面意义的字，后分别意译为 *通货膨胀*、*谬论* 才逐渐被大众所接受。

从语言外部因素对纯音译词发展演变的影响来看，首先，学者们的态度和主张影响音译词的演变过程。学者们对音译词存在敌意，不少学者提倡语言的纯洁化，而外来词的音译形式不符合汉语的使用习惯，因此被认为是对汉语纯洁度的威胁；意译词则更容易被中国人接受，因为它们只借用英语词汇的语义，而其表现形式仍遵循汉语的使用习惯。因此，许多学者认为意译词不属于外来词，而是属于汉语母语词；其次，语言认知心理对纯音译词演变也有影响。汉语的本质是表意文字，自古以来便是“有音必有义”的语言认知心理。音译词只是将汉字用作单纯的记音符号而忽略其字义，是违背汉语的认知习惯的，这也是促进音译词向意译词转化的原因之一。

第二个译介变化则是从意译词到音译词的转变。音译词之所以能够发生逆转，其原因在于音译词具有意译词无法取代的优势：首先，意译词无法完全解释外来词所表达的涵义。例如，英语源词

logic 最初意译为 *名学* 或 *伦理学*（指伦理、道德哲学）。然而，它并不能传达出 *做某事的合理理由* 的含义。因此，音译词 *逻辑*，*[lwo-tɕi]* 便取而代之，既在语音上最为相似又表达出了该词的内涵；第二，音译词能更好地与世界其他表音语言进行沟通。例如，英语源词 *karst* 最初被意译为 *岩溶*。然而，它不能涵盖该词所指的所有地貌类型。此外，*karst* 是一个国际通用术语，其德语名、法语名和英语名同形，因此，音译词 *喀斯特* *[kʰA-sɿ-tʰɤ]* 作为科技术语可以更好地与世界其他地区交流；第三，音译词由于语义间关联的缺失，使其词形和词义呈现出一定的模糊性，可以承担更多的义项。如 *hysteria* 音译为 *歇斯底里* 承担了两个义项，既可以做名词，指 *癔病*，又可以做形容词 *情绪异常激动的*。如果采取意译的方式，则很难兼顾两种词形；第四，从语用心理上来看，因为音译词具有明显的外来属性，符合人们求新求异的心理特征，因此在某种程度上也受到人们的青睐；最后，随着国民英语水平的整体提高以及长期的经验积累，音译词的借入规律也趋于稳定，并随着大众传媒的影响，在用字的选择上更加趋同。例如，苏新春从新时期引入的外来词中提取了186个记音汉字，经过分析，某些字已成为音译的专有汉字，频率较高的有“尔、克、尼、拉、卡、士、激、罗、诺、因、格、基、亚、维、坦、马、德、夫、吉、贝”等字。这些字本身的字义比较模糊且为中性词，本研究在超音段借入规律时也有总结，后面会有详细分析，这说明音译词借入已趋于稳定，也更容易被人们所接受。

综上所述，借词历史初期阶段以音译词为主，在之后的发展过程中因受到语言、认知、心理等因素的影响，大多演变成为了意译词被大众所接受。然而，音译词本身也具有意译词所不具备和无可替代的优势，且随着国民整体英语水平的提高及大众传媒的飞速发展，音译词也越来越趋于稳定，因此，汉语对音译词的宽容性也会越来越强。在当今社会，究竟是音译向意译演变，还是音译保持不变的趋势，是个值得思考的问题。在下一节中，本书通过问卷调查考察了当前人们对外来语的态度及对音译词和意译词的倾向。

2.4 对外来词的态度研究

2.4.1 研究方法

本研究主要采用定性与定量相结合的研究方法，定量研究主要通过在线问卷调查获取数据，测试不同背景的中国人对汉语中外来音译词和意译词的倾向以及不同背景因素对外来词译介方式态度的影响。定性研究则通过数据处理得出结论，预测外来词在中国的发展趋势。

2.4.2　问卷设计

该问卷由五部分组成。

第一部分考察受试者的背景信息，包括受试者的性别、年龄、受教育程度、英语学习时间和自我评估的英语水平。问卷调查在网络随机发放给不同背景的受试者。调查数据显示，女性数量多于男性；受试者的年龄最小为12岁，最长为60岁。我们根据受试者年龄分布特点，将其分为四个阶段：10～20岁、21岁～30岁、31～40岁、40岁以上；根据参与者的受教育程度，可将其分为初中到高中、本科、研究生及以上学历，其中本科学历占半数以上（62.9%）；根据受试者学习英语的年限可将其分为1～3年、4～6年、7～9年、10～12年、12年以上；根据受试者自我评估英语水平，可将其分为英语水平低、英语水平较低、英语水平较高和英语水平高四个层次。受试者的详细背景信息如（8）。

（8）受试者背景信息状况

<table>
<tr><td>背景因素</td><td colspan="5">受试者比例和数量</td></tr>
<tr><td rowspan="2">性别</td><td colspan="3">女性</td><td colspan="2">男性</td></tr>
<tr><td colspan="3">456（62%）</td><td colspan="2">279（38%）</td></tr>
<tr><td rowspan="2">年龄</td><td>10～20岁</td><td colspan="2">21～30岁</td><td>31～40岁</td><td>40岁以上</td></tr>
<tr><td>129（17.6%）</td><td colspan="2">193
（26.3%）</td><td>172
（23.4%）</td><td>241
（32.8%）</td></tr>
<tr><td rowspan="2">受教育程度</td><td>初中–高中</td><td colspan="2">本科</td><td colspan="2">研究生及以上</td></tr>
<tr><td>161（21.9%）</td><td colspan="2">462（62.9%）</td><td colspan="2">112（15.2%）</td></tr>
<tr><td rowspan="2">学习英语年限</td><td>1～3年</td><td>4～6年</td><td>7～9年</td><td>10～12年</td><td>12年以上</td></tr>
<tr><td>133（18.1%）</td><td>148（20.1%）</td><td>176（23.9%）</td><td>172（23.4%）</td><td>106（14.5%）</td></tr>
<tr><td>英语水平自我评估</td><td>低</td><td>较低</td><td colspan="2">较高</td><td>高</td></tr>
</table>

第二、三、四部分的问卷是由选择题组成，每个部分有五道选择题，每个选择题由一个不完整的中文句子（空白处需要填补一个词）和两个选项组成，这两个选项在汉语中是可以互换的同义词。

第二部分的问卷目的是要考察中国人更倾向于使用同一个词的音译词还是意译词，在此部分考察的外来词有 *cartoon*、*engine*、*vitamin*、 *hormone* 和 *email*；第三部分问卷设计考察的是中国人对字母词与其对应中文全称的偏好问题，在此部分考察的外来词有 *UFO*、 *WTO*、 *NBA*、

CEO、*VIP*；第四部分考察的是国人对外来词和本土词的偏好和态度，此部分涉及的词有 *bye-bye*、*humor*、*show*、*party*、*cool*。示例（9）选取了问卷设计每个部分的一个例子展示如下：

（9）问卷设计

我很喜欢看______。

A 卡通　　B 动画片

天空中有一个______。

A UFO　　B 不明飞行物

在与人分别时，你更愿意使用______。

A 拜拜　　B 再见

最后一部分调查问卷考察的是中国人对外来词的态度，即他们对使用外来词是支持还是反对。受试者按要求对三种陈述给予等级评估，从完全同意到完全不同意，共分为五个等级，陈述示例如（10）：

（10）问卷设计

外来词使汉语纯洁性受到影响。

外来词丰富了汉语词汇。

我在日常交流中，更愿意使用外来词而不是汉语固有词。

2.4.3　调查问卷结果与讨论

实验数据通过数据分析软件SPSS进行处理和分析，运用卡方检验、二次逻辑回归分析，考察受试者对外来词译介方式的倾向与五个变量之间的相关性，这五个变量分别是：性别、年龄、受教育程度、英语学习时长和英语水平自我评价。

首先，通过逻辑回归分析，找出五个变量对受试者在音译词和意译词之间偏好的影响。结果表明，在五个自变量中，只有英语水平对受试者在音译词和意译词的选择上有影响，且影响具有统计学意义（$p < .001$）。如图2.1所示，英语水平自我评估越高的受试者，越倾向于使用音译词而不是意译词。

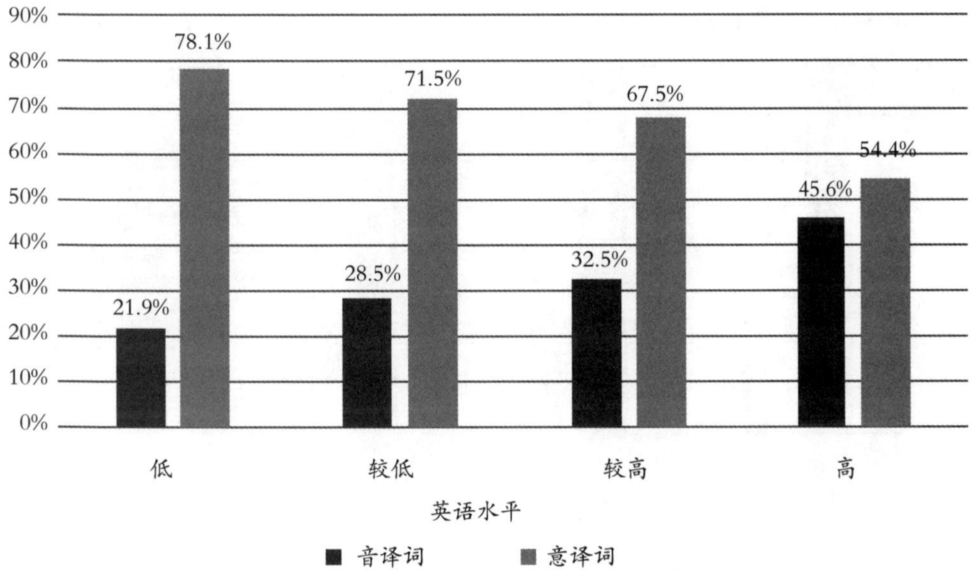

图2.1　受试者的英语水平对外来词音译词和意译词选择偏好的影响（人数百分比）

其次，通过逻辑回归分析了五个变量对受试者在字母词与其对应中文全称之间选择的影响。结果表明，在五个自变量中，英语学习时长（p < .01）、年龄（p < .001）和文化程度（p <.001）均对受试者选择有影响，且具有统计学意义。图2.2显示受试者学习英语时间越长，选择字母词的可能性就越大；图2.3显示受试者年龄越小，选择字母词的可能性就越大；图2.4显示受试者受教育程度越高，选择字母词的可能性就越高。

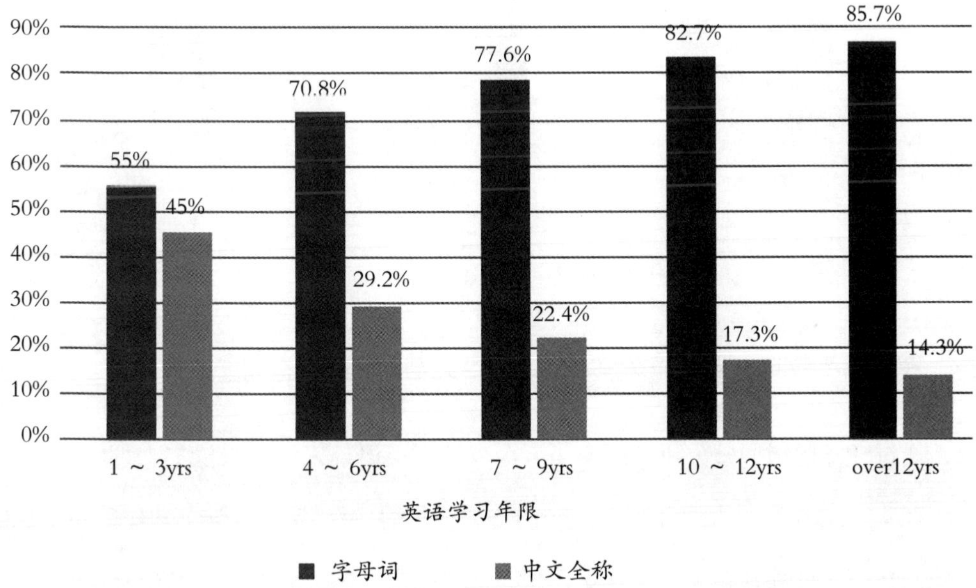

图2.2 受试者学习英语时间对外来词字母词和中文全称选择偏好的影响（人数百分比）

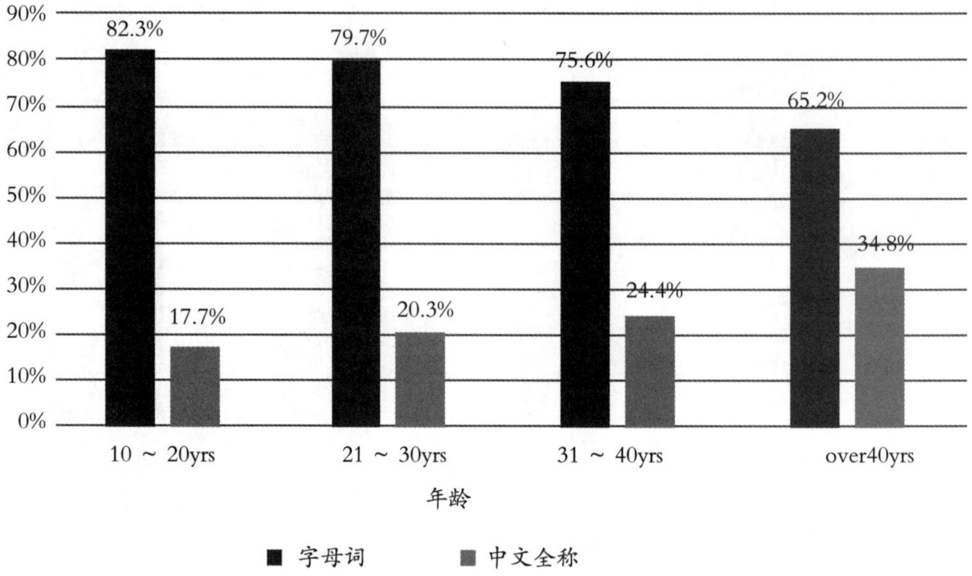

图2.3　受试者年龄对外来词字母词和中文全称之间选择偏好的影响（人数百分比）

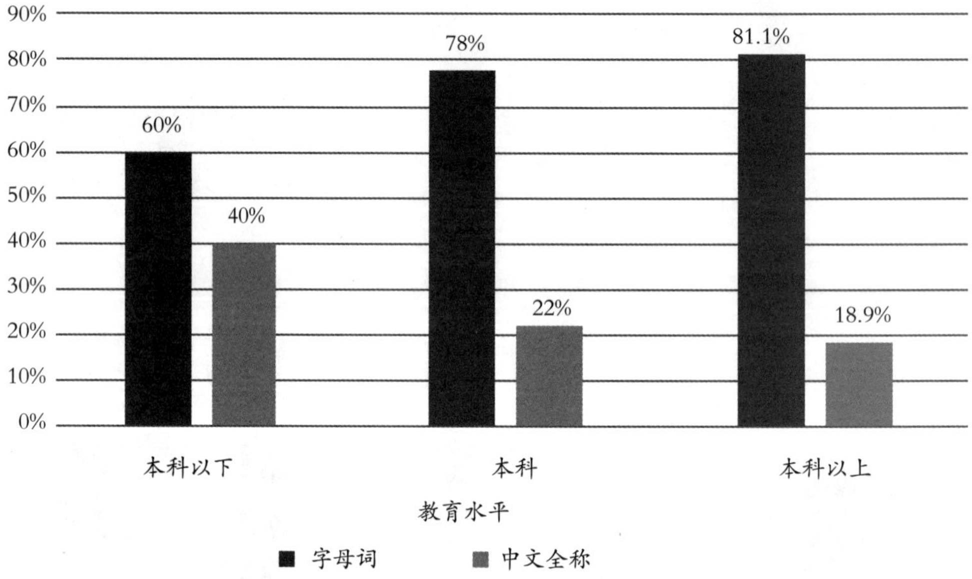

图2.4　受试者受教育水平对外来词字母词和中文全称之间选择偏好的影响（人数百分比）

第三，通过SPSS逻辑回归分析，研究了五个变量对英语外来词和汉语本土词的偏好的影响，结果表明，性别（$p < .001$）、英语水平（$p < .01$）、英语学习时长（$p < .05$）和年龄（$p < .001$）均影响受试者的选择，且影响具有统计学意义。当受试者学习英语时间越长、英语水平越高、年龄越小时，他们越倾向于选择英语外来词而不是汉语本土词。此外，男性选择汉语本土词的可能性是女性

的1.9倍。

最后，调查问卷还考察了中国人对外来词使用的整体态度，结果表明，英语学习时长对国人对外来词使用态度的影响最大且具有统计学意义（$F=5.403, P<.001$），具体来说，英语学习时间越长，受试者对外来词持积极态度的可能性就越高。

综上所述，英语水平越高，人们选择英语音译词的可能性就越大；越年轻、受教育程度越高的人越倾向于使用字母缩写词而不是中文全称；英语学习时间越长、自我评估的英语水平越高、年龄越小的人越倾向于选择英语外来词而不是汉语本土词。总的来说，英语学习时间越长，人们对外来词的使用越持积极态度。

根据实验结果我们也可以预测，当今社会，音译词向意译词的转化和演变不再是译介变化的主要趋势，音译词的借入和使用越来越稳定和普及。人们对音译词的使用持积极态度的部分原因是由于中国教育和经济环境的变化。在中国，英语从小学到大学都是必修课。2001年，中国教育部公布了第一套小学英语课程标准。在此之前，英语作为一门必修课是从初中才开始学习的。此外，大学英语四六级考试曾作为大学生拿到毕业证的必要条件之一。在面试工作时，英语水平高的毕业生更容易受到公司的青睐。

2.5　本章总结

本章介绍了历史上英源外来词借入的三个高潮及其不同时期的不同特点；外来词借入的过程也是其汉化的过程，英源外来词的译介方式可分为音译、意译、音意结合和字母词。在外来词借入初期，因很难找到对等的本土词，音译词成为最优选择。之后，随着人们对外来词涵义的理解逐渐深入及汉语表意的属性，大部分音译词逐渐转化为意译词，成为外来词发展演变的主要趋势。然而，当今社会，随着国民英语水平的提高及大众传媒的发展，音译词作为外来词更加直接的选择，也越来越趋于稳定。经调查问卷分析可知，年龄、受教育程度、英语学习水平和学习时长都对人们对外来词的态度及译介的选择产生影响。其中，英语学习时间越长的人们对外来词的使用越持积极的态度。

第3章　文献综述与理论背景

词汇借用是语言间借用最常见的形式，通过对外来词语音形式的研究，可以追溯借代发生时期的语言历史背景。外来词的语音借入究竟是声学感知做主导还是语系规则起作用是借词音系学讨论的中心问题，有关这方面的研究已有近百年的历史（Salverda de Grave，1907；Deanovic，1934；Weinreich，1957；Holden，1976；Broselow，1987；Prunet，1990）。外来词在借入过程中要通过本族语音系规则的筛选，有些音素被留下而其余的则被忽略。究竟是哪些音素会被留下？哪些又会被省略？为什么会形成这样的筛选机制？在筛选过程中究竟是音素的声学特征还是本土的音系规则约束起主导作用？这些问题是学者们研究借词音系学所关注的重中之重。

本章围绕以上问题，介绍了借词音系学的不同流派及主要观点。总的来说，可以分为以下几种：语音感知观点、音系观点、语音感知与音系相结合的观点以及感知相似性和知觉凸显性的观点。

3.1　借词音系学文献综述

3.1.1　语音感知观点

语音感知观点提出外来词的借入发生在语音感知的过程中（Dupoux & Peperkamp, 2002; Peperkamp & Dupoux, 2003; Peperkamp, Vendelin & Nakamura, 2008）。主张语音感知观点的学者认为，借入者接触不到源语的音系系统，因此在外来词借入过程中，只有借入者对词汇的声学信号的感知起主要作用。所以，外来词的借入过程只是借入者对词汇声学信号的感知。换句话说，借入者没有接触源语的音系系统，而只是在知觉层面上进行的感知。Peperkamp等人（2008）也认为，音系规则不是影响外来词语音映射的决定性因素。例如，当一个日语母语者听到英语词 *hit* 的时候，他实际听到的词是/hit:o/，而不是英语发音/hɪt/。因此，英语词 *hit* 借入日语成为/hit:o/，是因为语音感知错误而不是音系规则在起作用。此外，Peperkamp和Dupoux（2003）认为外来词借入和语音误听之间的相似性绝不是偶然的，外来词借入过程是对源语语音进行解码的知觉过程，而不是对语系语法规则的解释。比如，在韩语中，英语词 *London* 被借入韩语中读做 *[rəntən]*，外来词中英语 [l] 到韩语 [r] 的变化，说明韩语借入者难以区分 [l] 和 [r] 的发音。同样，在法语中，英语词 *walkman* 借入到法语中重音发生了改变，*[wɔkmán]*，这个现象是因为法语母语者很难察觉重音的对比。

然而，语音感知观点有其自身的局限性。首先，认为借词过程只包含词汇声学符号而没有音系信息的输入不适用于所有借入情况。既然词汇借入是由熟练的双语者完成的，那双语者不可能对源语的音系规则一无所知（Haugen，1950；Grosjean，1982；Poplack, Sankoff & Miller 1988；Paradis & LaCharite，1997）；其次，有很多研究表明语音感知并不是借词过程中唯一起作用的因素，虽然它确实起到了重要的作用（Takagi & Mann 1994；Smith 2004）。因此，语音感知观点的有效性有待进一步研究。

3.1.2　音系观点

与上面的观点相反，很多学者支持音系观点（Jacobs & Gussenhoven, 2000; LaCharité & Paradis, 2005; Paradis & LaCharité, 1997; Paradis & Tremblay, 2009; Rose & Demuth, 2006; Uffmann, 2006）。他们认为借词过程只是单纯的音系过程，感知相似性所起的作用非常有限。Paradis和LaCharité（1997）认为源词是带着自身的音系规则进入借代过程的，但是源词的某些音系规则在借入语中是不被允许的，受到借入语音系规则的制约。Paradis和LaCharité在研究法语借入富拉语的过程中发现，法语的借入是受到富拉语音系规则制约的。Paradis和LaCharité提出的约束和修复理论（TCRS）指出，在借词借入过程中，音系相似性要优先于声学符号感知的相似性，且在借入过程中并不存在对源语声学符号的感知错误。借入者可以准确地感知源语的声学符号，分析其实际的语音形式而非表层语音信息。因此，这种观点认为在词汇借用过程中，语言的次音位特征并不重要，有音位区别的特征在借入过程中会以不同的形式出现，而同一音位的各音位变体则以相同的方式借入。例如，当英语被借入法语时，英语辅音/b/在法语里借入为/b/而不是声学特征更相似的/p/，因为英语辅音/b/在英语和法语里的发音特征都是浊音、唇音和爆破音。如果源语的音位类别在借入语中不存在，那么源语借入时会经历微小的修补策略。例如，如果一个语言中没有*[+可持续性, +浊音]的发音特征，那么借入本族语时，就需要删除其中较明显的区别特征（*/z/ → /s/; * /z/ → /d/）。因此，借入者在词汇借用时，当源语的音素类别在本族语中没有对应时，会选择音位特征最为相似的对应音素而不是声学特征最相近的音素，把不合规矩的源语转化为符合借入语的音系规则，且所需修补策略的步骤最少。

虽然 Paradis 和 LaCharité 为支持其音系观点所做借词的例证是基于五个不同的语料库，包含了15686个不同的音段和音节，但是将法语既作为源语又作为借入语进行分析。众所周知，法语是不允许在词尾的鼻辅音后紧跟一个同部位发音的塞音的（Brasington, 1997），而这些作为参考的语料库中的其他语言都是允许鼻音+塞音组合的，且其他语言是没有鼻音化元音的。因此，用这样的语料库作为借词音系观点的数据支撑是有问题的，因为它并没有覆盖所有的借词情况。

同语音感知观点一样，音系观点也无法解释所有的借词现象，例如，Brasington 发现音系观点无法解释英语借入马绍尔语的现象，对于英语的辅音连缀现象，在借入时是插入元音还是删掉辅音词尾取决于辅音连缀的位置和类型。英语词首的辅音连缀主要采取元音插入策略，而英语词尾的辅音连缀主要采取删音策略。在英语词尾的鼻音-塞音类型的辅音连缀借入马绍尔语时，在鼻音后的爆破音倾向于采用删音策略，而鼻音后的齿擦音更趋向采取元音插入策略。而 Paradis 和 LaCharité 的约束和修复理论只是机械地统计借入后修补策略采取的步骤，即元音插入和删音策略哪个改动最小，哪个策略就最好。因此，该理论无法解释为什么在相同的语音环境中，会采取不同的修补策略。

Ulrich（1997）在研究拉马语借入英语和法语的不同过程时，也发现了很多音系观点无法解释的现象。约束和修复理论认为如果保留源语的某个音素需要两步以上的步骤，那对外来语的修补策略将更倾向于删除这个音素，但在现实的借入过程中，虽然元音插入的策略需要三步转化，但有些不合规则的法语或英语词借入拉马语时，也被保留了下来。

3.1.3 音系知觉观点

因语音感知观点和音系观点各自都有不足，因此出现了将两者都考虑进来的观点（Boersma, 2009; Broselow, 2009; Davis & Cho, 2006; Iverson & Lee, 2006; Kenstowicz, 2003; Kenstowicz & Suchato, 2006; Silverman, 1992; Yip, 1993, 2002, 2006）。音系知觉观点认为，在外来词借入过程中，借入者感知到声学符号，然后这些声学符号要通过借入语音系规则的筛选，最终成为借入语可接受的语言形态。Silverman（1992）的研究是第一个将语音和音系因素都考虑进来的，他研究了粤语中的英源外来词借入情况，并得出“知觉扫描模式”的结论，认为在外来词借入过程中有两个阶段：

感知阶段和操作阶段。源语输入是未经语言学分析的声学符号，借入者没有接触源语言的音系系统。在感知阶段，借入者以本族语的音系视角对感知到的音段进行处理，包括合并母语中不存在的对立形式，删除知觉上不凸显的信息等；在操作阶段，受本族语音段配列限制的触发，对感知阶段筛选后的音段会采取修补策略，使表层输入与本族语的音系系统最为匹配。例如，在感知阶段，英语单词 *bus [bʌs]* 中英语辅音/b/在粤语中是不存在的，因此在借入过程中，英语辅音/b/被映射为语音最为相似的粤语[p]。而英语嘶擦音/s/因为其较强的知觉凸显性得以保留。在进入到调整阶段，因为粤语的音系规则是不允许辅音单独在词尾的，因此，当英语单词*[bʌs]*被借入到粤语时，就通过元音插入的修补策略，在英语嘶擦音/s/这个知觉凸显性的辅音后插入元音/i/,将英语单词*[bʌs]*借入为*/pa-si/*，*巴士*。

Yip（1993）将Silverman的理论发展完善，沿袭了外来词借入的两个阶段。她认同Silverman的观点，在感知阶段，借入者以本族语的音系和语音视角对感知到的音段进行过滤，但对于操作阶段，Yip采用了与Silverman不同的理论框架。Silverman的语法规则将源语音系与借入语音系分离开，其语法规则不具有普适性，而Yip则采用了优选论的理论框架，将源语音系规则与借入语音系规则置于统一框架下进行操作。

Kenstowicz（2003）研究了丰语（西非洲达荷美，多哥及象牙海岸）中的法语外来词，他认为感知阶段与生成阶段的语法是由不同层级构成的，而Yip只分析了音系规则在生成阶段的不同层级。Kenstowicz指出在感知阶段中，元音插入（Dep-V）层级要高于音素删除层级（Max-C），因此，在感知阶段不合规则或不具有知觉凸显性的辅音就会被删掉。例如，法语 *poste /post/* 借入为 */pos* < >/。法语辅音/t/在感知阶段被删除，而在生成阶段，因为Max-C层级高于Dep-V层级，元音插入策略优于音段删除策略，所以，法语*/pos/*转化为*/posu/*最终进入丰语。

音系知觉观点既有优点也有不足。一方面，这一模式很好地解释了为什么相同的输入却常常以不同的方式被感知，获得不同的表征进而借入不同的语言。不具有知觉凸显性的音段将不会出现在借入的形式中，而符合音系规则且具有知觉凸显性的因素会被保留下来。一个音段是否被保留取决于其知觉凸显性及音系规则的层级限制。另一方面，有些学者主张借入者接触不到源语的音系规则的观点是经不起推敲的，因为从事借入活动的学者多为熟谙两种语言的人。

3.1.4　感知相似性与知觉凸显性理论

很多研究者认为感知相似性与知觉凸显性在外来词借入过程中发挥着重要的作用。他们提出外来词借入过程就是将借入语与源语最大程度上达到感知相似性（Adler, 2006; Kang, 2003; Kenstowicz, 2003）的过程。具有知觉凸显性的音段和音节结构将被保留，即使需要修补策略，改动也要越小越好。

Kang（2003）研究了英语元音后词尾爆破音借入韩语的规律，结果表明感知相似性是决定元音插入与音段删除策略的决定性因素。她发现，元音插入的概率与该音段的语音和音系环境都有关系。当该爆破音是浊音且前面的元音是长元音时，该爆破音常采取元音插入策略保留。Kang解释在这种情况下，元音插入的保留策略会使输入与输出最大程度上达到感知相似性。因为词尾的爆破音在长元音后更容易释放出来，所以借入韩语后在词尾辅音后添加元音会在最大程度上与英语源词保持感知相似性，如，英语单词*peak*借为韩语的/$p^hik^hɨ$/，而不是/p^hik/，英语单词*comic*借为韩语的/k^homik/，而不是/k^homik^hi/。另外，在选择插入的元音时，/i/做为时长最短的高元音，是修补策略的首选，因为相比其他元音，它的插入会使输出与源词相比改变最小、最不引人注意。

Adler（2004）研究了夏威夷语中的英源外来词。她指出，外来词的借入过程与感知和发音相似性均息息相关。例如，在音段借入过程中，对于英语辅音的清浊及发音位置借入后改变是可以的，但是对于其响度和鼻音特征的改变是被禁止的，如英语辅音/b/可以借为夏威夷语中的/p/, 但不可以借为同发音方式的鼻音/m/, 英语辅音/t/可以借为夏威夷语中的/k/，但不可以借为同发音位置的鼻音/n/或流音/l/。Adler解释这是因为响度与鼻音的变化会比清浊与发音位置更加明显，所以在语音借入的映射过程中，前者特征比后者更难改变或更易保留。

Steriade（2002）提出了知觉映射假设（P-map Hypothesis），认为词汇借入的过程实际上就是知觉映射的过程，即在满足借入语音段特征、语音配列限制的基础上，最大限度地满足借入语与源语的语音相似问题。根据这种观点，次音位特征在词汇借用的过程中都会进行相应的映射，因为借入者会最大限度地满足借词与源词的感知相似性。例如，如果某种语言不允许词尾出现浊塞音，那么P-map映射理论预测源词/*tæb*/会借入为该语言的*[tæp]*而不是*[tæm]*。因为浊音清化的输出形式是与源词最为相似的，而辅音/b/借为鼻音/m/比借为/p/的改变更为明显。

Iverson和Lee（2006）提出语音表征取决于借入者感知到的凸显性特征。他们研究了韩语中词尾是爆破音、流音、嘶擦音的外来词，发现区别特征[+流音]虽被韩语借入者感知但却借为了叠音[ㄹ]以对应韩语的流音特征。结果表明，借入者感知到了外来语具有知觉凸显性或区别性特征，尽管表征特征不一致，但冗余特征是对语言上凸显性结构感知的派生性质。又如，粤语中的英源外来词借入过程中，嘶擦音在所有语境中都被保留下来，而在同样语境下的爆破音并不总是被保留。Kang认为这是因为嘶擦音在感知上比爆破音更具有知觉凸显性。

综上所述，感知相似性与知觉凸显性在外来词借入的过程中起重要作用。借词音系映射的目标是将源词映射为语音和音系最相近的借入语表征。另外，如果源语在借入语中无对应映射，则通过音系规则的修补策略将其转化为感知最为相似的语音表征形式。

感知相似性和知觉凸显性理论在解释外来词借入过程中有着独特的优势：首先，将感知理论与生成理论相结合，可以使一个语法同时适用于借词过程中的语系和语音因素；其次，将感知相似性引入到生成语法，避免像Sliverman那样将借入过程分为两个独立的阶段。

本节详细介绍了主要的借词音系学的理论。对相关文献回顾和整理表明借词音系学未来的发展趋势是将感知相似性、知觉凸显性融合到生成语法中去。需要指出的是，虽然本研究的重点是从音系的角度对汉语中英源外来词的借用情况进行探讨，包括元音、辅音、韵律的映射情况及由于音节结构和音段配置的限制所引起的删音、增音的条件等，但我们探讨语音和音系在借用过程中所起的作用基本属于语言系统内部的研究，借用的机制受语言结构的制约，涉及目标语和源语言音系的交互作用，具有语言学上的意义。此外，在借用的过程中，还有许多其他因素会影响借用的输出形式，词汇借用也受一些语言外因素的影响，比如，书写系统的影响、方言音系的作用、用字的选择、借用者双语的熟练程度等。严格来说，上述因素并无语言学上的意义，但同样会影响外来词的借入过程，使最终的输出形式在一定程度上偏离源语言的语音形式，构成非忠实映射，属于借用过程中的例外现象。例如，在1978年以后，中国实施对外开放政策，引入了大量的英源外来词，这些英源外来词的涌入主要依靠书写形式，比如文学作品、西方的科学技术介绍等，因此，汉语的书写系统以及用字选择会对英源外来词的音系映射起到重要的影响。

3.2　汉语中英源外来词的相关研究

3.2.1　音系角度的研究

许多学者对汉语中英源外来词的某些具体方面从音系角度进行了探讨（Hui & Oh, 2015; Kim, 2014; Lin, 2008a, 2008b; 于辉, 2010）。

Miao（2005）重点研究的是辅音和音节结构的借入规律，主要从音系和语音角度研究了英语、德语和意大利语借入汉语的映射规律。Miao分析了在外来词映射过程中音系和语音因素所起的作用，还讨论了社会语言学因素在外来词进入汉语的过程中对音系映射所造成的影响。根据外来词借入汉语的规律，她认为借入者的感知能力在对外来词的借入中起决定性的作用，外来词借入的过程就是将输入与输出形态最大程度相匹配的过程。Miao提出了一个在优选论框架下的制约条件序列。根据Steriade（2002）的知觉映射假说推断，各种制约条件的排序是由源词形式和输出形式之间的感知相似性映射出来的。另外，通过再现外来词的感知和转化实验，验证了感知相似性在外来词接入过程中所起的重要作用。这项研究支持了跨语言研究的结果，即对发音方式的忠诚度高于其他区别特征，如清浊音和发音位置（Broselow 1999； Steriade 2002），以及在音段的借入过程中，增音策略优于删音策略（Paradis & LaCharité 1997；Uffmann 2001, 2004）。该研究丰富了我们对感知相似性和知觉凸显性在借词音系学中的作用以及它们与制约条件的序列的理解。但是她只分析了辅音和音节结构的借入规律，没有探讨元音及超音段的借入特征。

Shih（2019）研究了语音和音系因素在外来词借入汉语中所起的作用。该研究针对纯语音观点和纯音系观点都分别列举了反例，并指出语音-音系观点的问题。研究列举了三个外来词借入汉语的案例。第一个例子是同音节的嘶擦音+/w/和软腭爆破音+/w/组合（例如：sweet, quincy）在借入汉语时的不规则现象，第二个例子是元音+鼻音+元音系列借入汉语的不规则现象，第三个例子是元音+词尾流音系列借入到汉语的不规则现象。为了解释这些不规则现象，Shih指出汉语中的生成语法与源词中的非对立感知或发音信息直接关联。Shih对第一个和第三个案例都进行了感知实验，结论与之前的假设一致，这些实验的结果都支持语音-音系结合的观点，但是他的研究只讨论了音系和语音的因素对借词过程的影响，并没有讨论非语言因素在借词过程中的作用。

Kim（2019）的研究包含两个部分，第一部分是对汉语中外来词的整体研究，介绍了汉语中外来词的发展背景和外来词的分类；第二部分着重介绍了汉语中的英源外来词借入的音系规律，并分析了影响借入过程的因素。Kim也提出了英源外来词借入的综合分析框架，研究语料中包含了很多汉语的方言，但如何处理这些方言的影响并没有进行讨论。

3.2.2 非音系角度的研究

对汉语中外来词的研究可以追溯到19世纪50年代，研究角度包含以下两个方面：

一是对外来词的范围和确定标准的研究。关于外来词的范围和确定标准的问题，分歧主要表现在意译词的归属问题。意译词的归属问题本质上来源于外来词的定义问题。学术界对外来词问题的争论，归根到底在于：从内涵上看，外来词到底是指把外语词中的音义全部借入，还是只借入音、形、义中的一个因素；从外延来看，只借语义的意译词和只借字形的日语汉字词是否属于外来词。因为日语借词不是我们的考察范围，因此这里不做讨论。

意译词可以分为两种，仿译词和全译词。仿译词指的是将外语词逐字翻译过来的结构形式，如 *football* 意译为 *足球*，在英语单词中 *foot* 翻译为 *足* 而 *ball* 翻译为 *球*；全译词指的是完全根据英文的含义翻译过来的词，比如 *train* 翻译成 *火车*，*computer* 翻译成 *电脑*。将意译词归为外来词的学者也因此分为两派。一种认为仿译词是外来词，而全译词不是。例如周定一（1962）认为像 *horsepower* 马力、*honeymoon* 蜜月是外来词，因为这些词多数为复合词，英语中由两个名词组成，意译成中文时也遵循同样的结构。另外，这些词在英语中也是有内涵的，也就是有字面以外的意义，因此意译为汉语时也是特指的意译词。所以，他认为仿译词属于外来词。张德鑫（1993）认为仿译词是外来词是因为它们不像汉语新生的复合词那样能够望文生义，其含义完全决定于外语词所指及其渊源。还有的学者认为仿译词和全译词都是外来词。潘允中（1989）认为，音和义都借用的就是外来词，以汉字字义来翻译外语词涵义的也是外来词。郭伏良（2001）认为，借意的词、仿译词和全译词都属于外来词。

有些学者认为意译词不属于外来词。吕叔湘指出，“译语有两种，译意的和译音的。译意的词，因为利用源语言里固有的词或词根去凑合，应归入合义复词，而且也不能算是严格的外来词。译音的词，浑然一体、不可分离，属于衍声的一类。”高名凯和刘正琰认为，只有把外语中音和义同时借用过来的才是外来词，如果只是把外语词所代表的意义借用过来，那不属于外来词。

另外，有些学者对意译词的归属问题持中立态度。梁晓虹认为，无论是音译词还是意译词都是在和外来民族文化交流的过程中产生的，吸收了其他民族的新事物和新概念。语言是思维的负担者，而思维又是客观事物在人脑中的反映。所以，一个新词的产生是因为有新概念的产生，而新概念的产生也是以新的客观事物的产生为基础的。从这个意义上说，即使是意译词，其意义也是外来的，所以和本族语仍有本质的区别。

二是对外来词的文化视角的研究。罗常培的《语言与文化》探讨了语言与文化的关系。该书从借词看文化之间的接触，从词汇的演变看历史文化的遗迹，从地名看民族迁徙的证据，从姓氏看民族起源和宗教信仰等，以大量的语言个案分析其背后的文化历史背景。高名凯、刘正琰分析了外来词与文化交流的关系，通过将外来词整理分类对比，探讨其所反映的汉族文化发展演变规律。分析指出，汉族人在和世界其他民族交流的过程中有其独特的民族特点，既迅速融入其他民族的文化历史，又保留了自己的传统文化，兼容并包、独树一帜。史有为在《异文化的使者——外来词》一书中从文化学视角研究外来词的发展变化。该书描述了外来词的文化品格，分析了外来词的二重性，即外民族与本民族的固有语言文化性质。该书还论证了外来词对汉语本土词的影响，将音译词和音译意译结合词分为四大类型、十种方式，并指出大部分音译词的各音节之间是无法形成统一的整合意义的，只有小部分的谐音意译词兼顾了音和义的关系，组合成了完整的意义表达。这十种整合方式突破了汉语传统的词内整合模式，且正在影响汉语的新词构成。

综上所述，目前学术界在外来词的范围和定义上还无定论，在外来词的类型分类方面做了多角度的研究和分析，同时还探讨了外来词的汉化规律及外来词与文化的关系。整体来说，外来词的研究取得了一定的进展，但与语言学其他领域的研究相比，对汉语外来词的研究还是薄弱的，缺乏广度和深度，具体表现在以下几个方面：

（1）研究多为静态的，动态研究匮乏；研究多为共时的，历时研究匮乏。虽有学者研究某些外来词的词义等演变规律，但仅限于个案研究，如高名凯、刘正琰研究了英语词*romance*的语义发展规律。

（2）研究多倾向于语言内部机制角度研究，缺乏对外来词整体和综合性研究。语言内部因素与社会、文化、认知、历史等因素在外来词借入过程中所起的作用应当综合考虑。

（3）对来自不同语源的外来词的细致划分研究较少，不利于外来词发展深度和广度的分析。

基于此，本研究以清末鸦片战争以来的英源外来词为研究对象，将共时和历时研究相结合，着重从音系角度分析英源外来词借入的音段、音节结构和超音段的映射规律，及语音、音系因素在外来词映射过程中所起的作用，还分析了非语言因素在外来词借入过程中的影响。本研究认为，外来词借入是一个语言因素与非语言因素相互制约、相互影响的复杂过程，即使分析外来词语音映射的规律，也应考虑非语音因素的影响。

3.3 英汉音系对比

本节将详细介绍英语（美式英语）和汉语在辅音、元音、音节结构、超音段特征方面的相似与不同，正是这些相同与不同之处奠定了英源外来词借入汉语的音系基础。

3.3.1　英汉音段系统对比

英语有24个辅音（Spencer, 1996）而汉语有22个辅音（Duanmu, 2007; Lin, 2007），汉语辅音以送气不送气为区分特征，而英语辅音以清浊为区分特征。汉语和英语辅音根据发音位置和发音方式分类，展示在表3.1和表3.2中。英源借词借入汉语后，预测会被语音最相近的辅音所取代。

表3.1　英语（美式）辅音系统（Kim, 2019）

	双唇音		唇齿音		齿间音		硬颚音		腭槽音		软腭音		声门音	
	清	浊	清	浊	清	浊	清	浊	清	浊	清	浊	清	浊
爆破音	/p/	/b/					/t/	/d/			/k/	/g/		
鼻音		/m/						/n/			/ŋ/			
摩擦音			/f/	/v/	/θ/	/ð/	/s/	/z/	/ʃ/	/ʒ/			/h/	
破擦音									/tʃ/	/dʒ/				
流音								/r/ /l/						
滑音	/w/									/j/				

表3.2　汉语辅音系统（Kim, 2019）

	双唇音		唇齿音		齿音		硬颚音		卷舌音		腭槽音		软腭音	
	不送气	送气	不送气	送气	不送气	送气	不送气	送气	不送气	送气	不送气	送气	不送气	送气
爆破音	b /p/	p /p^{h}/					d/t/	t/t^{h}/					g /k/	k/k^{h}/
鼻音	m/m/						n/n/						ng/ŋ/	
摩擦音			f /f/		s /s/				sh/ʂ/		x /ɕ/		h /x/	
破擦音					z /ts/	c/ts^{h}/			zh/tʂ/	ch /tʂ^{h}/	j /tɕ/	q /tɕ^{h}/		
流音							l /l/							
无擦通音									r /ɻ/					

注：左边为汉语拼音，右边为IPA国际音标

所有的汉语辅音除了鼻音[ŋ]，其余的都可以出现在词首位置，且汉语只有鼻音[n, ŋ]可以出现

在词尾；而在英语中没有这样的规定和限制，除了英语辅音/h/只能出现在音节的词首而不能出现在词尾以外。

汉语辅音系统中有三个滑音[y, w, ɥ]，例如，[yan] 烟, [wan] 弯 和 [ɥan] 圆。这些滑音和汉语的高元音[i, u, y]可以互为音位变体。这些滑音通常不作为单独的辅音出现，而是看作汉语的高元音[i, u, y]的辅音音位变体。因此，在表3.2中，滑音没有展示出来。

有一点需要说明的是，学术界对于汉语拼音r的国际标音有分歧。有些学者认为应该把它归为浊擦音[ʐ]（端木三, 2007; 于辉, 2010）。端木三指出[ʂ]和[ʐ]之间的关系与[s]和[z]之间的关系类似，只不过[ʂ]和[ʐ]之间的关系是清浊间的对立而不是送气与不送气。另外一些学者认为它可以标写为无擦通音[ɻ]，因为汉语拼音的r和英语[ɹ]在语音感知上极为相似（Lin, 2007; Miao, 2005），因此，本文将汉语拼音r标写为[ɻ]。

关于汉语的元音问题，学术界有不同的意见。黄伯荣和廖序东（2017）认为，汉语有6个元音，分别是[a, o, ə, e, i, u, y]（不包含两个舌尖元音[ɿ]和[ʅ]以及卷舌音[ɚ]），这个观点与汉语的拼音方案的单元音系统保持一致。Kim（2019）认为汉语有12个元音，分别是[i, y, u, e, ə, ɤ, o, ɛ, a, ɑ, ɿ, ʅ]，它包含了两个舌尖元音[ɿ]和[ʅ]，但是不包含卷舌音[ɚ]，这个观点与汉语拼音不一致。根据端木三和Lin（2007）的观点，汉语有5个基础元音, 并且采用的音位形式也一致，高元音包括[i, u, y]，中元音为[ə]，低元音用央元音[a]表示，采用[i, a, ə]作为音位的标写形式源于这几个音比其他变体在语音上处于更为中心的地位，出现的音系范围也比其它变体广。此外, 还有Wu（1994）的四元音系统, 高低维度上只区分低和非低。J. Wang（1993）的两元音系统，不包括高元音等等，但后面几种假设的接受度不高。本研究赞成端木三的观点，汉语元音系统的底层形式和表层系统根据舌位高低、前后和唇形圆展的不同，如表3.3和表3.4所示。

表3.3　汉语元音深层系统（Lin, 2008a: 365）

	前非圆唇元音	前圆唇元音	中央元音	后圆唇元音
高	i	y		u
中			ə	
低			a	

表3.4 汉语的表层元音系统（Lin, 2008a: 365）

	前非圆唇元音	前圆唇元音	中央元音	后非圆唇元音	后圆唇元音
高	i	y			u
中	e ei		ə	ɤ	o ou
	ɛ				
低	a ai		A	ɑ	au

虽然汉语只有5个元音的底层形式，但是它们都有音位变体。汉语高元音[i, u, y]在做音节核的元音前会变成音位变体[j, ɥ, w]，例如/iə/→[jə], /uo/→[wo]。这个过程可以用下面的规则等式（11）表示：

（11）[+元音, +高] → [-元音] /_____ [+元音]

非高元音也有音位变体，且这些元音变体无论语境如何都会保持元音性。中元音[ə]根据不同语境有4个不同的音位变体，分别是[ə, e, o, ɤ]，根据中元音[ə]的不同位置，会呈现不同的音位变体：当它发生在[- u, - n, -ŋ]之前，它是[ə]，例如[ən]、[əŋ]；当它与[i]/[j]相邻时，它变成[e]，例如[ei]、[je]; 在开音节中，在唇音之后，它变成[o]，例如[ou]、[wo]; 而在开音节中，不是在唇音或腭音之后，它变成[ɤ]，如[kɤ]。

和中元音一样，低元音也有多种音位变体，在它们的表征上也存在一些不同。Lin（2008a）认为，一个低元音有四个音位变体：[a, A, ɑ, ɛ]。当它在[i]和[n]之前时，它会以音位变体[a]出现，如[an]、[ai]；当它处在开音节时，它以[A]的形式出现，例如[wA]；当它在[u]或[ŋ]之前时，它就变成[ɑ]，比如[ɑu]；当在高、前滑音和[n]之间时，它的音位上升到[ɛ]，比如 [jɛn]。

根据Lin（2008a），汉语有四个双元音：/ai/ → [ai], /au/ → [au], /əi/ → [ei], /əu/ → [ou]。双元音在语音学中，指联合的两个元音，它们作为一个整体出现，之间有平滑的过渡，也就是说，双元音中的发音牵涉到两种不同的舌位，并且从其中一种舌位滑动到另一舌位。双元音的舌位以响度更高的非高元音来决定其整体的舌位高低。有些学者认为汉语中还有三合元音，Lin（2007）和端木三（2007）不赞成这个观点，因为三合元音实际上是元音前的滑音加上双元音，如果元音前的滑音是在词首的位置，那么汉语中就不存在三合元音。例如，[iɑu]的表征形势是[jɑu]。对于双元音 [iA]、[ie]等实际上也是滑音和元音的组合，即[jA]、[je]等。在本研究中，双元音的观点我们以Lin和端木三的观点为准。

英语的语音系统根据社会、地理等因素的影响表现出极大的差异，这种差异在元音系统上的表现更为明显。总体上看，在说英语的国家和地区，辅音系统还是比较一致的，英语各种不同口音的区别主要在于元音系统的数量和元音的语音实现上，同样，这里描写的是标准美式英语的元音系统。

单元音

发元音时，气流从肺部通过声门冲击声带，使声带发出均匀震动，然后震音气流不受阻碍地通过口腔，通过舌、唇的调节而发出不同的声音。从发音语音学的观点来看，元音按舌头位置和唇的圆展而分类。元音的描述维度包括：舌位的高低（舌的位置与硬鳄的相对关系）、舌位的前后、松紧（肌肉是否紧张或松弛）和唇形的圆展。根据上述标准，英语元音音系表征如表3.5所示。

表3.5　英语元音音系（Kim, 2019）

		前/非圆唇	中/非圆唇	后/圆唇
高	紧	/i/		/u/
	松	/ɪ/		/ʊ/
中	紧	/e/	/ə/	/o/
	松	/ɛ/	/ʌ/	/ɔ/
低	松	/æ/		/a/

对于单元音[i/ɪ, u/ʊ, e/ɛ, o/ɔ]的标写，不同学者有不同的观点，以seat/sit中的元音为例，不同学者有不同的标写形式，如Jones（1950）从元音的长短对该元音底层的标写是/iː/和/i/；Trager 和 Smith（1951）从舌位是否滑动对该元音的标写为/iɪ/和/ɪ/等。目前学术界比较认同松紧的标写方式，国际音标的标写方式是[i/ɪ, u/ʊ, e/ɛ, o/ɔ], 也是绝大多数论文、著作的标写方式，本研究也采用这个标写方式。松紧特征原指发音时肌肉的紧张与松弛，在这里指的是由于肌肉运动所引起的舌和声带等弹性器官的伸展和紧绷及舌根向前拉伸的程度, 用来区别上述两组元音不同的发音和声学特征。发紧音时，舌根前伸，具有较大的肌肉紧张度，发音器官做更大范围的运动，有较长的时长和较大的声门下气压。“松紧”是区别英语元音的主要特征。在英语中，“紧”在区别元音的对立时比“长”承载更大的区别度，比如beat和bead中的两个元音都是紧元音，同属一个自然类。如果依

赖“长”则很难把它们归在一起。从语音的角度讲, beat中元音的长度只有bead中的一半长，恰恰与bid中的元音同属一类，显然，“长短”并不是区别英语元音的主要特征。

英语中，前、中元音都是不圆唇元音，后元音除/a/之外都是圆唇元音。其中，前、中元音/e/是个非圆唇的紧元音, 它在发音时有轻微的滑动，舌会由发/e/的位置滑向发/i/的位置。同样的，后元音/o/是一个圆唇的紧元音, 发音时舌也会由发/o/的位置轻微向发/u/的位置滑动。这两个音有双音化现象，但滑动浮动小于双元音，因此，依旧归为单元音的范畴。

中央元音分为紧元音/ʌ/和松元音/ə/。紧元音/ʌ/往往用在重读音节中，而松元音/ə/一般用在非重读音节中；松元音/ə/比紧元音/ʌ/的舌位略高一些。在美式英语中，央元音往往带有卷舌音的属性，舌头向后轻微卷起, 标写为/ɝ/, 也有一些学者会用两个符号/ər/来表示这个音。

英语低元音是/a/和/æ/，/a/有两个音位变体/ɑ/和/ɒ/, /ɒ/的发音舌位位于/ɑ/和/ɔ/之间。

双元音

双元音（diphthongs），在语音学中指联合的两个元音，它们作为一个整体出现，之间有平滑的过渡，也就是说，双元音中的发音牵涉到两种不同的舌位，并且从其中一种舌位滑动到另一种舌位。学术界对英语双元音的数量和描写也有很大分歧。Arnold & Gimson（1975）认为英语有12个单元音和8个双元音，而Hammond（1999）则认为英语有4个双元音，Bauman（2009）认为英语有5个双元音。学术界对英语双元音的描述比较模糊，这使得元音的分类更加困难。因此，本文不研究英语双元音的借入问题，只研究单元音的音系映射。

因为元音的发音轮廓和声学特征极为稳定，因此我们在分析借入映射时，往往从元音的声学角度探讨其规律。不同的英语元音可以通过该元音发音的位置和共振峰频率的振幅来进行辨别和分类。元音舌位的高低与第一共振峰（F_1）的频率有直接的关系：高元音有低第一共振峰而低元音有高第一共振峰。元音舌位的前后与第一共振峰和第二共振峰（F_2）差异有关，如果第一和第二共振峰的差异比其他元音间的更大的话，那么这个元音的舌位就会更靠前。表3.6和表3.7 展示的是中美男人、女人和儿童不同人群元音的三个共振峰频率数据。

表3.6 英语母语男、女、儿童不同人群元音共振峰频率的数据（Peterson & Barney, 1952）

元音	男			女			儿童		
	F1	F2	F3	F1	F2	F3	F1	F2	F3
i	270	2300	3000	300	2800	3300	370	3200	3700
ɪ	400	2000	2550	430	2500	3100	530	2750	3600
ε	530	1850	2500	600	2350	3000	700	2600	3550
A	660	1700	2400	860	2050	2850	1000	2300	3300
α	730	1100	2450	850	1200	2800	1030	1350	3200
R	570	850	2400	590	900	2700	680	1050	3200
J	440	1000	2250	470	1150	2700	560	1400	3300
U	300	850	2250	370	950	2650	430	1150	3250
Q	640	1200	2400	760	1400	2800	850	1600	3350
ɝ	490	1350	1700	500	1650	1950	560	1650	2150

表3.7 汉语母语者男人、女人和儿童元音不同共振峰频率的对比（端木三，2007）

元音	男			女			儿童		
	F1	F2	F3	F1	F2	F3	F1	F2	F3
i	290	2360	3570	320	2800	3780	390	3240	4260
u	380	440	3660	420	650	3120	560	810	4340
y	290	2160	3460	320	2580	3700	400	2730	4250
o	530	670	3310	720	930	2970	850	1020	3580
ɤ	540	1040	3170	750	1220	3030	880	1040	4100
a	1000	1160	3120	1280	1350	2830	1190	1290	3650
ɿ	380	1380	3020	420	1630	3130	440	1730	3920
ʅ	390	1820	2600	370	2180	3210	410	2380	3870

如果将F1频率与F1和F2之间的距离作对比，可以得到一个非常类似于传统元音高度图的图表。由于共振频率取决于共振器的物理尺寸，因此可以得出声学元音空间是物理元音空间的反映。图

3.1和图3.2是基于三位成年男性的平均频率。

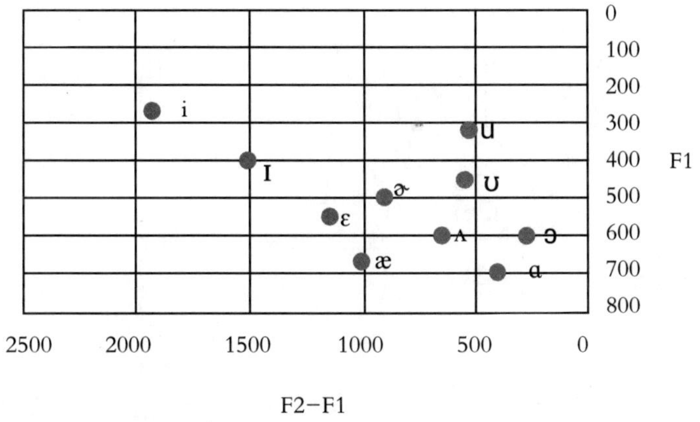

图3.1　F1频率（纵轴）与美式元音F1和F2之间距离（横轴）的图示（Yavas, 2016）

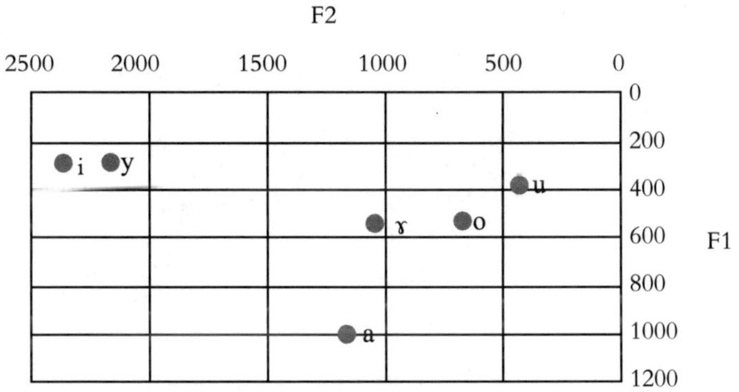

图3.2　汉语元音F1频率（纵轴）与F2频率（横轴）的图示

图片来源：Lin, Yen-Hwei, 2007 The Sounds of Chinese. Cambridge: Cambridge University Press.

元音频率图比传统的元音舌位图更客观、更准确。然而，传统的元音舌位图可以直接联想到发音器官，更容易被人们所理解。图3.3和图3.4是传统的元音舌位图，在这个图中，前元音在左边，后元音在右边，中央元音在中间。舌位高度有高、中、低之分，而“中”又常被分为中高和中低。描述元音的另一个维度是唇型。在图3.3中五个后元音中，有四个用圆圈圈出的/ɔ, o, ʊ, u/是圆唇元音，所有其他的元音都不是圆唇音。

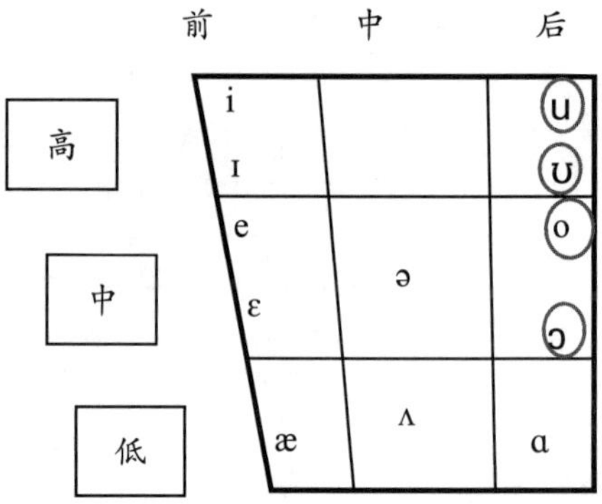

图3.3　英语元音舌位图（Yavas, 2016）

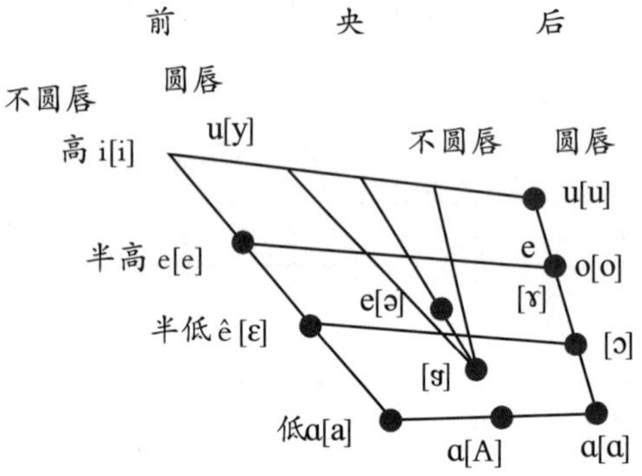

图3.4　汉语元音舌位图（黄伯荣&廖序东，2017）

3.3.2　英汉的音节结构对比

1. 汉语音节结构

音节在汉语音系中具有重要的意义。汉语是以音节为单位的语言，很多音系过程只对音节这一层次敏感，音节是许多音系过程的作用域。在汉语中，一个音节就是一个汉字，音节结构内部成分的任一变化都会引起意义的更迭。

首先，对于汉语的音节结构来说，尤其是在诸如《切韵》（601年）这样的押韵词典中，一个汉语音节通常由两个部分组成：声母和韵母。声母通常是一个音节开头的辅音，而韵母则是后面所有的音节。声母可以是空的，或者是零声母，在这种情况下是没有声母辅音的，音节以元音开头，这仍然被认为是韵母的一部分。但是，在西方语言学的影响下，汉语音节结构被描述得更加细致，详细解释在（12）的图示中。

（12）

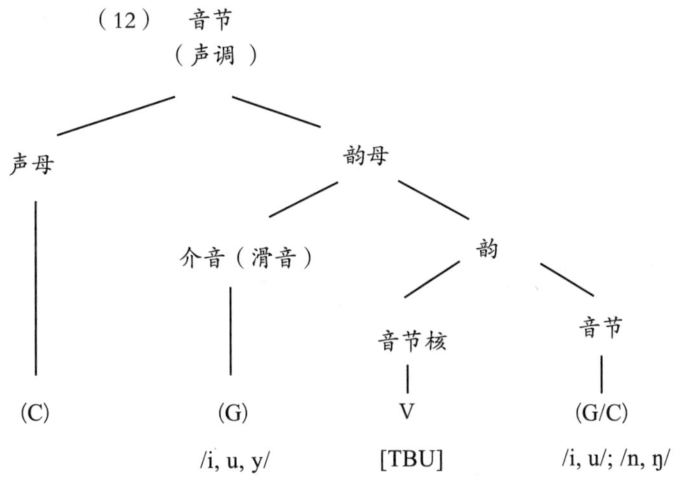

注：G是一个随语境变化的高元音的音位变体，而C在韵尾的位置是一个鼻辅音。TBU是承载声调的单位（Miao, 2005）。

在这些符号中，C代表辅音，V代表元音，G是滑音（是高元音随语境变化的音位变体）。括号代表在一个音节中除了核心元音V以外，其他元音都是可选的；括号还代表着一次只能出现其中的一个成员。如果按上述模式组合，汉语中有以下12个音节结构。为了保持一致性，表3.8中所有的例子都是一声的单音节词。

表3.8　汉语的12个音节结构

音节结构类型	举例			
	国际音标	汉语拼音	汉字	英语释义
CGVC	pian	bian	边	side
CGVG	ʂuai	shuai	摔	break
CVC	fəŋ	feng	风	wind
CVG	xei	hei	黑	black
CGV	tɕiA	jia	家	family
CV	t^hA	ta	他	he
GVC	yan	yan	烟	smoke
GVG	wai	wai	歪	not straight
GV	ya	ya	鸭	duck
VC	an	an	安	peace
VG	au	ao	凹	convex
V	u	wu	屋	house

音节由声母和韵母构成，“声母”和“韵母”是汉语语言学中所独有的术语名称。其中声母一般是由单一辅音构成，除[ŋ]以外的所有辅音均可以做声母。所有的声母包括零声母在内，一共是21个，用拼音表示为：b、p、m、f、d、t、n、l、g、k、h、j、q、x、zh、ch、sh、r、z、c、s。韵母包括介音和韵，其中介音由滑音[j，w，ɥ]构成，这些滑音是高元音[i，u，y]的音位变体，介音也不是必须存在的，且介音的归属问题存在争议。有些学者认为介音应该归位声母，作为声母的次要发音成分C^G。介音归为声母后，元音与韵尾就构成一个整体。这样的结构与英文的音节结构相呼应，在汉语诗词中也有迹可循，比如，诗歌的押韵就是指含有相同的音节核和音节尾，与介音无关。但是如果把介音归为声母的次要发音成分，会为汉语增加唇化和腭化声母两种辅音系统（于峰，2010），这样不符合语言学的经济原则。本文的音节结构沿用将介音归为韵母的传统划分，韵可以细分为韵腹和韵尾，韵腹是音节的核心成分，是必不可少的，而其他音节成分均可有可无。从声学角度来看，韵腹由元音构成，是整个音节响度最高的。如果音节结构里含有滑音，则韵腹由非高元音[ə, ɑ]构成；如果音节结构里不含滑音，韵腹可由任意单元音构成。汉语的韵尾一般由鼻辅音[n，ŋ]或滑音[y，w]组成，汉语中韵尾和韵腹紧密结合、融为一体，元音向滑音的滑动不像英语那么明显。鼻音在韵尾与在音节首做声母性质略有不同，在韵尾的鼻音更像滑音，韵尾在音节结构中同样也是可选成分。在汉语的音节结构中存在一个重要的成分是声调，声调属于超音段特征，表示一个音节的音高变化，音节的韵腹是整个音节承载声调的单位。

汉语中有21个声母和35个韵母，按照排列组合的原则，理想结果应该得到声韵组合770个，但实际配列组合只有405个。这说明并不是所有声母和韵母都可以自由组合，必定受到汉语音系规则和限制条件的约束，下面大致介绍一下汉语音节结构的规律和音段配置的限制条件：

（1）汉语中没有辅音丛。

（2）汉语中除了[ŋ]不能做声母，其他辅音都可以做声母。

（3）只有鼻辅音[n]和[ŋ]可以做韵核后的辅音韵尾。

（4）响音系列只有齿跟音[n，l]可以和前高圆唇元音[y]组合。

（5）硬颚阻塞音[tɕ，tɕʰ, ɕ]只和[i，y]组合，而齿龈和卷舌阻塞音均不能出现在[i，y]之前。

（6）唇齿擦音[f]、软腭音[k，kʰ，x]不与[i，y]组合。

（7）齿跟阻塞音[d，t]、唇辅音[p，pʰ，m，f]不和前高圆唇元音[y]或以[y]为介音的韵母组合。

（8）唇辅音[p，pʰ，m，f]不与[uV]组合，但是可以和单元音[u]组合。

除了上述一般的音系规律和限制外，汉语还有很多不规则的现象，例如[tʂ，ʂ]都可以和[ei]组合，但是同系列的[tʂʰ]却不可以，类似的例子还有很多，比如[*fai]，[*sei]，[*suŋ]等。这些例外情况的产生可能是因为历史原因，一些声调由于使用频次或者方言的影响无法和某些音段组合。同样，声调和音段的组合在汉语中也会出现空缺的情况。原则上，汉语的每一个词都需要指派一个声调，所有可能的音段组合都可以和四个声调相结合。我们已知的汉语音节数有405个，指派声调后应为1620个音节，但实际上出现的音节只有1278个（于辉，2010），因此音系上合格却实际不存在的音节有300多个。对于声调与音节组合的空缺，有些学者认为是偶然的、无规律的，但有些学者认为这些空缺是由于语音的影响，例如Wu（2006）认为这些空缺反映了低声调与辅音清浊特征的一种语音联系，如在CVN的音节结构中，音节首为不送气的阻塞音时都不和二声调组合；当音节首为响音时，基本上不会以高声调出现，所以像[*lān]、[*lēng]都是不存在的。

2. 英语音节结构

在英语中，音节可以分为音节首和韵，韵可以继续细分为音节核和音节尾，图（13）是英语的音节结构图，例如英语单词brait的音节结构如图所示。

（13）
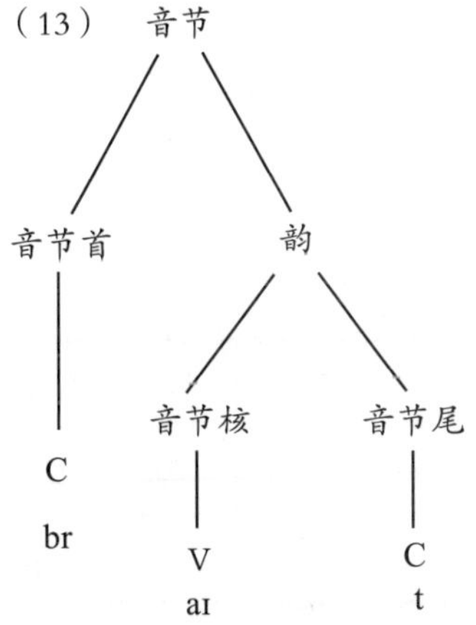

在英语中，音节核是最重要且必须的结构，而音节首和音节尾是可有可无的部分。音节核与音节尾结构紧密，一起组合成音节的韵，其中音节核是最为突出的部分，具有[+音节性]的特征，这些都与汉语相同。在英语中，充当音节核的部分一般为元音，但某些具有[+音节性]特征的响音性辅音可以充当非重读音节的音节核，如*able/eɪbl/*中的*/l/, sudden/sʌdn/*中的*/n/*等。

英语音节结构可用线性描述表示，如（C）（C）（C）V（C）（C）（C）（C），该结构表明英语的音节首最多可以由三个辅音组成，如*sprit, strawberry, splash*等；音节尾最多可由四个辅音组成，如*sixths/siksəs/*等。这一点与汉语不同，汉语没有辅音连缀的现象。

同汉语一样，英语的音节结构也是需要遵循某些规则和限制的，如下所示。

（1）英语中除/ŋ/不能做音节首，其他辅音都可以。

（2）英语/h/不能做音节尾，滑音/w, j/做音节尾时只能是双元音/aw, aj, ɔj/的一部分。

（3）塞擦音、喉擦音/v, ð, z, ʒ/不能出现在音节首辅音丛中。

（4）音节首辅音连缀为两个辅音时，只有两种组合：/s/+/p, t, k, f, m, n/或者塞音、清擦音+/w, l, r/。

（5）在音节首，唇音不能和/w/组合，齿龈塞音不能和/l/组合。

（6）音节首为三个辅音连缀时，结构为/s/+/p, t, k/+/l, r, w, j/。

3.3.3 英汉语超音段特征对比

英语用辅音和元音组成不同的单词。例如，*cat*和*pat*在一个辅音上不同，而*dad*和*did*在一个元音上不同，意思就发生了变化；汉语是一种声调语言，声调的变化可以用来表示词义的不同。声调被认为是除了辅音和元音之外的第三种语音元素。表3.9的例子表明，相同的辅音和元音组合的单词，汉语用声调的差异来表示意义的差异。音节与声调的组合关系是任意的，原则上任何音节结构都可以和任意声调相匹配。

表3.9 汉语中的四个声调（Lin, 2007: 4）

辅音+元音	调域	五度值	声调	拼音	含义
ma	高平调	55	一声调	mā 妈	母亲
ma	高升调	35	二声调	má 麻	植物纤维
ma	低降升调	214	三声调	mǎ 马	哺乳动物
ma	高降调	51	四声调	mà 骂	斥责

从表3.9中，我们可以看出如果不考虑声调，四个词的音节结构是相同的，即四个[ma]有相同的辅音加元音结构；第二列从调域上看，一声调、二声调和四声调都是高调域，只有三声调是低调域。需要注意的是，在汉语中存在“变调”现象，即只有三声调在词尾或者单念的时候才是降

升调，如果和另一个三声调相连就会发生变调，前一个三声变二声，以五度值为例，则是“21”而不是“214”；第三列的音高值是基于1到5的等级，5表示最高的音高，1表示最低的音高（Chao, 1968）。在汉语中，五个音高可以区分四个音调。例如，汉字 *麻*, [*ma*]，音高从音高范围的中间（音高等级3）开始，然后上升到音高等级5；为了便于本研究的参考，四个音调被标记为T1（音调1）到T4（音调4），如第四列所示。在汉语拼音系统中，声调标记是放在元音上的。需要注意的是，声调作为第三种语音成分，并不是元音的固有特征，而是整个音节的属性（Lin, 2007）。一般来说，汉语的每个音节都有一个声调。音节是传递声调和重音的韵律单位。例如，英语单词*veto*有两个音节，*ve*和*to*，第一个音节是重读音节。像 *教师* 这样的汉语词有两个音节和两个声调，第一个音节的降调（T4）jiào和第二个音节的平调（T1）shī。

此外，汉语还有一个“轻声调”，被称为汉语的第五声调。轻声调并没有内在的音高曲线，它的实际调值由它前面的音节或句子的声调曲线决定。在汉语中，一般加缀词、重叠词、结构助词、动态助词等是形成轻声的原因。

英语是一种重音语言，英语重音的声学特征包括基频F0、音强和音长。因此，英语重读音节往往有更高的基频、更强的音强和更长的音长（Yavas, 2016），即承载重音的音节比其他音节更具有知觉凸显性特征。英语单音节词本身都是重读音节，因为没有其他音节做对比，我们往往不会在音标上标注重音符号。英语双音节词中有一个音节承载重音，比另一音节更加突显。英语的多音节词中至少有一个承担主要重音，还会有次要重音，有时还会有第三层次重音。重音本身并没有区别意义，但当其他音段信息，如在音段构成、语音序列都相同的情况下，重音位置的不同才会区别词义或词形，如record /ˈrekərd/ 重音在第一音节上，译为记录，是名词; 而record /rɪˈkɔːrd/重音在第二音节上，译为记录，是动词。

基频、音强和音长这些声学特征也被用于区分汉语声调。因此我们推测，汉语和英语的这种声学联系可能在外来词借入过程中发展出一种英语重音对汉语声调的映射关系。

3.3.4　英汉语书写系统对比

汉语采用的是一种文字系统，每个汉字代表一个音节，而英语采用的是一种字母书写系统，用一个字母或字母的组合来代表语音（Lin, 2007）。

在英语中，书写系统本质上是音位的，代表音位的最小单位是字母（Miao, 2005）。两个字母可以代表一个音素，有时一个字母可以表达两个音素。例如，英语*think*中的*th*音是由两个字母组合起来表示/θ/，而单个字母j可以表示[dʒ]。同一个字母在不同的语境下也可以代表不同的发音。例如，*garage*在英语中，第一个g的读音为[g]，而最后一个g的读音为[dʒ]。英语作为一种多音节语言，有许多单词是由两个以上的音节组成的。

汉语是一种非字母书写系统的单音节语言。作为书写符号，一个汉字字符可同时代表一个语素和一个音节（Chin, 2008）。汉语是一种音节式书写系统，它不提供任何关于单词发音的信息（Wang & Geva, 2003）。然而，汉语拼音系统对语音表示是一种很好的弥补，因为汉语拼音既是语音系统，又是拼写系统。发音和拼写之间没有一对一的对应关系。例如，拼音i代表三个汉语音素/i, ɿ, ʅ/，拼音c在语音上由[t]和[s]组成，而不是像英语中的辅音连缀（Chin）。

3.3.5 汉语拼音系统

汉语拼音是中华人民共和国官方颁布的汉字注音拉丁化方案，是指用《汉语拼音方案》中规定的字母和拼法拼成一个现代汉语的标准语音即普通话的语音音节，于1955年～1957年文字改革时被原中国文字改革委员会（现国家语言文字工作委员会）汉语拼音方案委员会研究制定。该拼音方案主要用于汉语普通话读音的标注，作为汉字的普通话音标。1958年2月11日第一届全国人民代表大会第五次会议批准公布该方案。1982年成为国际标准ISO 7098（中文罗马字母拼写法）。部分海外华人地区，如新加坡，在汉语教学中采用汉语拼音。

汉语拼音是一种辅助汉字读音的工具。《中华人民共和国国家通用语言文字法》第十八条规定，"《汉语拼音方案》是中国人名、地名和中文文献罗马字母拼写法的统一规范，并用于汉字不便或不能使用的领域。"根据这套规范写出的符号叫作汉语拼音。

汉语拼音也是国际普遍承认的现代标准汉语拉丁转写标准。国际标准ISO 7098（中文罗马字母拼写法）写道，"中华人民共和国全国人民代表大会（1958年2月11日）正式通过的汉语拼音方案，被用来拼写中文。撰写者按中文字的普通话读法记录其读音"。

我国古代是用直音和反切的方法来给汉字注音的。直音就是用同音注明汉字的读音；反切，就是用两个汉字来给另一个汉字注音。这两种注音方法，用起来都不方便。明朝末年西方传教士来中国传教，为了学习汉字，他们开始用拉丁字母拼写汉语。中国最早的字母书写系统是由意大利传教士利玛窦（Matteo Ricci）编纂的，并于1605年在北京出版。还有许多传教士设计了各种字母系统，方便外国人学习中文。然而，字母书写直到鸦片战争后才引起中国知识分子的注意（端木三，2007）。

鸦片战争以后，中国沦为半殖民地半封建社会，爱国知识分子肩负挽救民族危亡和振兴中华的责任，提出了“教育救国”的主张，梁启超、沈学、卢戆章、王照都一致指出，汉字的繁难是教育不能普及的原因，因此，掀起了一场“切音字运动”。卢戆章（1854—1928）是我国第一个创制拼音文字的人。1892年，他在厦门出版《一目了然初阶》，公布了他创制的“中国切音新字”，用拉丁字母及其变体来拼厦门音，声韵双拼，左右横写，声母在右，韵母在左，另加鼻音符号和声调符号，增加声母后还可兼拼泉州音和潮州音。继卢戆章的《一目了然初阶》之后，开始了延续20年的“切音字运动”。几乎每隔一两年就有新的切音字方案出现。这些切音字方案多数是声韵双拼式的汉字笔画式字母方案，大多数只在小范围内传习，没有广泛推行，只有王照的“官话字母”和劳乃宣的“合声简字”推行较广。切音字创制者的目的，虽然不是想用它来代替汉字，但是他们希望切音字能够成为一种拼音文字，与汉字分工，并行使用。然而，他们的愿望没有实现。

1913年2月，读音统一会在北京召开，会议的主要任务是“审定一切字的国音发音”和“采定字母”。会议开了三个多月。在这次会议上，审定了6500个汉字的读音，用各省代表投票的方法确定了“标准国音”；拟定了一套注音字母，共39个，这套字母采用汉字笔画式，字母选自古代汉字，音节采用声母、韵母和声调的三拼制，对双拼的反切法进行了改进，其用途仅在于标注汉字读音，不作为拼音文字。这套注音字母后来减为37个（声母12个，韵母13个，介母3个，比双拼切音字方案中的字母几乎减少了一半）。注音字母通过之后，搁置了五年，于1918年由北洋政府教育部正式公布。1920年，全国各地陆续开办“国语传习所”和“暑期国语讲习所”，推广注音字母，全国小学的文言文课一律改为白话文课，小学教科书都在汉字的生字上用注音字母注音。北京还成立了注音字母书报社，印刷注音字母的普及读物，还办了《注音字母报》。从1920年到1958年，注音字母在我国使用了近40年的时间，这对于统一汉字读音、推广国语、普及拼音知识起了很大的作用。1930年，上层官员中有人觉得“注音字母”的名称不好，改称为“注音符号”，以强调这不是与汉字并行的文字。

在国语罗马字运动稍后，我国还开展了拉丁化新文字运动。中国的拉丁化新文字是20世纪20年代末30年代初在苏联创制的，其目的是为在苏联的10万华工扫除文盲，在条件成熟时用拉丁化新文字代替汉字，以解决中国大多数人的识字问题。1930年，瞿秋白出版了《中国拉丁化字母》一书，引起很大反响。1931年5月，苏联各民族新文字中央委员会科学会议主席团对中国拉丁化字母的方案进行了审定，并批准了这个方案。

1931年9月26日在苏联海参威召开的中国文字拉丁化第一次代表大会上，又通过了书面方案《中国汉字拉丁化的原则和规则》。其主要内容是：1.中国拉丁化新文字的原则（13条）；2.中国拉丁化新文字的规则（包括：①字母，②拼写规则，③写法规则）。拉丁化新文字是在国语罗马字的基础上制定的，在标调方式上与国语罗马字不同，国语罗马字对所有的音节都要标声调，而拉丁化新文字则规定原则上不标声调，只是在极有必要或极易混同的情况下才标声调。例如，“买”和“卖”容易混同，“买”写为maai，“卖”写为mai。于是，拉丁化新文字运动正式开始，这个运动推动了中国语文现代化的历史进程。拉丁化新文字运动一直延续到1958年《汉语拼音方案》公布时为止，历时近30年。它对中国的文字改革事业、对制定和推广《汉语拼音方案》，都有着重大而深远的意义。

1949年中华人民共和国成立后，就马上着手研制拼音方案，欲废除汉字，改用拼音文字。1949年10月成立了民间团体“中国文字改革协会”，协会设立“拼音方案研究委员会”，讨论拼音方案采用什么字母的问题。1955年10月，国务院成立“汉语拼音方案审定委员会”，经过一年的工作，于1957年10月提出《修正草案》，11月1日由国务院全体会议第60次会议作为新的《汉语拼音方案（草案）》通过，提请全国人民代表大会审议，1958年2月11日，第一届全国人民代表大会第五次会议正式批准《汉语拼音方案》。1958年秋季开始，《汉语拼音方案》作为小学生必修课程进入全国小学的课堂。《汉语拼音方案》是拼写规范化普通话的一套拼音字母和拼写方式，是中华人民共和国的法定拼音方案。这个方案吸取了以往各种拉丁字母式拼音方案，特别是国语罗马字和拉丁化新文字拼音方案的优点，它是我国三百多年拼音字母运动的结晶，是六十年来中国人民创造拼音方案经验的总结，比历史上任何一个拉丁字母式的拼音方案都更加完善和成熟。

《汉语拼音方案》有如下特点：

①只用国际通用的26个字母，不增加新字母。

②尽量不用附加符号（只用了两个附加符号）。

③尽量不用变读。

④采用隔音符号“'”来隔音。

⑤采用y、w、yu三个字母和字母组合表示音节开头的半元音i、u、ü，同时具有隔音作用。

⑥采用四个双字母zh、ch、sh、ng。

⑦采用四个声调符号来表示阴平、阳平、上声、去声四个调类。

⑧采用拉丁字母通用的字母表顺序，并确定了汉语拼音字母的名称。

为了适应社会各个领域应用《汉语拼音方案》的实际需要，我国从20世纪70年代开始，就着手研究汉语拼音正词法问题。1988年7月1日，国家教育委员会、国家语言文字工作委员会发出《关于公布〈汉语拼音正词法基本规则（试用稿）〉的联合通知》。1996年1月22日，国家技术监督局发布《汉语拼音正词法基本规则》，把它作为国家标准。《汉语拼音正词法基本规则》规定了用《汉语拼音方案》拼写现代汉语的规则，内容包括分词连写法、成语拼写法、外来词拼写法、人名地名拼写法、标调法、移行规则等。

为了适应特殊需要，同时提出一些可供技术处理的变通方式。

制定《汉语拼音正词法基本规则》的原则是：

①以词为拼写单位，并适当考虑语音、语义等因素，同时考虑词形长短适度。

②基本采取按语法词类分节叙述。

③规则条目尽可能详简适中，便于掌握应用。

词是语言中具有意义的、能够自由运用的最小单位，汉语拼音正词法确定以词为拼写单位，这对于汉语拼音的应用，特别是在语言信息处理中的应用，是至关重要的。汉语拼音正词法成为了后来语言信息处理中制定现代汉语分词规范的重要依据。

与欧洲语言不同的是，拼音的声母和韵母构成了拼音的基本要素。每个汉语音节都可以由一个声母和一个韵母组成，除了特殊的音节er或后缀-r（儿化音，它被视为音节的一部分）。儿化音经常出现在一些北方方言中，但不是标准的普通话。虽然声母一般只包含一个辅音，但韵母并不总是单一的元音，特别是在复韵母（即在韵母之前有一个介音）中。例如，介音[i]和[u]在韵母前开口很小，因此一些母语为汉语的人误把yī（衣，官方发音为í）读成jí，把wéi（围，官方发音为uéi）读成wéi或wuéi，那么这些介音就变成了独立于韵母之前的辅音，而不是韵母的一部分。声母由辅音组成，如表3.2所示。韵母情况可见表3.10。在下面的每个单元格中，第一行表示国际音标，第二行表示一个独立的（非首字母）形式的拼音，第三行表示与首字母组合的拼音。除了省略了由-r修饰的韵母外，下面是所有可能的韵母的组合表。汉语中唯一合法的结尾是鼻音-n和-ng。

表3.10　汉语韵母表（端木三, 2007: 123）

		尾音												
介音		Ø			/i/		/u/		/n/		/ŋ/			
	Ø	[ɪ] -i	[r] e -e	[A] a -a	[ci] ei -ei	[ai] ai -ai	[ou] ou -ou	[ɑu] ao -ao	[ən] en -en	[an] an -an	[uŋ] -ong	[əŋ] eng -eng	[ɑŋ] ang -ang
	/j/	[i] yi -i	[je] ye -ie	[jA] ya -ia			[jou] you -iu	[jau] yao -iao	[in] yin -in	[jɛn] yan -ian	[jʊŋ] yong -iong	[jəŋ] ying -ing	[jɑŋ] yang -iang
	/w/	[u] wu -u	[wo] wo -uo	[wA] wa -ua	[wei] wei -ui	[wai] wai -uai			[wən] wen -un	[wan] wan -uan		[wəŋ] weng	[wɑŋ] wang -uang
	/y/	[y] yu -ü	[ɥe] yue -üe						[yn] yun -ün	[ɥən] yuan -üan			

注：1. *[ɚ]*写作*er*. 对于儿化音的音节，无需额外的拼音标写，只需要在韵母后加后缀*-r*即可。

2. *ü* 在 *y, j, q* 或*x*后变成*u*。

3. *uo*在*b, p, m, f* 或者*w*后面写成*o*。

3.3.6　小结

汉语属于汉藏语系，而英语属于印欧语系。因此，两种语言的音系系统的异同影响着英源外来词借入汉语的音系映射过程。

辅音方面，汉语有22个辅音，而英语有24个辅音。最显著的区别是汉语的区别特征为送气与否，而英语的区别特征在于清浊。

元音方面，汉语和英语学者对各自的元音系统都持有不同的看法。元音的数量和描述因研究的不同而不同。本文采用了Lin（2007）对汉语元音表层和底层的分析。而对于英语双元音，学术界各持己见。因此，英语双元音的借入过程在本研究中不做分析。

在音节结构上，英语的音节结构是灵活多样的，而汉语的音节结构是相对简单的。在汉语中，辅音连缀是不存在的，只有鼻辅音/n/和/ŋ/可以用作词尾，而英语在词首和词尾位置都允许辅音连缀。

在超音段分析方面，汉语是一种声调语言，用四个不同的声调来区分词的意思，而英语是一种重音语言，重音音节比非重音音节基频更高、音长更长、音强更强。英语重音的声学特征包括F0基频，音强和音长。这些声学特征也可以用来分析汉语的声调，因此这种关联可以在英源外来词借入汉语时形成重音-声调的映射模式。

3.4 影响外来词借入的非语言因素

前面几节主要从语言系统内部进行研究，但在外来词借入的过程中，还有许多非语言因素会影响外来词的输出形式，比如书写系统、方言音系、借入者的双语程度、汉字的语义以及英语方言的影响。虽然这些因素并没有语言学上的意义，但同样会对外来词借入过程产生重要的影响，可能会使外来词最终的语音输出形式在一定程度上产生偏离，构成非忠实性映射，属于外来词借入的例外现象。

3.4.1 书写系统

书写系统是影响外来词借入的一个重要因素，长期以来许多学者对此进行了研究（LaCharite & Paradis, 2005; Paradis & Prunet, 2000），但它一直被视为边缘因素，对外来词借入过程的影响不大。近年来，书写系统对外来词借入过程中的影响受到越来越多的研究者的关注。Vendelin 和 Peperkamp（2006）通过编造一些网络外来词进行实验，考察书写系统对外来词借入的影响，受试者为法英双语者。在实验中，一半编造的外来词以口头形式呈现，而另一半则以口头和书面形式呈现。结果表明，基于混合输入方式的外来词的借入过程更接近法语使用者阅读英语语素的方式，从而证实了书写系统对外来词借入过程有影响的这一假设。Detey 和 Nespoulous（2008）研究了日语二语习得者学习法语双辅音集群的塞音+流音和/s/ +爆破音的案例。本研究以日本62名大学生为实验对象，编造的实验法语词的音节分割刺激以三种形式呈现给受试者，分别是听觉、视觉和同步视听三种模式。结果表明，书写形式可以影响外语的音节表征，视听和视觉模式的音节分割比纯听觉模式有更多的元音插入现象。

以往的研究表明，在外来词的借入过程中，书写系统的影响不可忽视。书写系统对外来词借入的影响体现在两个方面：一个是源词书写系统的影响，另一个是目标语书写系统的影响。目标语书写系统的影响主要体现在汉语拼音系统上，因为汉语拼音系统是用拉丁字母书写的罗马拼音系统，因此拼音系统与英语字母相似，这就造成了两者之间的混淆。例如，两个英语字母可以代表一个音，如*ph*读成*[f]*，或像在英语单词*thing*中的*g*不读成*[g]*，而是*ing*一起读成*[ŋ]*。然而，在汉语拼音系统中，*ph*是两个不同的音，*g*是必须要发音的。更多的例子见（14）。

（14）书写系统影响外来词借入的例子

英语输入	汉语输出国际音标	汉语拼音
ra**y**on /ˈreɪɑn/	[lei-ɟəŋ]	léi-**y**íng
thin**g** /θɪŋ/	[tjəŋ-**k**ɤ]	dīng-**g**é
ma**r**tyr**s** /ˈmɑtə/	[mwo-**ɚ**-ti-**sɿ**]	mó-**ěr**-dǐ-**sī**
xylonite /ˈzaɪləˌnaɪt/	[k^hɤ-ɕi-lwo-lai-two]	**kè-xī**-luó-lái-tuō

在英语输入*rayon*中，虽然英语字母*y*是不发音的，而在汉语输出中，*y*却被当做辅音保留下来，对应为汉语拼音的*y*。上面其他的例子也是如此，虽然在英语中划线的英文字母是不发音的，但在汉语的输出过程中，它们都被保留下来，并对应了汉语相应的拼音形式。所以，在外来词借入的过程中，书写系统不应该被当作边缘因素，而应该被当作一个独立的因素进行考量。

3.4.2 方言音系

英源外来词进入汉语普通话的渠道有两条：一是直接进入汉语普通话，二是通过汉语其他方言间接传入普通话。如果是通过汉语方言转入普通话的途径，那么外来词的借用形式必定会受最初借入方言音系的影响，再借入到普通话中就很有可能成为不忠实映射。

早期英源外来词传入中国，主要是依靠东南沿海地区活动的商人、传教士、探险家等。1842年鸦片战争结束后，清政府与英国签订了《南京条约》，上海、宁波、福州、厦门、广州被迫成为通商口岸，这些地区成为最初也是最为频繁的和西方交流的地带。

随着经济、政治等的需求，接触的规模也在逐渐扩大，对于代表外来事物的新词语，这些方言展示出了兼容并包的特质，迅速、积极地将代表新事物的外来词采用音译（小部分意译）的方式借入方言中。粤方言和吴方言成为早于内地官话最先接触西方文化的典型代表。上海从鸦片战争开始到现在，一直占据中国的商业金融中心和国际大都会的地位，也是重要的对外通商口岸。因此，无论是历史、政治，还是经济的原因，都使吴语区成为外来词借入的主要渠道。虽然吴语和普通话在音系上有明显的区别——吴语有27个声母、43个韵母和5个声调，而普通话有23个声母、39个韵母和4个声调，但有一些通过吴语进入普通话的外来词流传且固定了下来，直到今日依然在使用，比如，*sofa* 沙发，*engine* 引擎，*motor* 马达，*toffee* 太妃糖，*soda* 苏打，*cigar* 雪茄等。这些由方言引入的外来词再进入普通话后，大多保留了汉字形式，抛弃了方言的发音，而赋予了其新的普通话的发音。如（15）显示。

（15）通过吴语方言进入普通话的外来词

英语输入	吴方言	汉字	普通话国际音标
sofa /soufə/	[so-faˀ]	沙发	[ʂA-fA]
butter /bʌtər/	[baˀ-tʰəˀ]	白脱（油）	[pai-tʰwo]
motor /moʊtə/	[mo-daˀ]	马达	[ma-ta]

在20世纪80年代之后，粤方言（主要是香港和广东地区）是外来词借入的另一个主要途径。因为历史原因，香港成为中英双语的社区，粤语与英语的口语和书面语形式均频繁接触，英语的音译借词非常丰富。而这些外来词通过同使用粤语方言的广东地区流入内陆，有些则在普通话中流传至今。例如 *shopping* 血拼，*party* 派对，*carnival* 嘉年华，*cookie* 曲奇，*whisky* 威士忌等。粤语的发音系统较复杂，与普通话不同，有19个声母，56个韵母，还有九声六调。粤语中保留了大量古汉语的语音和声调。外来词通过粤语进入普通话的过程也只留下了汉字的字形，方言的发音被普通话的发音所取代，如（16）。

（16）通过粤语进入普通话的外来词

英语输入	粤语方言	汉字	国际音标IPA
tips /tɪps/	[tʰi:p-si:]	贴士	[tje-ʂʅ]
taxi /tæksi/	[tɪk-si:]	的士	[ti-ʂʅ]
bus /bʌs/	[pa-si:]	巴士	[pa-ʂʅ]
cigar /sɪˈgɑr/	[sy:t-ka:]	雪茄	[ɕye-tɕjA]

3.4.3 双语程度

单语者和双语者由于对源语的语音和音系知识掌握的程度不同，对新词的感知也不同。也就是说，双语者应该能比单语者更准确地感知或者对源语言的语音语法了解更多。这一假设得到了许多研究者的支持（Escudero, 2005; LaCharité & Paradis, 2000）。在1978年中国改革开放之前，外来词主要是由双语者和译者传入的（Lin, 2007）。而在改革开放之后，普通民众的英语水平在不断地提高。自1978年中国教育部公布第一份英语教学大纲以来，在1990年至2000年的十年间，每年学习英语的人数都在大量的增加。进入21世纪后，英语在中国越来越普及，英语教育甚至从幼儿园就开始了。中国人英语水平的提高，有利于英源外来词的借入。首先，英源外来词不再需要通过任何方言来传播，比如吴话或粤语；其次，全英文的字母借词的数量在迅速增加，因为中国人可以直接理解英语单词，不需要任何翻译，如*WTO*，*AIDS*，*UFO*。

然而，在外来词借入的过程中，双语的影响可能很难定义。就像Kim（2019）论文中所举的例子，将英语单词*Scott*翻译为[sɿ-kɤ]的译者可能比将其翻译为[sɿ-k^{h}ɤ-t^{h}ɤ]的译者对源语的感知能力更强。因为他/她能感知到这些辅音音段的显著性，并意识到辅音连缀*sk*中的英语辅音[k]在感知上更接近汉语中的不送音塞音[k]。我们还可以得出这样的结论：双语能力越强，借入后的输出词就越接近原始源词。如（17）所示*disco*的例子。因为香港作为英国殖民地已有一个世纪的历史，本地人的双语水平高于内地的借入者，所以香港地区的借入者注意到英语*sk*辅音连缀中的[k]在感知上更接近汉语中的不送气音[k]而不是送气音[k^h]，而普通话借入者却忽略了这一点。

（17）英语输入	国际音标IPA	汉字	粤语国际音标	汉字
disco /dɪsko/	[ti-sɿ-k^{h}ɤ]	迪斯科	[ti-ʂʅ-kɑu]	的士高

3.4.4　汉字语义

汉字又称方块字，属于表意文字的词素音节文字。语素是汉语表意的最小单位，类比于英语的词汇和词组的总称。绝大多数汉字可以独立构成语素，比如我，类比于英语中的单一字母构成的词汇*I*。虽然白话文大多数词语都是由两个以上的汉字构成，但和英语中词汇和字母的关系不同，语素的意思往往和其中各个汉字独立构成语素时的意思有相关性，因此相当程度上简化了记忆。词语包括语素和若干个语素形成的短语。

汉字的显著特点是字形和字义的联系非常密切，具有明显的直观性和表意性。汉字的表意性使汉字成为世界上单位字符信息量最大的文字，容易辨识、利于联想，也为加快阅读速度带来极大的便利。汉字有着区别于世界其他各种语言的根本特点，就是汉语语法自身的特殊性，即意合。无论是词组合成句子，还是单句组合成复句，首先考虑的因素是语意的配合，而不是语法形式的使用，只要几个负载着重要信息的关键词语在意义上大致搭配得拢，就能言简意赅地达到交际目的，这几个词就可以组合在一起，这就是所谓的“意合”。汉语语法的这一特点，使它结构独特、灵活多变、颇多隐含、着重意念，其意合性、灵活性和简约性是其他语言所不能比拟的。汉语语法的上述特点，有利于我们在阅读中运用意会的方式来进行感知和理解，这对加快阅读速度有极大的便利。

综上所述，汉字语义会和音系的借用交互作用，从而影响外来词输出形式的音系表征。因为英语是表音文字，汉语是兼表音义的意音文字，从英语中借词到汉语，本质上就是用汉语中表音的部分将英语对应地输出，以求得其与源语在语音感知上达到最大的相似性。但汉语除了表音外，更重要的功能是表意，所以当汉字用于音译外来词时，还要兼顾汉字的表意功能，最好是能通过汉字联想到相似的事物。因此，在借用的过程中，用字的选择会受到一定程度的限制，一些带有负面意义的汉字即使在语音上最为相似也会被排除掉。因为字义不佳而不能成为最优选择的借用形式，会成为外来词输出的不忠实形式。尤其是在翻译外来电影或者品牌名称时，语义的影响更为重要，为了在中国宣扬其品牌形象或者产品推广，都会选择具有积极、肯定意义的字词。另外，如果能达到音意兼顾，构建源语和借用形式的连接，将会加速其在中国市场的接受度。例如，*Reebok ['ribɔk]*这个品牌是以跑鞋经营起家的运动品牌，将这个品牌翻译成*锐步*，不仅语音上与源词达到了最大的相似性，且语义上也表现出快速、跑步的含义，将品牌涵义完美地诠释出来。再如，*Coca-Cola*的翻译 *可口可乐*，被广告界公认为是翻译得最好的品牌名。1927年，*Coca-Cola* 初入上海时被翻译为 *蝌蚪啃蜡*，与食物完全不搭的名字加上深褐色的液体、甜中带苦的味道使它在中国的销售非常差。于是第二年，公司公开登报以350英镑的奖金悬赏征求译名。最终，当时在英国的上海教授蒋彝赢得了奖金。*可口可乐* 这个品牌名之所以能够大获全胜，就在于它不仅对应了英文名的音译，还赋予了该品牌可口、快乐的寓意，因此，在1948年的上海成为了可口可乐海外销量首个超百万标箱的城市。兼顾音义的翻译形式对刺激消费和开拓市场具有举足轻重的作用。（18）中列举了语义在外来词借用中所起重要作用的例子。

（18）

英语输入	国际音标IPA	汉字（语义）
Tide/taɪd/（洗涤剂品牌)	[thai-tsɿ]	汰渍（除掉污渍）
Nike /naɪki/（运动品牌）	[nai-kʰɤ]	耐克（持久、克服困难）

在上面的例子中，都因为要考虑语义因素，在语音映射上发生了偏离：*Tide* 本应在语音上映射为*[tʰai-tɤ]*，但为了表达*污渍*的含义，将词尾[t]映射成了[ts]；*Nike*的元音也由*[i]*变成了*[ə]*, 以表达*克服*的含义。这些例子也表明汉字的语义虽然影响外来词借入过程，但其语音偏离程度也有限度，不会为了只追求语义而与源语有较大出入。这也说明汉字的语义虽然对外来词借用有重要的影响，但语音形式的忠实性在知觉层次上更为重要。

3.4.5 源语

另一个需要考虑的因素是外来词的来源。虽然英语是源词，但要更准确地分析它的起源，比如英国英语或美国英语。Miao（2005）认为英源外来词借入的音系映射过程中，英语/-ɹ/比/-l/更常被删除，因为中国的英语学习者经历了各种英语变体。换句话说，直到20世纪90年代初，中国一直在教授英式英语，甚至有些美式英语的单词都是用英式发音来教的。因此，Miao认为这种情况使得中国的英语学习者更倾向于删去词尾/-ɹ/。所以，在分析时应考虑到源语的各个变体，否则可能会做出不准确的分析，示例如（19）所示。

（19）

英语输入	国际音标IPA	汉字
cartoon /kɑɹ̠ˈtun/	[kʰA-tuŋ]	卡通
var /vɑɹ̠/	[wA-ɚ]	瓦尔

如果*cartoon*这个词被认为是来自美国英语，那么第一个音节中应含有词尾/ɹ/，然而，词尾[ɹ]在汉语输出中被删除了，所以我们可以推测*cartoon*实际上是源自英国英语。同样的情况也发生在var中，并且词尾/ɹ/被保留在汉语的输出中，所以我们推测这个单词来自美国英语。因此，Miao认为汉语借用者倾向于删除词尾/-ɹ/，不应该被分析为汉语借用者的感知错误或词尾/-ɹ/不具有知觉凸显性。相反，词尾/-ɹ/的删减应该被视为根据源语的忠实映射。

3.5 外来词借入综合理论框架

到目前为止，我们对所有影响外来词借入的因素都进行了分析和讨论，在外来词的借入过程中，这些非语言学因素和语言学因素如何相互制约和影响，在语音映射中究竟哪个因素起主导作用，哪些音素使其映射发生偏离是本研究分析的重点。本研究力求在此基础上提出一个外来词借入的综合模型，尽量涵盖所有影响因素。本研究模型的提出建立在前人理论框架的基础之上，本节将介绍两个主要的外来词借入分析模型：Boersma（2009）的双元模型和Kim（2019）的外来词借入汉语模型（MMLA）。我们将在这两个理论框架基础之上进行改进并提出英源外来词借入汉语的模型结构。

3.5.1 Boersma（2009）语音音系模型

Boersma（2009）通过添加听觉形式和发音形式到传统的语音表征（底层形式和表面形式，它们是优选论的输入和输出），进而提出新的“语音表征”。即当听者听到一个外国单词时，他们需要将听觉-语音形式转化为本国的音系表征。感知映射发生在语音-音系界面，即语音听觉形态和音系表层形态之间。语音听觉形态和语系表层形态之间的联系建立在优选论框架的结构制约条件（structural constraints）和线索制约条件（cue constraints）的相互作用中。结构制约条件评估词前感知的输出形式，并控制表面形式的音系结构。根据这个模型，外来词借入是在这个层次上进行的。同时，Boersma认为线索制约条件描述的是语音听觉形态和音系表层形态之间的关系。因此，某些语音听觉形态可以作为音系表征的线索，例如，元音时长可以作为之后塞音清浊音系特征的线索，也就是通过制约条件使语音听觉形态和音系表层形态双向互动。

简而言之，Boersma和Hamann（2008）的方法强调具体语言感知在外来词借入中的作用，并直接将语音纳入优选论的框架中。他们认为，前词汇知觉的形式化是在语音听觉形态和音系表层形态之间，由结构制约条件和语音-音系界面上的线索制约条件相互作用的。因此，“音系因素（结构制约条件）与更多语音因素（线索制约条件）是直接竞争的；他们的相互作用表明感知是音系的”（Boersma，2009: 65）。图3.5显示了语音-音系界面存在的位置，它是一个具体的语音和音系的多层次模型（Boersma, 2008, 2009）。图3.6通过制约条件实现了语音和音系的双向形式化。

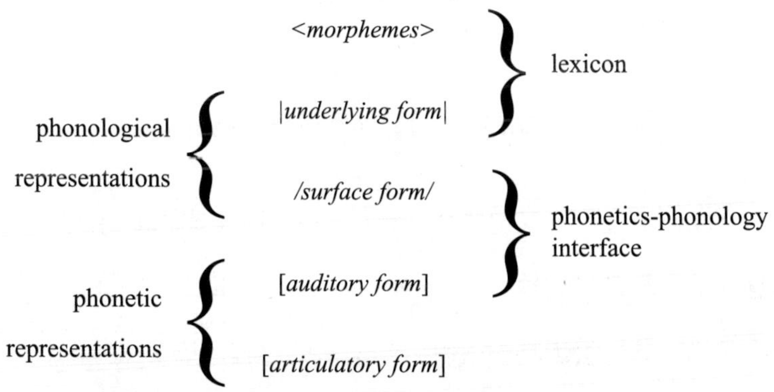

图3.5　语音–音系双向模式（Boersma, 2008, 2009）

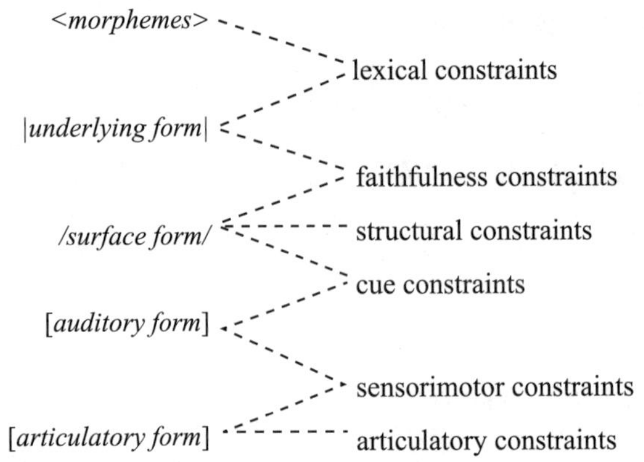

图3.6　通过制约条件实现的语音–音系双向形式（Boersma, 2008, 2009）

3.5.2　Kim（2019）外来词借入汉语模型

Kim（2019）在Boersma（2009）语音音系模型的基础上，提出了一个外来词借入汉语的模型，揭示了英源外来词借入汉语的过程中语音和音系之间的相互作用，如图3.7所示。

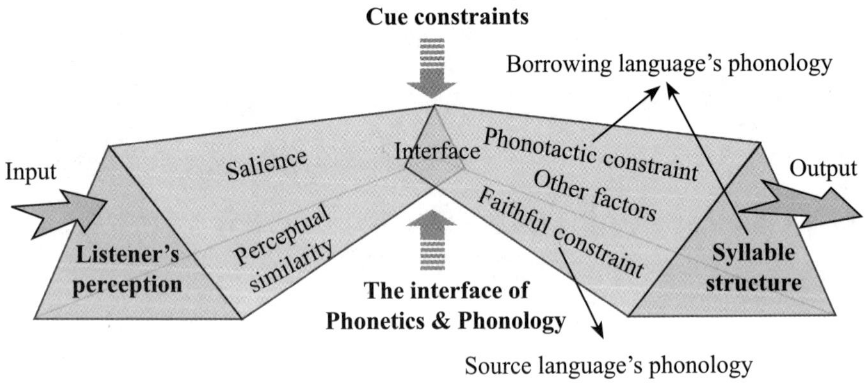

图3.7　Kim（2019）外来词借入汉语模型

Kim认为外来词借入的第一个阶段是感知。在这一层次中，知觉凸显性和感知相似性起最重要的作用。不具有凸显性的元素被过滤掉，而幸存的元素匹配到借入语音系统中最为相似的音素。在进入下一步之前，线索制约条件会影响输入映射到输出的过程，语音或感知在外来词借入的这个阶段所起的作用完成。这意味着外来词的借入过程将进入音系层面。需要注意的是，知觉凸显性、感知相似性、线索制约条件等因素并不一定全部都参与每一个外来词的借入过程。然而，其中有一个因素应该在感知阶段中发挥最重要的作用。接着，在借入语的音节结构中不被允许的形式要进行修改，符合借入语音节结构的形式通过筛查而输出。通过线索制约条件的形式可以通过借入语的音系规则来修改，也可以通过忠实性制约条件来调整，输出和输入都要被检查和筛选。

音系规则是借用语言的一种音系行为，而忠实映射是对源语的音系干涉。两者或其一可以在外来词借入的过程中起作用。但是，所有外来词的借入过程都必须遵循借入语的音节结构。

综上所述，外来词的借入需要综合分析语音、音系或其他因素的相互作用和影响。语音或音系因素起着举足轻重的作用，一般会影响整个外来词的借入过程，而其他因素可能会在最后输出之前影响其映射，使其最终输出的形式符合借入语的音节结构。

Kim给出了英语词*Scott*的例子来展示这个综合分析框架是如何运作的。英语单词*Scott*在汉语中有几种可能的输出形式，如表3.11所列。

表3.11　英语单词Scott在汉语中可能的输出形式（Kim, 2019: 148）

English		*Pinyin*	*IPA*	*Character*	*Glassary*
Scott	→	① sī-gé	[sɿ-kɤ]	斯阁	person name
	→	② sī-kē-tè	[sɿ-kʰɤ-tʰɤ] 斯科特	person name	
	→	③ sī-kǎo-tè	[sɿ-kʰɑu-tʰɤ] 斯考特	person name	abrand name
	→	④ shū-jié	[ʂu-tɕje]	舒洁	of tissue

Kim（2019）认为英语单词的输入是相同的，同一个英语单词不具有感知的差异性，英语单词*Scott*应被感知为*[skat]*，但是相同的输入在外来词借入过程中却经历了不同的过程。在英语输入和汉语输出中最忠实的映射应该是第二个输出形式*sī-kē-tè*和第三个输出形式*sī-kǎo-tè*。因为英语输入*[skat]*借入到汉语的忠实映射是*[s, kʰ, tʰ]*，且汉语元音[ɿ]插入到了[s]和[kʰ]之间以适应汉语普通话的音节结构。通过以上借入的例子，如*sī-kē-tè*和*sī-kǎo-tè*，Kim认为英语与汉语之间的映射中元音的灵活性极强，但辅音映射忠实度较高。因此，*[skat]*中的英语*[ka]*可以借为汉语的[kʰɤ]和[kʰɑu]。它们的映射过程如图3.8所示。

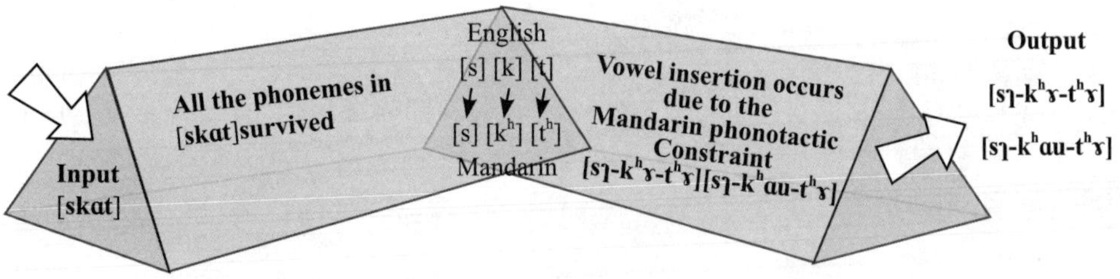

图3.8　英语单词Scott借入汉语后的输出形式*sī-kē-tè*和*sī-kǎo-tè*（Kim, 2019: 149）

第一个输出形式*sī-gé*与之前的*sī-kē-tè*和*sī-kǎo-tè*两个输出过程不同。假设它经历了以下的借入过程：英语输入*[skɑt]*的词尾*[t]*因其不具有知觉凸显性而被删除，这是语音因素在起作用。因此，只有*[ska]*幸存下来，其中为了对应英语的/s, k/，汉语相应的辅音[s]和[k]被选择。需要注意的是，英语/k/映射为汉语[k]，因为英语/k/在辅音连缀/#sk_ /中更接近汉语的辅音[k]。换句话说，汉语输出形式*sī-gé*显示出语音听觉形态和音系表层形态间的线索制约条件。然而，英语词首的辅音连缀在汉语音系系统里是不被接受的，因此在英语辅音连缀/#sk_ /中应该要插入一个元音，这是汉语音系制约条件所起的作用。最后，通过删除词尾辅音[t]和插入元音，汉语输出形式sī-gé可以经过最后的调整步骤，成为汉语最终的输出形式。整个借入过程如图3.9所示。

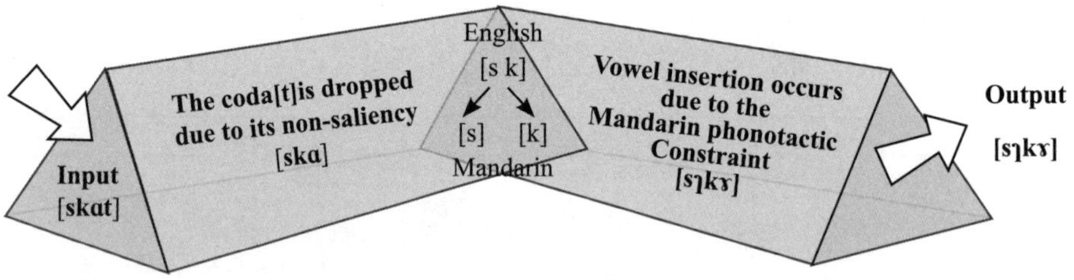

图3.9　英语单词*Scott*借为汉语*sī-gé*（Kim, 2019: 149）

英语单词*Scott*借为汉语*shū-jié*，它的借入过程与前三个都不相同。表面上，外语输出形式*shū-jié*与其他形式都不相同，但是Kim认为在借入过程中只需考虑额外的语义因素，也就是说，汉语输出形式*shū-jié*与汉语输出形式*sī-gé*的借入过程相同，但是在输出前一步，为了塑造品牌的良好形象，在选择汉字时选取了带有良好寓意的*舒 shū [ʂu]* 和*洁 jié [tɕje]*。另外，英语辅音/s/映射为MC[ʂ]是感知相似性在起作用。因此，英语辅音/s/映射为汉语[ʂ]不仅考虑了汉字语义的影响，还考虑了输入与输出的感知相似性。而英语的辅音[k]借为汉语的[tɕ]完全是受汉字语义的影响。该词的借入过程由图3.10所示。

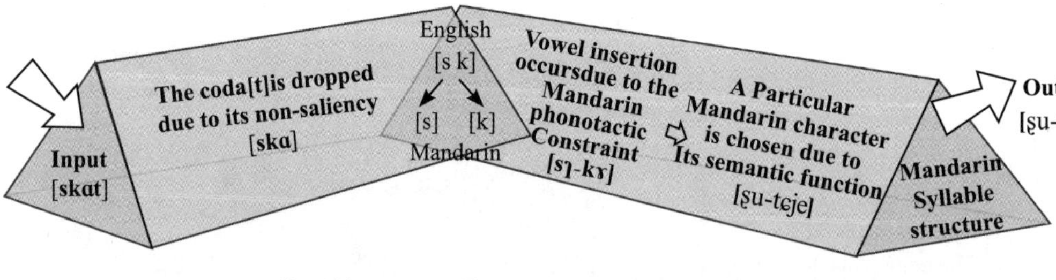

图3.10　英语输入*Scott* 借为汉语*shū-jié*的过程（Kim, 2019: 150）

在外来词的借入过程中，多种因素相互作用，单靠语音或音系因素并不能解释所有的现象。Kim的汉语借入框架是一个可以解决问题的综合模型，因为在之前的研究中很多非语言因素都被排除在外，而现在这个模型可以将所有的因素综合考虑从而更好地分析。

3.5.3　修改后的外来词借入汉语模型

本研究建议对Kim的模型稍作修改，以包括语音和音系因素以外的其他非语言因素。这样，模型就可以容纳Kim模型中的例外情况。Kim认为，其他非语言因素只会影响生成语法的最后一步之前的借入过程。但本研究提出在感知阶段，其他非语言因素如书写系统、方言、源语等也会引起感知错误。换句话说，外来词借入不仅是在宿主语言生成语法内计算的，也可能是对源词无意识的不忠实感知的结果。

在Kim的外来词借入汉语的模型中，只考虑了产出前生产阶段语义因素的影响。然而，这并不能解释为什么英语单词*Scott*在知觉阶段被感知的不同。例如，英语输入*[skat]*被不同的借入者感知为*[skat]*或*[ska]*。Kim认为，输入是相同的，因为相同的英语单词不会被感知到不同。那么是什么导致了这种差异呢？本研究认为，除了知觉凸显性和感知相似性外，书写系统、方言、双语能力等因素也在汉语说话人感知外来片段时起到了重要作用，从而造成误解。

让我们用Kim模型中提到的同一个英语单词[skɑt]为例。不同的双语程度在感知同一单词时可能导致不同的输出结果。双语者可以接触到源语言的语音语系，他们的感知应该比单语者更准确。因此，对源语的语音和音系知识了解较多的双语者倾向于删去尾音[t]，因为英语清爆破音在尾音位置上的感知是最不明显的。双语者可能意识到，在英语辅音连缀sk中，英语/k/在知觉上更接近汉语的不送气[k]。模型修改如图3.11和图3.12所示。

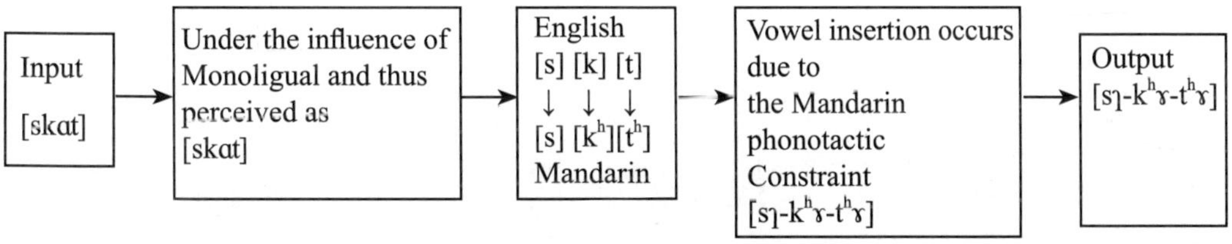

图3.11　英语单词*Scott*借为汉语*sī-kē-tè*

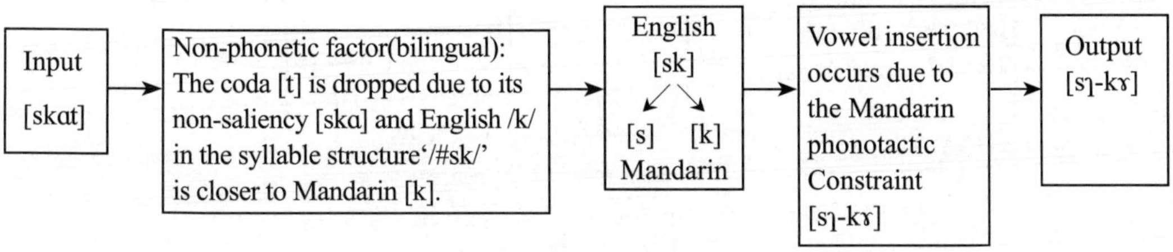

图3.12　英语单词*Scott*借为汉语*sī-gé*

书写的因素也会造成感知误解。例如，英语单词*thing*被借用为汉语的*dīng-gé*，[tjəŋ-kɤ]，其中*g*实际上是英语辅音丛*ing*的一部分，发音为[ŋ]。然而，汉语借入者可能会受到英语书写的影响，并将英语拼写g误认为[g]音。借入过程如图3.13所示。Miao（2005）认为，汉语与印欧语系的接触通常是通过书面形式进行的，因此许多词汇外借到中国主要依靠拼写。

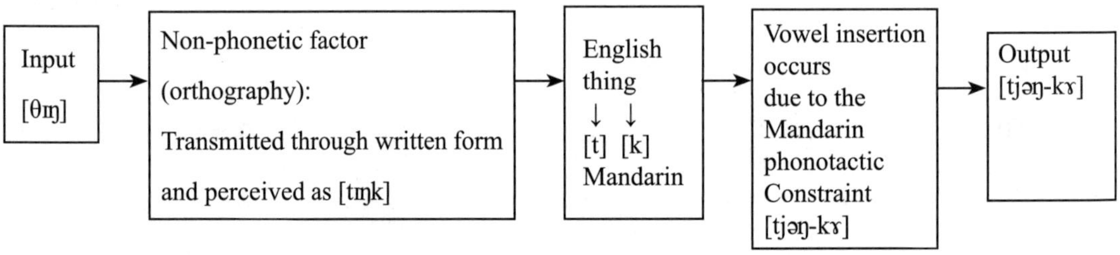

图3.13　英语单词*thing* 借为汉语*dīng-gé*

一些英源外来词是通过不同的汉语方言传入汉语普通话的。因此，应该考虑汉语方言媒介。不同的方言会造成不同的感知，因为当外来词被引入汉语时，不同的汉语借入者倾向于在他们的方言中寻找与外来词感知上最接近的音素。例如，英文*Vaseline*一词在吴语中被借用为*[ve-zɿ-lin]*，*凡士林*。*Vaseline*中的英语/v/通过忠实映射，在吴方言中被借用为/v/，而汉语普通话中这个辅音是不存在的。之后通过吴语借入的*凡士林*传入到普通话中，该外来词只保留了汉字外形而采用了普通话的读音 *[fan-ʂʅ-lin]*，造成语音映射的偏差。借入过程如图3.14所示。

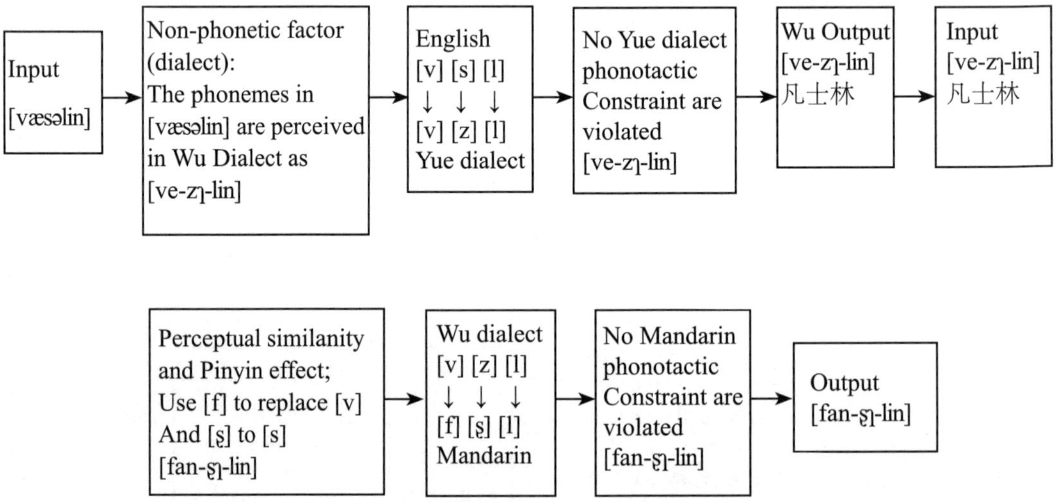

图3.14　英语单词*Vaseline*通过吴语借为汉语*fán-shì-lín*

与前几种非语言因素不同，汉字语义的影响主要发生在借词输出之前的生成语法阶段。例如，

Sprite，一个饮料品牌，本意是小仙子、小精灵。如果只按字面翻译的话，很难被中国人接受，因为产品的名字很难和一种饮料联系在一起。因此，它被翻译成 *雪碧[ɕye-pi]*，偏离了原来的辅音和元音，但传达了丰富的意义和产品形象。*雪* 代表凉爽和纯净，而*碧* 展示了饮料包装的绿色。它创造了一种在炎热的夏天人人都想要的饮料。借入过程如图3.15所示。

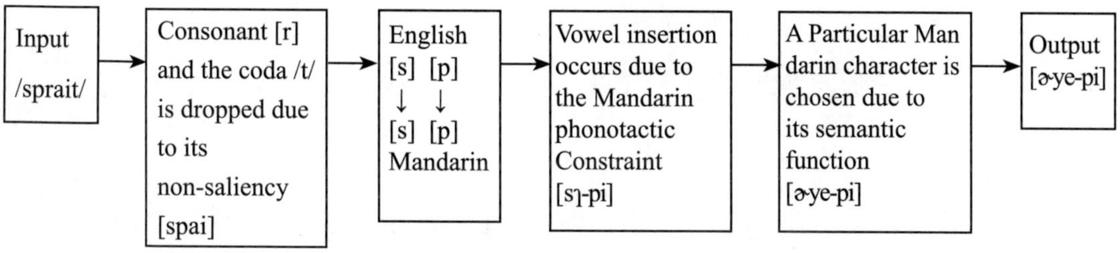

图3.15　英语单词*Sprite* 借为汉语*xuě-bì*

因此，在英源外来词借入的过程中，除了语言因素外，还要考虑其他非语言因素，因为它们是相互作用、相互影响的。在外来词的借入过程中，它们在感知和生产层面都起着重要作用。这些语言因素和非语言因素并不需要参与所有外来词的借入，但其中的一两个因素可以在这个过程中起到决定性的作用。在接下来的章节中，本研究详细分析了来自音段、音节结构和超音段的映射规律，并深入探讨了语言和非语言因素在外来词语音映射中的相互作用。

第4章　英语音段借入汉语的映射模式

本章将重点讨论语言因素和非语言因素在外来词借入过程中的相互作用。在不同外来词的借入过程中，只有一两个因素在适应中起关键作用。本研究力图综合考虑外来词借入过程中的所有因素，将其他研究视为例外的语料，也力图囊括在综合分析的模型中。

4.1　辅音映射规律

4.1.1　爆破音

爆破音是指发音器官在口腔中形成阻碍，然后气流冲破阻碍而发出的音。在某些情况下，发爆破音时气流不必冲破阻碍，而只是发音器官在口腔中形成阻碍，并稍做停顿即可。爆破音是辅音中最基本也是最无标记的音。世界上所有的语言都会有爆破音，只是不同的语言数量不同。

英语爆破音的区别特征是清浊，清辅音是/p, t, k/，浊辅音是/b, d, g/。清辅音处在词首或词中重读元音之前是送气的，如*pat, tea, kite*等，在音节尾的位置是不送气的。另外，在音节首/s/后面的爆破音为清不送气音，如*sky, space, skate*等。词中非重读元音之前的爆破音也是不送气音，如*interface, broker*。在英语里送气与否是非音位性的区别特征，没有音位上的对应，不区别意义，英语母语者一般也不会意识到送气与不送气的差别。

汉语爆破音与英语爆破音数量相同，也有六个爆破音，但汉语的爆破音都是清音，区别特征为送气与否。送气在汉语中具有音位对立性，可以区别意义，如*科[kʰɤ]*和*歌[kɤ]*。汉语的爆破音只能出现在音节首，不能和其他辅音形成辅音丛。英汉的爆破音在发音位置上具有一一对应的关系。从语音角度来看，汉语[p^h，t^h，k^h]与英语/p, t, k/相似。汉语[p^h，t^h，k^h]听起来像英语/p, t, k/，只是它们送气更强。另外，汉语不送气的[p, t, k]更类似于英语中的爆破音/b, d, g/。表4.1为英语和汉语爆破音的VOT值（Hui & Oh, 2015）。

表4.1　英汉爆破音的VOT平均值

	不同研究	[b]	[d]	[g]	$[p^h]$	$[t^h]$	$[k^h]$	[p]	[t]	[k]
英语爆破音的VOT值（ms）	Lisker & Abramson（1964, AE）	1	5	21	58	70	80			
	Klatt（1975, AE）	11	17	27	47	65	70	12	23	30
	Dochert（1992, BE）	15	21	27	42	64	62			
	Shinohara et al.（2011, AE）	12.9	1.9	3.0	49.7	59	71			
	Yang（2011, AE）	17	20	32	77	95	88	16	25	29
汉语爆破音的VOT值（ms）	Shinohara et al.（2011）				97.5	93.5	95.9	11.9	12	26.2
	Zhao（1997）				67	74	75	13	9	21

注：AE指代美国英语，BE指代英国英语。

如表4.1所示，英语浊爆破音与汉语不送气爆破音的VOT值相似，比英语清送气爆破音和汉语送气爆破音的VOT值要短。英语清送气爆破音的VOT值接近汉语清送气爆破音的VOT值，而英语清不送气爆破音的VOT值与汉语清不送气爆破音的VOT值相近。因此，根据VOT值的相似性，应将英语清音和浊音爆破音应分别映射为汉语的送气爆破音和不送气爆破音。此外，英语清送气爆破音和不送气爆破音分别对应汉语清送气音和不送气爆破音。

表4.2　英源外来词爆破音借入汉语情况表

英语输入 / 数量 / 汉语送气与否	$[p^h]$	$[t^h]$	$[k^h]$	[p]	[t]	[k]	[b]	[d]	[g]
送气	62/127（48.8%）	73/91（80.2%）	115/150（76.7%）	45/85（52.9%）	183/271（67.5%）	167/184（90.8%）	16/184（8.7%）	22/152（14.5%）	2/69（2.9%）
不送气	65/127（51.2%）	18/91（19.8%）	35/150（2.3%）	40/85（47.1%）	88/271（32.5%）	17/184（9.2%）	168/184（91.3%）	130/152（85.5%）	67/69（97.1%）

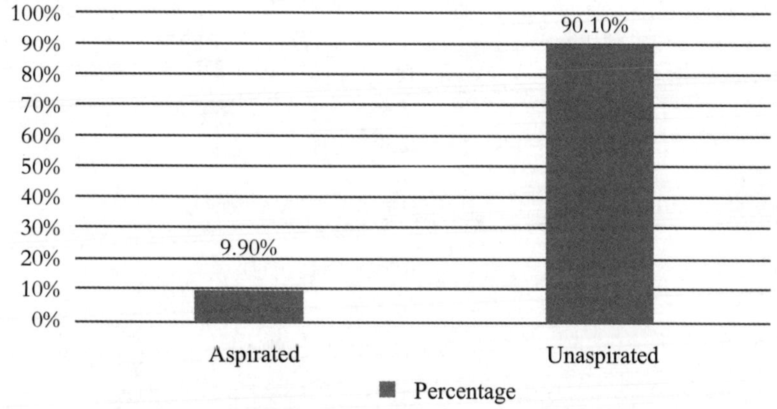

图4.1　英语浊爆破音/b, d, g/借入汉语送气与不送气爆破音频率

由表4.2和图4.1进一步说明可看出，英语浊爆破音/b, d, g/多借为汉语的清不送气爆破音[p, t, k]（$\chi^2 = 64, p< .001$）。这种映射的目的是保留源语言音位性的区别特征。对VOT值的声学分析（见表4.1）也可以解释英语浊爆破音与汉语不送气爆破音之间的对应关系。汉语清不送气爆破音VOT值（VOT值为9~30 ms）与英语浊爆破音VOT值（VOT值为0~30 ms）相似。英语浊爆破音与汉语清不送气爆破音之间的对应关系可以从语音和音系两个角度进行解释。如（20）所示：

（20）**/b/ > [p]**

英语输入	汉语拼音	国际音标IPA
samba	sāng bā	[sɑŋ-pA]
bar	bā	[pA]
rumba	lún bā	[lwən-pA]

/b/ > [pʰ]

英语输入	汉语拼音	国际音标IPA
breaking	pī lì wǔ	[pʰi-li-wu]
beer	pí（jiǔ）	[pʰi-tɕjou]
bushel	pú shì ěr	[pʰu-ʂʅ-ɚ]

/d/ > [t]

英语输入	汉语拼音	国际音标IPA
sardine	shā dīng（yú）	[ʂA-tjəŋ]
sundae	shèng dài	[ʂəŋ-tai]
soda	sū dá	[su-tA]

/d/ > [tʰ]

英语输入	汉语拼音	国际音标IPA
Decca	tái kǎ	[tʰai-kʰA]
dado	tái dù	[tʰai-tu]
tod	tuò tè	[tʰwo-tʰɤ]

/g/ > [k]

英语输入	汉语拼音	国际音标IPA
jig	zhī gé	[tʂʅ-kɤ]
gluten	gē lù dēng	[kɤ-lu-təŋ]
grammar	gě láng mǎ	[kɤ-lɑŋ-mA]

/g/ > [kʰ]

英语输入	汉语拼音	国际音标IPA
mug	mǎ kè	[mA-kʰɤ]

然而，英语清爆破音因送气与否在VOT值上有所不同。由表4.1可知，英语清送气爆破音的VOT值（42~95 ms）远高于英语清不送气爆破音的VOT值（12~30 ms），而英语清送气爆破音的VOT值与汉语清送气爆破音的VOT值（67~97.5 ms）更接近。英语清不送气爆破音的VOT值（12~30ms）与汉语清不送气爆破音VOT值（9~26.2 ms）相近。因此，从声学相似性的角度考虑，英语送气和不送气爆破音应与相应的汉语送气和不送气爆破音对应。如图4.2所示，英语清送气爆破音$[p^h, t^h, k^h]$被借为汉语的送气爆破音$[p^h, t^h, k^h]$（$\chi^2 = 12.960, p < .001$）。然而，尽管VOT值相似，图4.3显示英语清不送气的爆破音一般仍映射为汉语送气的爆破音（$\chi^2 = 21.160, p < .001$）。这一结果表明，英语中送气的语音细节在英源外来词借入汉语的语音映射中作用不大。即使是在词尾的英语清不送气的爆破音，也会被映射为汉语的送气爆破音。示例如（21）所示：

（21）**[pʰ] > [pʰ]**

英语输入	汉语拼音	国际音标IPA
poker	pū kè	[pʰu-kʰɤ]
pint	pǐn tuō	[pʰin-tʰuo]
pie	pài	[pʰai]

[pʰ] > [p]

英语输入	汉语拼音	国际音标IPA
pudding	bù dīng	[pu-tjəŋ]
pepsine	bǎi bù shèng	[pai-pu-ʂəŋ]
perlon	bèi lún	[pei-lwən]

[p] > [p]

英语输入	汉语拼音	国际音标IPA
copy	kǎo bèi	[k^{h}ɑu-pei]
Utopia	wū tuō bāng	[u-t^{h}wo-pɑŋ]
dumping	tún bìng	[t^{h}wən-bjəŋ]

[p] > [p^{h}]

英语输入	汉语拼音	国际音标IPA
yuppie	yǎ pí	[iA-p^{h}i]
Gypsy	jí pǔ sài	[tɕi-p^{h}u-sai]
aspirin	ā sī pǐ lín	[A-sɿ-p^{h}i-lin]

[t^{h}] > [t^{h}]

英语输入	汉语拼音	国际音标IPA
totem	tú téng	[t^{h}u-t^{h}əŋ]
toast	tǔ sī	[t^{h}u-sɿ]
tank	tǎn kè	[t^{h}an-k^{h}ɤ]

[t^{h}] > [t]

英语输入	汉语拼音	国际音标IPA
tourmaline	dù mǎ líng	[tu-mA-ljəŋ]
pontificate	páng dí fēi jiā tè	[pɑŋ-ti-fei-tɕiA-t^{h}ɤ]
reputation	lǐ biāo dé xiǎn	[li-pjɑu-tɤ-ɕjɛn]

[t] > [t]

英语输入	汉语拼音	国际音标IPA
satin	sè dīng	[sɤ-tjəŋ]
total	tuò dōu	[t^{h}wo-tou]
Mastercard	wàn shì dá（kǎ）	[wan-ʂʅ-tA]

[t] > [tʰ]

英语输入	汉语拼音	国际音标IPA
Twitter	tuī tè	[tʰuei-tʰɤ]
vitamin	wéi tā mìng	[wei-tʰA-mjəŋ]
watt	wǎ tè	[wA-tʰɤ]

[kʰ] > [kʰ]

英语输入	汉语拼音	国际音标IPA
karst	kā sī tè	[kʰA-sɿ-tʰɤ]
karting	kǎ dīng（chē）	[kʰA-tjəŋ]
cosine	kòu sài yīn	[kʰou-sai-jin]

[kʰ] > [k]

英语输入	汉语拼音	国际音标IPA
kangaroo	gèng gé lú	[kəŋ-kɤ-lu]
consul	gōng xiū ěr	[kuŋ-ɕjou-ɚ]
crime	gū lǐ mì	[ku-li-mi]

[k] > [kʰ]

英语输入	汉语拼音	国际音标IPA
geek	jí kè	[tɕi-kʰɤ]
joke	jiū kè	[tɕjou-kʰɤ]

[k] > [k]

英语输入	汉语拼音	国际音标IPA
nicotine	ní gǔ dīng	[ni-ku-tjəŋ]
bacon	péi gēn	[pʰei-kən]
shackle	shā gōu	[ʂA-kou]

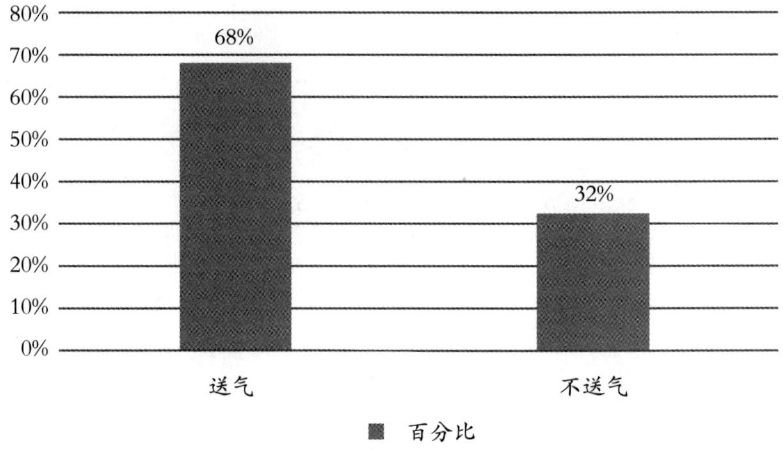

图4.2 英语清送气爆破音 /pʰ, tʰ, kʰ/ 借入汉语送气与不送气爆破音频率

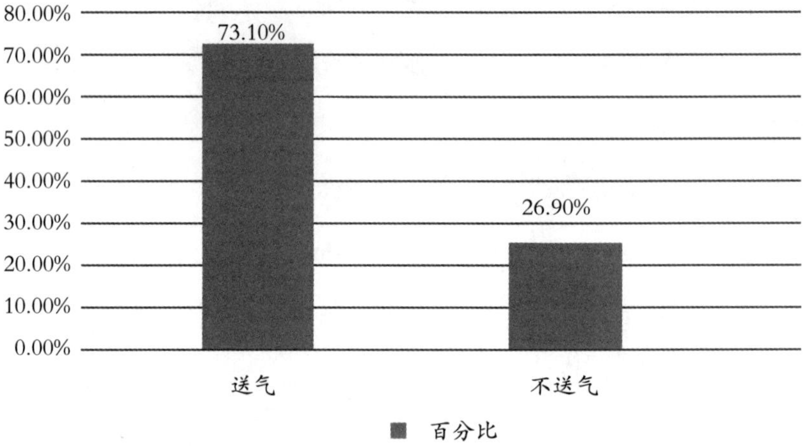

图4.3 英语清不送气爆破音 /p, t, k/ 借入汉语送气与不送气爆破音频率

总之，在外来词借入的过程中，源语的非区别性特征被忽略（如英语中的送气与否）。虽然汉语普通话者在母语中区分送气爆破音和不送气爆破音，但他们并不依赖于英语的送气与否来对应汉语音素分类。

另外，书写系统可能对英语爆破音借入汉语的语音映射产生影响。汉语和印欧语系之间的文化交流主要通过书面形式进行（Miao, 2005）。从书写系统上来看，英语清爆破音/p, t, k/与汉语送气爆破音[p, t, k]的拼音书写共用一样的拉丁字母，英语浊爆破音/b, d, g/与汉语不送气爆破音[b, d, g]的拼音书写也共用相同的拉丁字母。因此，书写系统上的相似性可能会对普通话借入者造成混淆，使其倾向于在借入时使用相同的拉丁字母去替换。因此，书写系统可能是英语清爆破音，无论它们送气与否，大多映射为汉语送气爆破音。

本研究数据统计结果与Paradis和Tremblay（2009），Miao（2005）对汉语中外来词的语音映射研究结果一致，也与韩语中英语爆破语的借入情况一致。Kim（2019）提出，母语使用者在感知二语声音信号时，倾向于从二语信号中分析出母语中具有区别性的特征。Kim发现，英语中清爆破音/p, t, k/都被借用为韩语中的送气爆破音[p^h, t^h, k^h]，而英语中浊爆破音都被借用为韩语中的不发音的弱爆破音。由此可以推断，英语中的非音位区别特征在外来词借入中作用不大。结果也验证了Steriade（2001）的P-map理论，即送气特征/清浊特征应该是显著性特征的最低等级，因为它是英语外来词借入到汉语中最不忠实的映射。

进一步的研究发现，不同的发音位置对爆破音的借入有一定的差异：英语清送气爆破音 [p^h]借为汉语清送气音[p^h]的比例为48.8%，而映射为清不送气爆破音[p]的比例为51.2%，卡方检验结果显示两者之间差异无统计学意义（χ^2 = .04, p = .841）；英语清送气爆破音[t^h]，80.2%映射为汉语清送气爆破音[t^h]，而只有19.8%被映射为汉语不送气爆破音[t]（χ^2 = 36, p < .001）；英语清送气爆破音[k^h]映射为汉语清送气爆破音[k^h]，比例为76.7%，而23.3%被映射为汉语的清不送气爆破音[k]（χ^2 = 29.160, p < .001）。

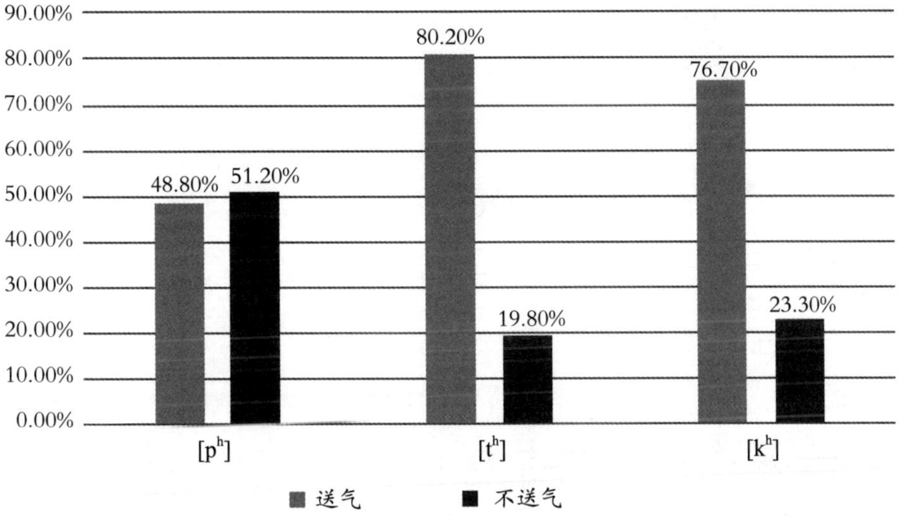

图4.4　英语清送气爆破音 /p^h, t^h, k^h/借为汉语送气与不送气爆破音频率

从上面的分析可以看出，英语中的[p^h]被借为汉语送气爆破音[p^h]的频率与借为汉语不送气爆破音[p]的频率大致相同，而英语清爆破音[t^h]和[k^h]更倾向于借为汉语清送气爆破音。由于VOT值的不同，英语清爆破音[p^h]，[t^h]，[k^h]出现了不同的映射情况。从表4.1可以看出，英语清爆破音[p^h]的VOT值比英语清爆破音[t^h]和 [k^h]的VOT值要短得多，而汉语中这三个爆破音的VOT值却非常相似。因此，将英语清爆破音[p^h]映射到汉语清爆破音[p^h]上，VOT值的声学差异会比英语爆破音[t^h]映射

为汉语爆破音[t^h]和英语爆破音[k^h]映射到汉语爆破音[k^h]大得多。根据Steriade的P-map理论，如果外来词输出来取代源语形式，那么感知到的差异应该越小越好，也就是说，应选择和源语差异最小的本族词来替换。英语爆破送气音[p^h]的VOT值比汉语爆破送气音[p^h]的VOT值要短得多。因此，当英语中的爆破送气音[p^h]出现时，汉语借入者很难从感知上确定它究竟更接近汉语爆破送气音[p^h]还是爆破不送气音[p]。这些结果还表明，汉语借入者对听觉线索很敏感，而听觉线索在源语和借入语的发音位置上存在差异。

另外，英语爆破音/k, g/除了借为汉语清送气音和清不送气爆破音外，还有借入到汉语塞擦音[tɕ, $tɕ^h$]的情况，这是因为英源外来词借入汉语的过程需符合汉语借入语的音系规则，并尽可能重视输入的知觉相似性。颚音化（palatalization）是汉语中一个强制性规则，这意味着腭音化的制约条件（22a）永远不能被违反，如果违反了制约条件（22a），那么就必须遵循规则（22bc）（Lin, 2007: 152）。

（22）汉语颚音化制约条件和规则

a. 腭音制约条件

冠状擦音/塞擦音（coronal fricatives/affricates）和软腭爆破音（velar obstruents）不能跟在前高元音/滑音后面。

b. 颚音化规则 1:

冠状擦音/塞擦音 → [-后, +高] /_ [-后, +高] 元音

c. 颚音化规则 2:

软腭塞音 → [-后, +高] /_ [-后, +高] 元音

规则1将英语冠状擦音/塞擦音（coronal fricatives/affricates）借入为汉语齿腭擦音/塞擦音（alveo-palatal fricatives/affricates），例如英语/s, z, ʃ/ → 汉语[ɕ]和英语/tʃ, ʤ/ → 汉语[tɕ]。规则2将英语软腭爆破音/摩擦音（velar stops/fricatives）借为汉语齿腭擦音/摩擦音（alveo-palatal affricates/fricatives），例如，英语/k/ → 汉语[tɕ]和英语/h/ → 汉语[ɕ]，示例如（23）所示：

（23）**[k^h] > [tɕ]**

英语输入	汉语拼音	国际音标IPA
<u>k</u>iwi	jī wéi（niǎo）	[<u>tɕ</u>i-wei]
<u>c</u>urrant	jiā lún zi	[<u>tɕ</u>jA-lwən-tsɿ]
<u>c</u>arnival	jiā nián huá	[<u>tɕ</u>jA-njɛn-xwA]

[k] > [tɕ]

英语输入	汉语拼音	国际音标IPA
marquisette	mǎ ěr jī sè	[mA-ɚ-tɕi-sɤ]
sharkskin	xuě kè sī jīn（xì ní）	[ɕɥe-k^{h}ɤ-sɿ-tɕin]
whisky	wēi shì jì	[wei-ʂʅ-tɕi]

[k^h] > [tɕ^h]

英语输入	汉语拼音	国际音标IPA
cookie	qǔ qí	[tɕ^{h}y-tɕ^{h}i]
king	qīn	[tɕ^{h}in]

[g] > [tɕ]

英语输入	汉语拼音	国际音标IPA
guild	jī ěr tè	[tɕi-ɚ-t^{h}ɤ]
guitar	jí tā	[tɕi-t^{h}A]
geek	jí kè	[tɕi-k^{h}ɤ]

[s] > [ɕ]

英语输入	汉语拼音	国际音标IPA
apostilb	ā bō xī tí	[A-pwo-ɕi-t^{h}i]
axis	ā kè xī（lù）	[A-k^{h}ɤ-ɕi]
dulcimer	dá xī mǎ	[tA-ɕi-mA]

[h] > [ɕ]

英语输入	汉语拼音	国际音标IPA
hypothesis	xī bǔ tī xī	[ɕi-pu-t^{h}i-ɕi]
hippie	xī pí	[ɕi-p^{h}i]
hysteria	xiē sī dǐ lǐ	[ɕje-sɿ-ti-li]

以上例子表明，从英语软腭爆破音/k，g/到汉语[tɕ, tɕ^h, ɕ]的映射不是因为汉语借入者的感知错误。Miao（2005）认为，英语外来词借入到汉语中的腭音化现象表明汉语借入者努力使输入和输出之间的知觉相似性最大化。然而，英语软腭爆破音（velar plosives）与汉语硬腭塞擦音（palatal affricates）的发音方式与发音位置并不一致。因此，Miao对腭音化的分析是不恰当的。

从音系学的角度来看，汉语龈腭音（alveo-palatals）和高前元音/滑音都有[-后]和[+高]的相同特征，并且在发声时舌头的前部需要向硬腭的方向抬高。这种现象可以被视为是汉语龈腭音（alveo-palatals）与前高元音/滑音的同化现象。

英语软腭爆破音（velar plosives）/k, g, h/和摩擦音/s, z/映射为汉语[ɕ, tɕ, tɕʰ]的腭音化现象受相邻元音的影响。Miao认为，随着元音高度的降低，腭音化输出频率也在降低。但是，由于出现在前中元音/e, ɛ/的软腭爆破音（velar plosives）的语料很少，且在前低元音前的软腭爆破音颚音化率高于前中元音，所以，该结论只得到了部分的证实。摩擦音中只有/s/的腭音化率随着元音高度的降低而降低。然而，从表4.3所示的相同元音的比例，我们可以看到，这些辅音在前高元音前比非前高元音前更容易被腭化为汉语的[tɕ, tɕʰ, ɕ]，这在图4.5中有进一步说明（$\chi^2 = 19.048, p < .001$）。由于英语腭龈音（palatal-alveolar）/ʃ/是腭音，在下一节中我们将把它和英语颚龈塞擦音（palatal-alveolar affricates）/ʧ, ʤ/ 放在一起分析。

表4.3　元音特征与颚音化输出关系

词首	相邻元音	颚音化输出	与相同元音相邻颚音化频率
/k/	/i, ɪ, ju/	[tɕ, tɕʰ, ɕ]	22/28 78.6%
	/e, ɛ/	[tɕ]	1/11 9.1%
	/æ/	[tɕ]	9/29 31.03%
	others（u, ɑ, ə, ʌ, ɜ）	[tɕ, tɕʰ]	12/124 9.7%
	总共		44/192 22.9%
/g/	/i, ɪ, ju/	[tɕ]	5/6 90%
	/e, ɛ/	[tɕ]	0
	/æ/	[tɕ]	5/10 50%
	others（ə, ʌ）	[tɕ]	4/17 23.5%
	总共		42.4%
/s/	/i, ɪ/	[ɕ]	23/49 46.9%
	/e, ɛ/	[ɕ]	5/29 17.2%
	/æ/	[ɕ]	1/17 5.9%
	others /ai, u, ɜ, ə/	[ɕ]	7/45 15.6%
	总共		36/140 25.7%
/z/	/i, ɪ/	[tɕ, tɕʰ, ɕ]	7/10 70%
	/e, ɛ/		0
	/æ/		0
	others		0
	总共		7/10 70%
/h/	/i, ɪ/	[ɕ]	3/4 75%
	/e, ɛ/		0
	/æ/		0
	others /ai/	[ɕ]	1/3 33.3%
	总共		4/7 57.14%

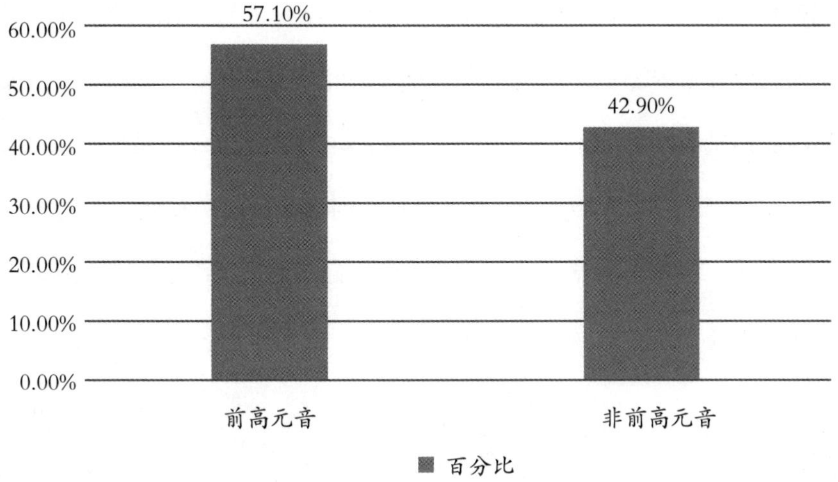

图4.5　毗邻前高和非高元音的英语软腭塞音（velar obstruents）/k, g, h/和冠状摩擦音（coronal fricatives）/s, z/

4.1.2　腭龈音/ʃ, tʃ, dʒ/

从音系学的角度看，英语/ʃ/和汉语[ʂ]具有相同的区别特征[+连续的，舌前音，-舌尖]，且英语/ʃ/大多借为汉语[ʂ]。理论上讲，英语塞擦音/tʃ/和/dʒ/应该多映射为汉语的[tʂ]，因为它们具有相同的区别特征[舌前音，-舌尖]。但是，表4.4中的数据显示英语/ʃ, tʃ, dʒ/在不毗邻前高元音的情况下，大多映射为汉语的[ɕ, tɕʰ, tɕ]。这个映射是符合预期的，因为汉语[s, tsʰ, ts], [ʂ, tʂʰ, tʂ]或者 [x, kʰ, k]出现在前高元音前时，作为其音位变体的[ɕ, tɕʰ, tɕ]就会出现。由于音系因素在这里发挥的作用有限，所以英语/ʃ, tʃ, dʒ/映射为汉语[ɕ, tɕʰ, tɕ]的倾向可以解释为汉语借入者想要保留舌前发音位置的偏好。表4.4展示了在词首的英语颚龈音（palato-alveolar）在汉语中的映射情况。

表4.4　在词首非前高元音前英语颚龈音的映射频率

英语输入	汉语输出	数字/百分比
/ʧ/	[tʂ, tʂʰ]	6（42.9%）
	[tɕ, tɕʰ]	5（35.7%）
	[ʂ]	3（21.4%）
/ʤ/	[tɕ, tɕʰ]	17（65.4%）
	[tʂ]	8（30.8%）
	[ɕ]	1（3.8%）
/F/	[ɕ]	23（54.7%）
	[ʂ]	11（26.2%）
	[s]	4（9.5%）
	[tɕ, tɕʰ]	2（4.8%）
	[tʂ]	2（4.8%）

本研究语料库中共有132例英语/ʃ, ʧ, ʤ/的语音借入。其中有50个出现在前高元音之前的被排除掉，因为源词中前高元音基本都是映射为汉语元音[i]，而汉语[ʂ, tʂ, tʂʰ]和[s, tsʰ, ts]不能出现在汉语元音[i]之前。如果将英语辅音/ʃ, tʃ, dʒ/拆分出来单个研究，语料过少，不足以提供数据支持，所以我们将英语辅音/ʃ, tʃ, dʒ/的语料合并分析。英语未出现在前高元音前的82例颚龈音（palato-alveolar）/ʧ, ʤ/中，有48例映射为了汉语的[tɕʰ, tɕ]，且英语/ʃ/大部分映射为了汉语[ɕ]。英语不在前高元音前面的/ʃ, ʧ, ʤ/的例子如（24）所示：

（24）**/ʃ/ > [ɕ]**

英语输入	汉语拼音	国际音标IPA
sensational	shān sè xīng	[ʂan-sɤ-ɕjəŋ]
socialist	suǒ xī ā lì sī tuō	[swo-ɕi-A-li-sɿ-two]
shalloon	xià lóng róng	[ɕjA-luŋ-ruŋ]

/ʃ/ > [ʂ]

英语输入	汉语拼音	国际音标IPA
shackle	shā gōu	[ʂA-kou]
chauvinism	shā wén（zhǔ yì）	[ʂA-wən]
shaping	shè bīn	[ʂɤ-pin]

/ʃ/ > [s]

英语输入	汉语拼音	国际音标IPA
tissue	tǐ sù	[tʰi-su]

/ʤ/ > [tɕ]

英语输入	汉语拼音	国际音标IPA
gelatine	jí lì dīng	[tɕi-li-tjəŋ]
jacobin	jiā kě bīn	[tɕjA-kʰɤ-pin]
jacket	jiā kè	[tɕjA-kʰɤ]

/ʤ/ > [tɕʰ]

英语输入	汉语拼音	国际音标IPA
margarine	mài qí lín	[mai-tɕʰi-lin]

/ʤ/ > [tʂ]

英语输入	汉语拼音	国际音标IPA
sergeant	shā zhàn dé	[ʂA-tʂan-tɤ]

/ʧ/ > [tɕʰ]

英语输入	汉语拼音	国际音标IPA
chocolate	qiǎo kè lì	[tɕʰjɑu-kʰɤ-li]
chat	qià tè	[tɕʰjA-tʰɤ]
cheddar	qié dá（gān lào）	[tɕʰje-tA]

/ʧ/ > [tʂʰ]

英语输入	汉语拼音	国际音标IPA
cherry	chē lí zǐ	[tʂʰɤ-li-tsɿ]
cembalo	chén bā luò	[tʂʰən-pA-lwo]

/ʧ/ > [ʂ]

英语输入	汉语拼音	国际音标IPA
chain	shē yīn	[ʂɤ-jin]
champion	shàng pì ān	[ʂɑŋ-pʰi-an]

已有文献表明舌冠辅音可以使相邻元音发音位置前置（Hume，1992）。然而，并不是所有舌冠辅音都可以使相邻元音发音位置前置；一些舌冠辅音，尤其是卷舌音，实际上会使相邻的元音发音位置推后。Flemming（2003）认为，不同类型的舌冠辅音会倾向于不同的舌体位置，它们与发音时舌尖或舌面的位置密切相关。基于发音和声学证据，Flemming提出前舌冠和非前舌冠音会使元音发音前置，更倾向于保持舌前的发音位置，而非前舌尖冠舌音会引起元音发音位置后移，更倾向于保持舌后位置。此外，Flemming认为，虽然前舌冠和非前舌冠音偏向于保持舌前发音，非前舌冠音的舌体位置一般来说比前舌冠音舌体位置更靠前。Flemming还指出舌冠辅音对相邻元音的前移和后移的影响源于省力原则：如果舌冠辅音在舌体位置相似的元音之前或之后，那么在发音时舌体不需要快速移动。

Flemming的研究为表4.4数据提供了支持，作为非前舌冠音，英语/ʃ, ʧ, ʤ/倾向于舌前部发音，而汉语[ɕ，tɕʰ，tɕ]基本上都是上颚化的硬腭齿龈音（Ladefoged & Maddieson, 1996: 150–153; Lin,

2007: 47; Flemming, 2003: 338, 365），所以汉语也是舌前部发音（Flemming, 2003: 338）。汉语[s, tsʰ，ts]也倾向于舌前部发音，因为它们是前舌冠音。而汉语[ʂ, tʂ, tʂʰ]，倾向于舌后部发音，因为它们是非前舌尖舌冠音。英语和汉语这四组舌冠音的舌位总结如下：

表4.5 英语颚龈音/ʃ, tʃ, dʒ/，汉语龈腭音 [ɕ, tɕʰ, tɕ]，齿音 [s, tsʰ, ts]和后齿龈音 [ʂ, tʂʰ, tʂ]的舌位位置

	颚龈音/ʃ, tʃ, dʒ/	龈腭音[ɕ, tɕʰ, tɕ]	齿音 [s, tsʰ, ts]	后齿龈音 [ʂ, tʂʰ, tʂ]
舌冠辅音类型	非前舌冠音	非前舌冠音	前舌冠音	非前舌尖舌冠音
舌位位置倾向	前	前	前，但没非前舌冠音靠前	后

因此，本研究显示英语颚龈音（palato-alveolars）/ʃ, tʃ, dʒ/大多借为汉语[ɕ，tɕʰ，tɕ]的趋势可以理解成汉语借入者为了保持舌前发音位置的需要。

另外，汉语[ɕ，tɕʰ，tɕ]是汉语辅音[s, tsʰ，ts]，[ʂ，tʂʰ，tʂ]或[x, kʰ，k]在前高元音后时的音位变体，如（25）（端木三，2007:31）：

（25）汉语辅音类别	[tɕ, tɕʰ, ɕ]	[k, kʰ, x]	[ts, tsʰ, s]	[tʂ, tʂʰ, ʂ]
与前高元音/滑音组合 [j/ɥ]/[i/y]	可以	不可以	不可以	不可以
不与前高元音/滑音组合 [j/ɥ]/[i/y]	不可以	可以	可以	可以

由于不考虑源语料库中/ʃ, tʃ, dʒ/后面加前高元音的语料，因此本节中显示的数据表示的是另一种情况，源语言中的音素直接映射到借入语中的音位变体。这是汉语借入者为了保持舌前发音位置的需要而产生的映射趋势，因此认为映射现象发生在借入语词汇中的纯音系方法受到了严重的挑战。

4.1.3 摩擦音/v/

表4.6 显示在词首和词尾的英语摩擦音/v/映射为汉语中的三个辅音：[w], [f] 和 [x]。具体例子如（26）所示：

表4.6 英语摩擦音/v/的映射频率

	英语输入	汉语输出	数量/百分比
词首	/v/	[w]	41/61（69.5%）
		[f]	16/61（27.1%）
		[x]	4/61（3.4%）
词尾	/v/	[f]	6/11（54.5%）
		[w]	5/11（45.5%）

（26）词首

/v/ > [w]

英语输入	汉语拼音	国际音标IPA
visa	wéi sà（kǎ）	[wei-sA]
kelvin	kāi ěr wén	[kai-ɚ-wən]
vitamin	wéi tā mìng	[wei-tʰA-mjəŋ]

/v/ > [f]

英语输入	汉语拼音	国际音标IPA
bravo	bù lā fú	[pu-lA-fu]
vaseline	fán shì lín	[fan-ʂʅ-lin]
volt	fú tè	[fu-tʰɤ]

/v/ > [x]

英语输入	汉语拼音	国际音标IPA
carnival	jiā nián huá	[tɕjA-niɛn-xwa]
cordovan	gē dé huá（pí）	[kɤ-tɤ-xwa]
viscount	huái kāng	[xwai-kʰɑŋ]
vanilla	huá ní lā	[xwA-ni-lA]

词尾

/v/ > [w]

英语输入	汉语拼音	国际音标IPA
jive	jié wǔ	[tɕje-wu]
sovereignty	sà wēi léng tiē	[sA-wei-ləŋ-tʰje]

/v/ > [f]

英语输入	汉语拼音	国际音标IPA
reeve	lǐ fǔ	[li-fu]
mangrove	màn gé luó fū	[man-kɤ-lwo-fu]
nerve	niè fú	[nje-fu]

在词首时，英语辅音/v/大多映射为汉语辅音[w]，违背了Miao（2005）基于Steride的P-map假设提出的区别特征的感知等级。英语辅音/v/应该映射到与感知上最接近的汉语辅音[f]，因为英语/v/映射到汉语/f/只需要浊音清化，只违反了感知等级的最低级别。而英语辅音/v/映射到汉语辅音[w]违背了发音方式特征，而发音方式的改变是处于感知最高级别的。发音方式特征比发音位置更不易发生改变，而发音位置又比清浊或送气更不易发生改变。因此，英语辅音/v/映射为汉语辅音[w]引发了一个问题：为什么汉语输出对英语输入会映射到一个违反更高等级的限制条件，而明明有违反较低等级的更好的选择？这种映射情况可以解释为知觉相似性、语音和音系因素的作用。

首先，在词首位置，英语/v/映射为汉语[w]是更好的选择，因为英语/v/的区别特征被最大限度地保留。在（27）中，英语/v/的底层形式基于McCarthy（1988）的理论以特征结构图展示如下（Paradis & LaCharité, 1997: 403）。英语辅音/v/被认为是根本下专化。

（27）

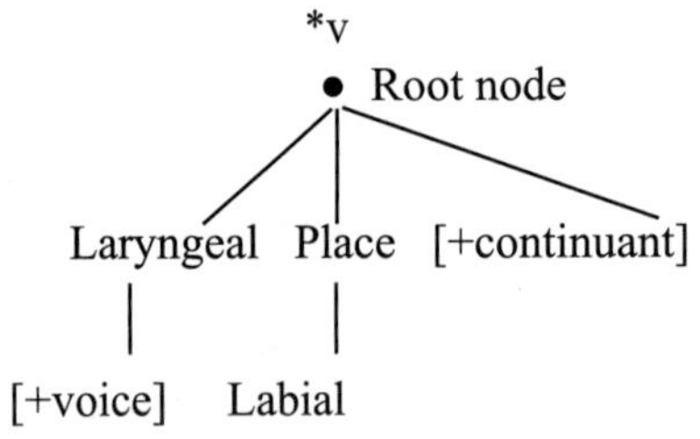

在McCarthy的原始模型中，[响音]和[辅音]的特征是根节点的一部分，但由于在/v/的底层表征中明显指定[+带声]意味着它是一个塞音，在底层表征上再指定[响音]和[辅音]被认为是多余的，因此，这两个特征在英语/v/的底层表征中就没有再标明。所以，英语辅音/v/借为汉语[w]趋势可以解释为缺少[+响音]特征，从而要将该特征插入进去。英语/v/的区别特征结构图如（28）所示（Paradis & LaCharité，1997: 403）：

（28）*v→w: [+响音] 插入

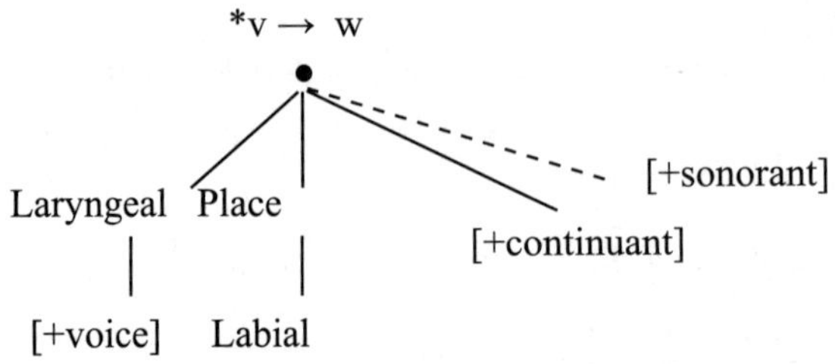

英语辅音/v/借入汉语后的修补策略断开了[+带声]特征，默认特征[-带声]被插入，因此产生了英语/v/向汉语[f]的映射。虽然这个映射趋势导致了区别特征的删减，但英语/v/映射为汉语[f]是可以容忍的，因为它只需要一步修复。英语/v/映射为汉语[f]的过程如（29）所示：

（29）英语辅音/v/到汉语辅音[f]的映射: [+带声] 特征删减

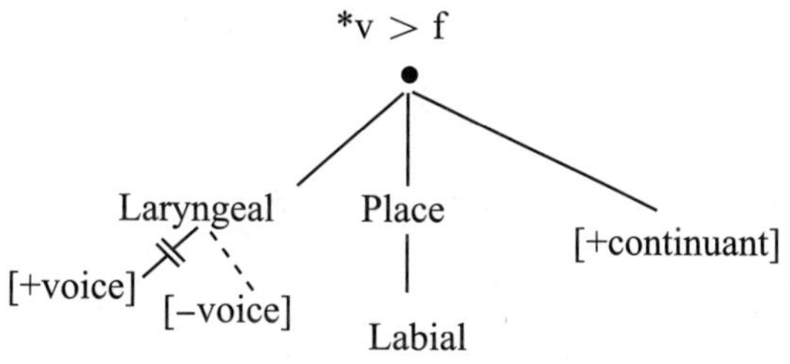

第三种情况是从英语辅音/v/映射到汉语辅音[x]，将发音位置特征从[唇形]映射到[舌形]，但它保留了发音方式特征。英语辅音/v/映射到汉语[x]可以用汉语方言的影响来解释。这种例子只有四个，它们都涉及汉字*华[xwA]*，语义是*宏伟*。这四个词是通过粤语进入汉语普通话的，在粤语发音中它们是忠实的映射。例如，英语单词*carnival*初次借入到粤语的时候发音是*[ka-nin-ua-ui]*，但随后借入到普通话中时，语音形式被抛弃，只保留了汉字形式*嘉年华*，并被赋予了普通话的发音 *[tɕjA-njɛn-xwA]*，这时再考察英语借入汉语的语音映射时，这种映射就成了不忠实映射。

在真实的对话场景中，从感知相似性的角度看，汉语[w]听起来与英语的摩擦音/v/最相似。朱晓农（2003）认为在汉语中有一种趋势是在音节开头的汉语[w]经常被汉语[v]所取代，汉语的摩擦音[v]是一个清唇齿音，是汉语[w]的音位变体，发音更像是向之后元音转化的过渡音。朱晓农在对电视节目播放语料库的研究中指出，中央电视台新闻工作者在新闻直播中更倾向于使用汉语辅音[v]而不是汉语辅音[w]。这项研究还声称，这不是一个错误的发音，而是由之后的不圆唇元音造成的逆同化现象。由于几乎所有汉语方言中都存在辅音[v]，再加上新闻媒体的影响，在未来这种趋势可能会引起汉语拼音系统的变化。王力（2014）也指出，在汉语中将零声母[w]（见3.3.2）读做[v]是很普遍的。研究表明，38%的北方方言和10%的其他方言都有辅音[v]。原因可能有三个方面：第一个是历史原因。王力指出，在元代，汉语辅音[v]曾与英语辅音/v/一样，在汉语中作为唇齿擦音而存在，但在现代汉语拼音系统中，[v]并入了唇齿半元音[w]。唇齿摩擦音[v]在一些汉语方言中仍然存在，如客家话、上海话和北方官话（朱晓农, 2003），这些区域是外来词传播的主要区域。因此，外来词的音译受到这些地方方言的影响很大。根据胡明扬（1991）的研究，超过90%的北京人在日常对话中不同程度地会使用汉语辅音[v]。

有时，究竟是选择汉语[w]还是变体[v]是受之后元音的影响。Chao（1968）认为虽然汉语辅音，[w]和[v]都可以用在其他元音之前，但在元音[ei]之前[v]比[w]更可取。胡明扬（1991）的研究表明，[w]常用在低元音前使用，[v]常用在高元音前使用。沈家煊（1992）称辅音[v]可以出现在除[o]之外的任何元音之前。在汉语中缺少音节*[vo]是因为[w]和[o]共享[+圆唇]的特性。

英语辅音/v/在元音前映射为汉语[w]的偏好也可以用辅音/v/的摩擦噪声水平来解释。Kenstowicz和Suchato（2006）发现英语辅音/v/在元音前映射为泰语中的[w]。他们注意到，在英语摩擦音中，浊唇齿音/v/的空气震动最小，如果声音是根据它们在听觉空间中的距离来判断的，那么可以预见，/v/的微小的空气震动足以推动它进入泰国语使用者的响音声学区域，从而使泰语[w]最接近匹配。Olive, Greenwood和Coleman（1993）发现英语浊擦音/v/和/ð/比英语浊擦音/z/和/ʒ/具有更低的摩擦噪声水平。此外，浊摩擦音比清摩擦音表现出更弱的摩擦力和更低的气压。我们可以得出结论：/v/和/ð/是英语中空气震动最小的摩擦音。根据这些信息，我们可以推断汉语[w]是英语/v/在语音上最接近的词。除了汉语外，英语外来词借入粤语（Bauer & Benedict, 1997; Silverman, 1992; Yip, 1993）和借入夏威夷语（Adler, 2006; Clements, 2001; Herd, 2005）均表明英语元音前辅音/v/到辅音[w]的映射是首选。

在词首，英语中大约27.1%的辅音/v/被映射为汉语辅音[f]。由于汉语塞音都是清音，可以预见，英语浊擦音/v/直接映射为汉语中最接近的辅音[f]；在词尾的位置，英语元音后/v/通常映射为汉语辅音[f]。根据Steriade（2001）的P-map映射理论，浊塞音一般不出现在词尾位置。当浊擦音出现在清辅音或出现在词尾时是部分清音化的，尤其对于辅音/v/来说。因此，在词尾将英语/v/映射为汉语[f]是知觉最相似的输出，其他映射会比英语/v/到汉语[f]的映射差异更大。综上所述，在英语摩擦音/v/的借入中，语言因素中的感知和发音因素及非语言因素的方言因素都起到了重要的作用。

4.1.4 流音

从表4.7可以看出，在词首的位置，英语中的流音/l, ɹ/被借为汉语的[l]的频率分别高达97.8%和96.4%。英语/l/借为汉语[l]是忠实的映射，而英语流音/ɹ/借为汉语[l]需要进一步的探讨。

表4.7　词首位置英语流音的借入情况

英语输入	汉语输出	数量/百分比
/l/	[l]	263/269（97.8%）
	[n]	3/269（1.1%）
	[ɻ]	1/269（0.4%）
	ø	2/269（0.7%）
/ɹ/	[l]	214/222（96.4%）
	[ɻ]	3/222（1.4%）
	[n]	1/222（0.4%）
	ø	4/222（1.8%）

英语流音/ɹ/借为汉语[l]也可以被认为是一种忠实映射，原因如下:首先，这可能是由于汉语无擦通音[l]和[ɻ]的位置分布。在汉语本族词汇中，汉语无擦通音[l]的分布更为广泛，它可以出现在汉语高元音[i, u, y]前，而卷舌音[ɻ]只能出现在汉语元音[u]之前，例如，汉语拼音li, lu, ly是可以接受的，但拼音组合*ɻi, *ɻy 在汉语中是不存在的（Ramsey, 1989）。其次，卷舌通音[ɻ]作为汉语拼音r的一种变体，比它的另一个变体浊擦音[ʐ]使用得要少得多。许多中国学者认为汉语拼音r应以[ʐ]作为其国际音标符号。刘叔新（2002）认为[ʐ], [ɻ], [ɽ]是音位/r/的自由变体，它们是独立音位的实现。廖荣蓉和石锋（1987）根据实验方法推断出汉语拼音r只有[ʐ]和[ɻ]两种变体，从它们在现实生活的对话中可以看出，[ʐ]出现的频率远高于[ɻ]。因此，他们将汉语拼音r标写为[ʐ]。冉启斌和石锋（2008）也对北京话中r声母的变体及音位的聚合程度进行了声学实验。他们声称，拼音r有许多变体，如浊擦音[ʐ]，后齿龈通音[ɹ]，卷舌通音[ɻ]以及元音[ʅ]。这些观点充分解释了为什么英语/ɹ/借为于汉语[l]而不是[ɻ]，因为汉语普通话中的卷舌通音[ɻ]只在有限的分布中出现，在现实生活中很少使用。表4.7显示了在词首位置，英语流音/l/在汉语中的语音借入情况，示例见（30）：

（30）**/l/ > [l]**

英语输入	汉语拼音	国际音标IPA
abelite	ā bèi lì tè	[A-pei-li-t^{h}ɤ]
alite	ā lái tuō	[A-lai-tuo]
Olympic	ào lín pǐ kè	[ɑu-lin-p^{h}i-k^{h}ɤ]

/l/ > [n]

英语输入	汉语拼音	国际音标IPA
dialectic	dì yà nà dì kè	[ti-jA-nA-ti-k^{h}ɤ]
feeler	fēi nà（chǐ）	[fei-nA]

/l/ > Ø

英语输入	汉语拼音	国际音标IPA
blog	bó kè	[pwo-k^{h}ɤ]
inflammation	yán fā měi shùn	[jan-fA-mei-ʂwən]

/l/ > [ɻ]

英语输入	汉语拼音	国际音标IPA
dilemma	dì ruì mǎ	[ti-ɻwei-mA]

/ɹ/ > [l]

英语输入	汉语拼音	国际音标IPA
ring	lìng	[ljəŋ]
rumba	lún bā	[lwən-pA]
romantic	luó màn dì kè	[lwo-man-ti-k^{h}ɤ]

/ɹ/ > Ø

英语输入	汉语拼音	国际音标IPA
lycra	lái kǎ	[lai-k^{h}A]
comprador	kāng bái dù	[kɑŋ-pai-tu]
microphone	mài kè fēng	[mai-k^{h}ɤ-fəŋ]

/ɹ/ > [ɻ]

英语输入	汉语拼音	国际音标IPA
rave	ruì wǔ	[ɻwei-wu]
amberite	ān bó ruì tè	[an-po-ɻwei-t^{h}ɤ]

对于英语词尾流音/l/和/ɹ/, 表4.8展示出词尾流音/l/是倾向于被保留的（$\chi^2 = 5.76, p < .05$），而词尾/ɹ/倾向于被删除（$\chi^2 = 43.56, p < .001$）。例子如图（31）所示：

表4.8　词尾英语流音借入情况

英语输入	汉语输出	数量/百分比
/l/	[ɚ]	59/124（47.6%）
	[l]+V	18/124（14.5%）
	ø	47/124（37.9%）
/ɹ/	[ɚ]	38/222（17.1%）
	ø	184/222（82.9%）

（31）英语流音在汉语的映射情况

/l/ > [ɚ]

英语输入	汉语拼音	国际音标IPA
absolve	ā bù suō ĕr fú	[A-pu-swo-ɚ-fu]
valse	wă ĕr sī	[wA-ɚ-sɿ]
soul	suŏ ĕr	[swo-ɚ]

/l/ > Ø

英语输入	汉语拼音	国际音标IPA
ultimatum	āi dì mĕi dūn	[ai-ti-mei-dwən]
ampul	ān bù	[an-pu]
apostilb	ā bō xī tí	[A-pwo-ɕi-tʰi]

/l/ > [l]

英语输入	汉语拼音	国际音标IPA
chivalry	xī fă lè lí	[ɕi-fA-lɤ-li]
school	sī gŭ lè	[sɿ-ku-lɤ]
sandal	shān dà lì（xié）	[ʂan-tA-li]

/ɹ/ > [ɚ]

英语输入	汉语拼音	国际音标IPA
shire	shā ĕr	[ʂA-ɚ]
vapor	wă bō ĕr	[wA-pwo-ɚ]

litre	lì tuō ěr	[li-two-ɚ]

/ɹ/ > Ø

英语输入	汉语拼音	国际音标IPA
Oscar	ào sī kǎ	[ɑu-sɿ-kʰA]
jar	zhā	[tʂA]
yogurt	yōu gé	[jou-kɤ]

词尾/ɹ/的删除可能与英语的多种变体有关。因为词尾/ɹ/在英式英语中不发音，所以有可能英语源词不是美式英语，而是英式英语。在不含卷舌音的英语变体中，比如英式英语，说话者不再在元音后的语境中发出/ɹ/。在含卷舌音的英语变体中，比如美式英语，/ɹ/的发音在借入后都保留了下来。虽然美式英语是借入汉语主要的源语言，但在英源外来词借入的初期，主要是英式英语借入到汉语中。特别是1840年鸦片战争后，英式英语大量流入中国。例如，*car*在美式英语中的发音为*[kaɹ]*，而在英式英语中的发音为*[ka]*。汉语借入者可能会察觉到源语言的这两种变体之间的差异。例如，*bar*映射到汉语为[pA]，其中元音后的/ɹ/音被删除，而*board*映射到汉语为 [pu-ɚ-tɤ]，其中/ɹ/音被保留。因此，我们可以推测源语是何种变体，前者来自英式英语，后者来自美式英语。

4.1.5 鼻音

对于汉语词尾/n, ŋ/，英语借入汉语的非忠实映射交替出现，即英语鼻音/n/借为汉语鼻音/ŋ/和英语鼻音/ŋ/借为汉语鼻音/n/。英语词尾鼻音借入汉语后进行了修正，以满足押韵和声的限制，即非高元音的前后维度要与词尾鼻音的舌位一致，如舌冠音或舌。针对英语借入汉语的非忠实映射，有两种理论，一种是英语元音的前后维度可以决定和改变词尾鼻音的发音位置。Kenstowicz（2005）提出这是由于元音的语音特征比鼻音的发音位置特征更加突出；另一种是根据端木三（2007）的押韵和声规则，低元音在齿音鼻音前会选择一个相对靠前的音位变体（如[an]），而在软腭鼻音前会选择一个相对较后的、不圆唇的音位变体（如[ɑŋ]）。如果按照端木三的观点，词尾鼻音保持稳定而元音发生变化，那我们就可以得出音系映射为（32）：

（32）音系映射（Hsieh, Kenstowicz & Mou, 2009: 133）

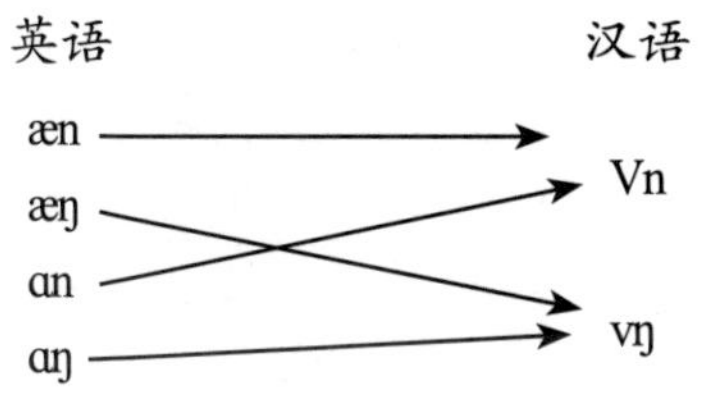

如果是依照Kenstowicz的观点，元音的区别特征比辅音的区别特征在声学表征上更加显著，根据较强元音的特征映射会比较弱辅音的特征映射更加匹配。语音映射如图（33）所示：

（33）语音映射（Hsieh et al., 2009: 133）

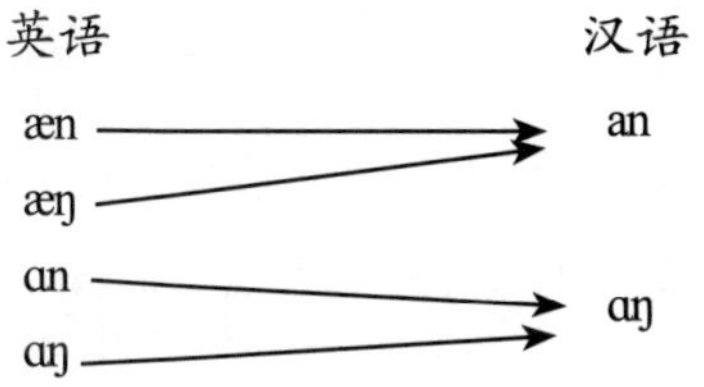

事实上，很难决定这两种映射哪个描述得更准确。让我们用一组数据来证明这两个假设。本研究选择了英语元音+鼻音组合的韵，其中元音为非高元音，鼻音是齿音或软腭鼻音。语料库中有48个含英语组合[an]的外来词，除了7个外来词，其余的都支持语音映射，示例如（34）所示：

（34）英语输入	汉语拼音
a. allemande [an]	ā lè màn dé [an]
android	ān zhuó
brandy	bái lán dì
banjo	bān zhuó
candela	kǎn dé lā
canzona	kǎn zuǒ nà
pecan	*péi gān*
chancellor	zhàn sè là
b. bandage [an]	bēng dài [əŋ/ɑŋ]
cantata	kāng tǎ tǎ
vandalism	wāng dá ěr
bezant	bié sāng

语料库中有七个含韵[ɑŋ]的英语外来词，其中五个如预期一样映射为汉语的组合[ɑŋ]。如（35）所示：

（35）英语输入　　　　　　　　汉语拼音

a. pingpong [ɑŋ]　　　　pīng pāng [ɑŋ]

conger　　　　kāng jí màn

conga　　　　kāng jiā wǔ

b. anglaise [ɑŋ]　　　　ān gé lěi sī [an]

congress　　　　gǔn é lǐ shì [un]

表4.9 总结了英语[an]和[ɑŋ]借入汉语的映射情况。

表4.9　英语[an]和[ɑŋ]借入汉语的映射情况

汉语输出 / 数量 / 英语输入	an	ɑŋ
an	24	7
ɑŋ	2	5

在语料库中有24个英语单词含有韵[ɑn]，它由一个低、后元音加一个齿音鼻音组成，除了4个外来词，其他的都是鼻辅音发生了变化。如（36）所示：

（36）英语输入　　　　　　　　汉语拼音

a. condenser [ɑn]　　　　kāng dìng shēng [ɑŋ]

monsoon　　　　máng xún

pontoon　　　　páng tǒng

sonnet　　　　shāng lài tǐ

consequence　　　　kāng xī kūn shì

consort　　　　kāng suǒ tè

b. neon [ɑn]　　　　ní hóng [oŋ]

consul　　　　gōng xiū ěr

constable　　　　gōng xū dá bù ěr

concept　　gōng shí bù tuō

marathon　　mǎ lā sōng

helicon　　hǎi lì kōng

nylon　　ní lóng

c. ontology [ɑn]　　ān tuō luò zhī [an]

pecan　　péi gān

prion　　pǔ lì ān

使用[aŋ]的外来词数量相对较少。只有两个是与鼻辅音保持忠实映射，其余的改变了鼻音辅音而与元音保持了忠实映射。[aŋ]英语韵包括前、低元音和软腭鼻音。如（37）所示：

（37）英语输入　　汉语拼音

a. bank [aŋ]　　bǎn kè [an]

tango　　tàn gē

tank　　tǎn kè

Langley　　lán lè

angora　　ān gē lā

franklin　　fù lán kè lín

triangle　　tè lì ān gé ěr

angle　　ān qí ćr

b. Yankee [aŋ]　　yáng jī [ɑŋ]

kangaroo　　gēng gé lú [əŋ]

表4.10总结了英语[aŋ]和[ɑn]不同韵的映射情况。

表4.10　英语[aŋ]和[ɑn]不同韵的映射情况。

汉语输出 / 数量 / 英语输入	an	ɑŋ/oŋ/əŋ
aŋ	9	2
ɑn	4	24

现在我们来分析一些例子：英语源词由一个中元音加一个鼻尾音组成。英语中元音包括前元音/e/和/ɛ/，中元音/ə/和/ʌ/，后元音/o/和/ɔ/。根据Lin（2007）的研究，汉语中元音/ə/有四个在不同语境中的不同音位变体[ə，e，o，ɤ]。中元音[ə]出现在闭合音节时，在[n]和[ŋ]之前（[ən]，[əŋ]）；[ɤ]是紧后元音，一般出现在CV或V的音节结构中（如[kɤ]）。首先是英语中元音[ɛ]和[e]中加鼻辅音的组合变化。语料库中含18个这样的组合外来词，其中有8个例外，如（38）所示：

（38）英语输入	汉语拼音
a. pentyl [e/ɛn]	bēn tī ěr [ən]
benzene	běn jīng
cent	sēn tè
convention	kāng wén xīng
b. engine [e/ɛn]	yǐn qíng [in]
pence	biàn shì [an]
tence	tiān sī
protestantism	bō luó dé sī tǎn tè
differentia	dì fǔ lián xī yà
sensational	shān sè xīng
parliament	bā lí mǎn
cents	xiān shì

在这些例外中，只有元音的高低维度被改变，而元音的前后维度被忠实地保留了下来。

英语中有23个含韵[o/ɔn]的例子，为了保持元音的忠实映射，鼻尾音[n]被借为了软腭鼻音[ŋ]，如（39a）所示。在北京方言中，当词首是双唇音时，元音[o]会因为唇音不和谐的限制，而不能和双唇的词首辅音结合。后、不圆唇的元音[ɤ]（拼音eng）或低元音[ɑ]在这种情况下会取代圆唇元音。

（39）英语输入	拼音输出
a. clone [o/ɔn]	kè lóng [uŋ]
barbitone	bā lì dōng
sone	sòng

b. vitaphone　　wéi tǎ fēng　　[əŋ]

hormone　　hè ěr méng

telephone　　dé lǜ fēng

microphone　　mài kè fēng

ergon　　ěr gāng　　[ɑŋ]

freon　　fú lì áng

c. orlon　　ào lún　　[ən]

表4.11 总结了英语中前元音和中后元音里元音与词尾鼻辅音特征之间的竞争情况。

表4.11　英语[e/ɛn]和[o/ɔn]的映射情况

汉语输出 / 数量 / 英语输入	Vn	Vŋ
e/ɛn	26	0
o/ɔn	1	23

英语中元音[ʌ]在前后维度上不具有知觉凸显性，不足以改变词尾鼻音的发音位置。在（40）中，除了两种情况外，其余情况都忠实于词尾。

（40）英语输入　　汉语拼音

a. hundredweight [ʌn]　　hàn jué huái tuō　　[an]

husband　　hēi qī bǎn dèng

punch　　pān qù jiǔ

ton　　dūn　　[ən]

homespun　　huò mǔ sī běn

b. sundae [ʌn]　　shèng dài　　[əŋ]

bungee　　bèng jí

c. funk [ʌŋ]　　fēng kè　　[əŋ]

punk　　péng kè

英源外来词的韵包含非重读元音[ə]的音节，表现出两种相互竞争的映射策略。最匹配的映射是音节弱读元音[ən]。示例如（41）所示：

（41）英语输入	汉语拼音	
a. bourbon [ən]	bā běn jiǔ	[ən]
baron	bā lún	
dalton	dào ěr dùn	
gallon	jiā lún	
pemmican [ən]	bǐ mǐ gān	[an]
tyrant	dài lán dé	
harmattan	hā mǎ dān fēng	
puritan	piào lì dān	
b. diamond [ən]	dài měng	[əŋ]
commons	kāng méng shì	
ribbon	lǐ péng	
anion [ən]	ā ní wēng	[uŋ]
canon	kǎ nóng	
cation	jiā dí wēng	
convention [ən]	kāng wén xīng	[ɑŋ]
condemn	kāng tián wù	
condenser	kāng dìng sheng	

两种映射策略的分布差异在统计学上不显著（[ən] > [Vn]有20例，而[ən] > [Vŋ]有19例）。这可能是因为源词的弱读元音不具有知觉凸显性，不足以影响之后的鼻辅音。我们的语料库不包含[əŋ]的组合，因为这种情况非高元音加软腭鼻辅音的组合，在英语中是非常罕见的。

总之，在决定鼻辅音/n, ŋ/究竟哪一个起着重要作用时，元音的特征显著性是关键。对于不高的前元音和后元音，元音的显著性迫使词尾鼻辅音改变其位置特征以匹配押韵和声。然而，对于非高中元音来说，它们不够突出，不足以迫使词尾鼻辅音发生变化，尤其是对于中心元音来说，这是感知上最不明显，也是影响力最小的元音。

最后，对于在汉语不合法的词尾，鼻辅音[m]有三种映射途径：删除辅音，插入元音，改为合法的词尾鼻辅音[n]或[ŋ]。数据表明，英语源词中两个合法尾音/n/和/ŋ/的选择也是由其前面元音的前后维度特征决定的。在数据库中，有18个含[æm]韵的英语源词，除了4个例子以外都映射到汉语的[an]。相比之下，英语[ɑm]的9个词语全部映射到汉语[ɑŋ]。中元音[ʌ]的影响较弱，同样的情况也发生在英语的非重读元音[ə]上。示例如（42）所示：

（42）

英语输入	汉语拼音	
a. ampere [æm]	ān péi	[an]
ampul	ān bù	
tambour	tán bō ér	
rambutan	lán bù dān guǒ	
b. compost [ɑm]	kāng bō sī tè	[ɑŋ]
communist	kāng mín ní sī tè	
compote	kāng bō tè	
combination	kāng bài yīn nà xióng	
c. plum [ʌm]	bù lún	[ən]
rumba	lún bā	
company [ʌm]	gān bā ní	[an]
pump [ʌm]	bèng	[əŋ]
trumpet [ʌm]	qū lǎng pāi tí	[ɑŋ]
yumpies [ʌm]	yōng pí shì	[oŋ]
librium [əm]	lì bǐ ān	[an]
atom [əm]	ā tún	[ən]
totem [əm]	tú téng	[əŋ]
combine [əm]	kāng bài yīn	[ɑŋ]

4.1.6 本章小结

从上面的分析可以看到，纯感知或音系理论不能解释所有的外来词映射情况。语言因素和非语言因素对外来词的语音映射都有影响。此外，并非所有因素都参与到每一个外来词的映射过程中，而且只有一两个因素起决定性作用。例如，在爆破音的借入过程中，英语的清音和浊音分别映射为汉语中的送气和不送气音。这种英语爆破音和汉语爆破音的一一对应关系可以用音系学的观点来解释，英语清浊的音位特征对应映射为汉语送气与否音位特征，可以解释为保持源语和借入语音位的对比。但是，进一步分析数据后发现，由于英语源词和借入语之间的VOT值等语音差异，部分语料出现了映射偏差。具体而言，英语双唇爆破音/pʰ/在外来词借入方面表现出与其他爆破音不同的模式。它映射到汉语双唇送气爆破音[pʰ]或不送气的双唇爆破音[p]的数量大致相同。由于英语/pʰ/和汉语[pʰ]在VOT上的较大差异，造成了英语/pʰ/对汉语送气爆破音和不送气爆破音的映射的可变性。

当英语软腭阻塞音/k，g，h/和摩擦音/s, z/出现在高元音/滑音之前时，由于汉语的音系规则的限制，出现了颚音化现象，它们被映射为汉语的[ɕ, tɕ, tɕʰ]。这种现象也可以被视为同化，龈腭音与前高元音/滑音共享[-后，+高]的区别特征。

然而，音系因素在英语腭龈音/ʃ，ʧ，ʤ/借入汉语的过程中发挥的作用极其有限。英语腭龈音/ʃ，ʧ，ʤ/借为汉语[ɕ，tɕʰ，tɕ]的趋势可以解释为汉语借入者倾向于保留舌前部的发音位置。根据Flemming（2003）的分析，英语颚龈音/ʃ，ʧ，ʤ/属于非前舌冠音，主要为舌前部发音，而汉语龈腭音[ɕ，tɕʰ，tɕ]本质上是腭音化的，也为舌前部发音。此外，汉语龈腭音[ɕ，tɕʰ，tɕ]是汉语[s, tsʰ，ts]，[ʂ，tʂʰ，tʂ]，或[x, kʰ，k]在前高元音前的音位变体。数据显示在源语言中的音素直接映射到借入语中的音位变体。因此，声称映射发生在借入语词汇中的纯音系方法受到了严重的挑战。

此外，在英语摩擦音/v/的借入过程中，感知相似性、发音摩擦、音系特征都起着重要的作用。英语/v/借为汉语[w]的映射可以用音系理论进行解释。英语/v/大概率借为汉语[w]是因为英语辅音/v/的特征得以最大程度地保留，而借为汉语[w]可以看做是[+响音]区别特征的插入。而英语辅音/v/借为汉语[f]可以看做是[+带声]特征的删除。虽然英语/v/ > 汉语[f]的映射涉及到特征删除，但这个映射是可以理解的，因为删除策略只需要一步修补。英语/v/借为汉语[w]的映射还可以用语音理论进行解释，英语摩擦音/v/的摩擦噪声水平起到了决定性作用。浊唇齿音/v/在英语摩擦音中空气震荡最小，更接近汉语的响音变体[w]。从知觉相似性来看，在现实对话中，汉语[w]与英语摩擦音/v/最为相似。根据朱晓农（2003）和王力（2014）的研究，在现实生活中，汉语拼音中有一种将[w]替换为音节开头[v]的趋势，汉语摩擦音[v]是清唇齿音，更像是向后面元音过渡的[w]的音位变体。

在对英语流音/ɹ/的借入过程中，因为汉语卷舌通音[ɻ]只在有限分布中出现，在真实生活中很少使用，所以从知觉相似性的角度来看，在词首的英语流音/ɹ/向汉语[l]的借入过程可以看成是忠实映射。因此，英语/ɹ/在感知上更接近汉语[l]。在英语外来词借入的过程中，英语/-ɹ/比/-l/更常被删去，这是因为汉语借入者经历了各种英语变体。因为结尾/ɹ/在英式英语中不发音，所以有可能源词不是美式英语，而是英式英语。

对于合法的汉语结尾/-n, -ŋ/，非忠实映射交替发生，即英语/n/映射为汉语/ŋ/或者英语/ŋ/映射为汉语/n/。汉语要求非高元音的前后维度应符合鼻尾音的舌冠或舌根特征，因此英语鼻尾音进行了修改，以满足汉语押韵和声的限制。结果表明，英语元音的前后维度决定了映射结果，并改变了鼻尾音的发音位置。Kenstowicz（2005）提出这是由于元音特征的显著性，而鼻辅音的发音特征相对薄弱所致。

4.2　元音映射规律

在整个外来词语音映射的研究领域，对辅音的借入或机制的研究比较充分，而对元音的借入情况的分析却少之又少。在汉语借词音系领域，Shih（2004）、Miao（2006）等对辅音借入过程都做过较为详细的研究，但都没涉及元音借入的过程。一方面是因为汉语语音的相似性使英语元音借入汉语后有多重不同的映射形式，另一方面汉英有不同的元音系统，各自元音所占的声学空间差异较大。另外，影响元音的因素较多，很难整理出元音借入的规律。本节试图从元音的三个维度：前后维度、高低维度、圆唇与否来确定看似混乱的元音的语音借入规则，并分析语言和非语言因素在元音借入过程中所起的作用。表4.12显示了汉语元音的特征和发音位置，有一定程度的不完整性。

表4.12　汉语元音的区别特征（端木三, 2007）

	i	u	y	ə	a
[高]	+	+	+	-	(-)
[低]	(-)	(-)	(-)	-	+
[后]	-	+	-		
[圆唇]	-	+	+		(-)
舌背音	√	√	√	√	√
舌冠音	√		√		
唇音		√	√		

在表4.12中，汉语元音[ə]和[a]没有明确划分[后]和[圆唇]的特征，因为它们的前后维度可能会发生改变，且汉语元音[a]的[-圆唇]特征是默认值。

表4.13　英语元音的特征（Lin, 2008b: 371）

	前	中	后圆唇	后不圆唇
高	{–后,+高,–低,–圆}		{+后,+高,–低,+圆}	
中	{–后,–高,–圆}	{–高}	{+后,–高,+圆}	
低	{–后,–高,+低,–圆}			{+后,–高,+低,–圆}

根据Flemming（2003），中元音除了在一些特征上没有明确以外，其他的元音特征都已充分分析。高、低元音在元音空间内的感知分散程度最大，而中元音的感知显著性最弱。因此，一个中央元音在感知上是最不明显的，也是特征最模糊的。

根据表4.12和表4.13中两个元音系统的鲜明特征，以及第三章的声学数据，我们确定了英语元音与汉语元音相似和不同特征。英语和汉语的元音特征对比见表4.14。

表4.14　英汉元音区别特征对比

	英语				汉语							
	前				中				后			
	[–圆]		[+圆]		[–圆]		[+圆]		[–圆]		[+圆]	
高	iɪ	i		y							uʊ	u
中–高	e				ə	ə					o	
中–低	ɛ				ʌ						ɔ	
低	A					a			ɑ			

在表4.14中，虚线左侧为英语元音单元格，虚线右侧为汉语元音单元格。英语中的/i, ɪ/与汉语中的元音/i/具有相同的特点：[-后]，[+高]和[-圆]。英语的中元音/ʌ/和低元音/ɑ/和/A/都与汉语元音/a/相似；前者具有[-高，-圆]的特征，后者具有[+低，-圆]的特征。英语的中央元音/ə/类似于汉语的中央元音/ə/，它没有指定为[-高]。同样，英语元音/u，ʊ/和汉语元音/u/的特征在[+后]，[+高]和[+圆]方面相似。因此，根据以上分析，我们可以得出结论：英语元音/i, ɪ, ə, ʌ, A, ɑ, ʊ, u/与汉语元音具有相似的特征。

4.2.1　前高元音

由以上分析可知，英语高前元音/i、ɪ/在语音和音系上与汉语元音/i/相似。汉语元音/i/有三个音位变体[i，ɿ，ʅ]。前高元音变体[ɿ，ʅ]的分布有限，传统上称为舌尖元音（Lin, 2007）。舌尖元音[ɿ]

只出现在汉语[ʦ，ʦʰ，s]之后，舌尖元音[ʅ]只出现在汉语[tʂ，tʂʰ，ʂ]之后。这两组辅音在发音时都涉及到舌尖。在汉语拼音中，两个元音都用字母i表示。我们知道，有些辅音是用舌尖发出的，而元音通常只涉及舌身。舌尖元音只出现在舌尖辅音之后，因此不是一般意义上的元音，舌尖元音是不是真正的元音还存在争议。Chao（1968）、端木三（2007）等学者认为，所谓的舌尖元音是将词首的辅音延伸到音节核过渡的浊辅音。在塞擦音和摩擦音之后的舌尖元音也叫摩擦元音，因为元音核是前一个摩擦音的延伸或前一个塞擦音的摩擦部分，具有摩擦音的特点。根据Lee和Zee（2003）的研究，位于齿音之后的舌尖元音是一个音节的舌尖舌叶音或舌叶齿音通音，而位于后齿龈音之后的舌尖元音是一个音节的舌尖后齿龈通音。

可以预见的是，忠实映射将占总输出的大部分，因为英语/i，ɪ/和汉语/i/具有相同的区别性特征[-后，+高，-圆]。表4.15显示了英语高元音的借入情况，示例见（43）：

表4.15　前高元音的映射情况

英语输入	汉语输出	数量/百分比
/i/	/i/	182（77.4%）
	/ei/	20（8.5%）
	/ə/	14（6%）
	/ai/	11（4.7%）
	/je/	8（3.4%）
/I/	/i/	244（76.7%）
	/ei/	26（8.2%）
	/ə/	24（7.6%）
	/je/	8（2.5%）
	/y/	5（1.6%）
	/ɥe/	3（0.9%）
	/ai/	5（1.6%）
	/jA/	3（0.9%）

（43）	英语输入	汉语拼音	国际音标IPA
/i/ > /i/	ordeal	ā dì lú	[A-ti-lu]
	amoeba	ā mǐ bā	[A-mi-pA]

/ɪ/ > /i/	bikini	bǐ jī ní	[pi-tɕi-ni]
	bit	bǐ tè	[pi-t^{h}ɤ]
/i/ > /ei/	veto	wēi duǒ	[wei-two]
	Venus	wéi nà sī	[wei-nA-sɿ]
/ɪ/ > /ei/	whisky	wēi shì jì	[wei-ʂʅ-tɕi]
	vicar	wéi kè ěr	[wei-k^{h}ɤ-ɚ]
/i/ > /ə/	pepsine	bǎi bù shèng	[pai-pu-ʂəŋ]
	langley	lán lè	[lan-lɤ]
/ɪ/ > /ə/	kelvin	kāi ěr wén	[kai-ɚ-wən]
	Protestantism	bō luó dé sī tǎn tè	[po-lwo-tɤ-sɿ-t^{h}an-t^{h}ɤ]
/i/ > /je/	rebec	liè bèi kè	[lje-pei-k^{h}ɤ]
/ɪ/ > /je/	rhetoric	lè tuō liè kè	[lɤ-t^{h}uo-lje-k^{h}ɤ]
/i/ > /ai/	Byzantinism	bài zhàn tíng	[pai-tsan-t^{h}jəŋ]
/i/ > /y/	republic	lǜ bá bù lì	[ly-pA-pu-li]

正如预料的那样，前高元音大多数情况下为忠实的映射。英语前高元音/i/到汉语前高元音/i/的映射占其总数的77.4%，英语前高元音/ɪ/到汉语前高元音/i/的映射占其总数的76.7%。从音系学的角度来看，每个区别特征都被最大限度地保留下来。输出应该与输入尽可能地相似，并且区别性特征不应该被更改、插入或删除。英语高前元音/i，ɪ/大多映射为汉语前高元音/i/。另外，结果表明，高度偏差是可以接受的，但偏差范围极小。例如，英语前高元音/i、ɪ/可以映射到汉语中元音/ə/，但它们永远不会映射到语料库中的任何低元音。同样的情况也适用于元音的前后维度。英语的前高元音/i，ɪ/很少映射为汉语的后元音，偏差范围最多只与汉语的中央元音/ə/。英语非圆唇元音/i，ɪ/从来不会映射为汉语的圆唇元音。为了遵循汉语母语的音系规则，使辅音得到忠实映射，之后的元音会进行改变，从而得到非忠实映射。因此，出现了元音映射的偏差。例如，如果高元音在辅音[v]之前，那么汉语中的音节[vi]就会变成音节[wei]。因为汉语中没有辅音[v]，而*[wi]音节在汉语中是不合法的，所以会用汉语元音/ei/来代替前高元音。汉语双元音/ei/至少保留了英语前高元音的[-后]和[+高]的区别特征。

4.2.2 前中元音

英语前中元音/e/和/ε/在汉语元音中没有相似的元音。Yavas（2016）认为，英语前中元音/e/和/ε/之间的差异类似于汉语的前高元音/i/和/ɪ/；英语前中元音/e/舌位更高、更紧，而英语前中元音/ε/舌位更低、发音时长更短、更松。然而，较紧的元音的双元音性质更明显；这在重读开音节中（如*say*）或者在浊辅音之前（如*game*）比在清辅音之前（如*gate*）或者在非重读音节中（如*create*）表现得更明显。表4.16列出了英语前中元音的映射情况。

表4.16　英语前中元音的映射情况

英语输入	汉语输出	数量/百分比
/e/	/ə/	55（24.6%）
	/ei/	49（21.9%）
	/i/	36（16.1%）
	/ai/	35（15.6%）
	/a/	31（13.8%）
	/je/	14（6.2%）
	/ɥe/	4（1.8%）
/ε/	/ə/	8（24.2%）
	/i/	7（21.2%）
	/ai/	6（18.2%）
	/ei/	4（12.1%）
	/a/	3（9.1%）
	/je/	3（9.1%）
	/jε/	2（6.1%）

示例如（44）所示：

（44）	英语输入	汉语拼音	国际音标IPA
/e/ > /ei/	lace	lěi sī	[lei-sɿ]
	bacon	péi gēn	[p^{h}ei-kən]
/e/ > /a/	angel	ān qí ér	[an-tɕ^{h}i-ɚ]
	penicillin	pán ní xī lín	[p^{h}an-ni-ɕi-lin]
	vapor	wǎ bō ěr	[vA-po-ɚ]

	英语输入	汉语拼音	国际音标IPA
/e/ > /i/	gay	jī	[tɕi]
	sheriff	shì lì fǔ	[ʂʅ-li-fu]
/e/ > /ai/	acre	āi jiā	[ai-tɕiA]
	megger	mài gé（biǎo）	[mai-kɤ]
/e/ > /ə/	kelp	gě luó bǔ	[kɤ-luo-pu]
	bench	péng zhī	[pəŋ-tsʅ]
/ɛ/ > /ə/	cental	shēng tuō ěr	[ʂəŋ-tʰwo-ɚ]
	jelly	zhě lí	[tʂɤ-li]
/ɛ/ > /i/	percept	bēi ěr shí bù tuō	[pei-ɚ-ʂʅ-pu-tʰwo]
/ɛ/ > /ai/	melton	mài ěr dēng	[mai-ɚ-təŋ]
/ɛ/ > /ei/	bel	bèi ěr	[bei-ɚ]
/ɛ/ > /a/	penicillin	pán ní xī lín	[pan-ni-ɕi-lin]
	yetties	yǎ tè shì	[jA-tʰɤ-sʅ]
/ɛ/ > /jɛ/	penny	biàn shì	[pjɛn-ʂʅ]
/ɛ/ > /je/	dielectric	dì yē liè jī tǐ	[ti-je-lje-tɕi-tʰi]

从表4.16和例（44）中可以看出，英语前中元音/e/和/ɛ/多映射为汉语的中元音/ə/，中元音/ə/未再细分，其特征为[-高]和[-低]。英语前中元音/e/和/ɛ/在高度上可能会偏离映射到汉语的高元音/i/和低元音/a/，而汉语前高元音/i/在前后维度可能会偏离，但英语非圆唇元音/i/绝不会映射为汉语的圆唇元音；汉语双元音/ai/中的元音/a/具有[-高]特征和元音/i/具有[-低，-后]的特征，英语前中元音/e/和/ɛ/也有具有这些特征[-高，-低，-后]。英语中元音/e、ɛ/和汉语双元音/ai/之间的相似关系可以在许多语言的单音化（将一个双元音变成一个单音）过程中找到证据，在单音化的过程中，双元音/ai/可以转化为单元音/e/或/ɛ/；英语前中元音映射到汉语前高滑音，前中元音/ɥe/，/je/和/jɛ/的情况也是可以接受的，因为滑音/ɥ/和/j/的特征是[+高，-后]，而元音/e, a/的特征是[-后]；英语前中元音到汉语双元音/ɥe/的映射是因为受到汉字雪的语义的影响。

4.2.3　前低元音

英语前低元音/æ/是非圆唇、松元音，汉语中没有对应的元音。从英语/æ/的声学空间的高低纬度来看，英语/æ/与汉语中/ɛ/、/a/的分布较为相似。但语料库中的例子表明，英语前低元音/æ/多借为汉语中低元音/a/，因其在音系和声学上与汉语中低元音/a/最为相似。英语前低元音/æ/借为汉语/a/，[+低]特征保持不变，但是在前后维度上移到中间位置。说明前后特征对前低元音音质的影响略小于高低特征的改变。英语前低元音/æ/的借入情况如表4.17所示：

表4.17　英语前低元音的映射情况

英语输入	汉语输出	数量/百分比
/A/	/a/	191（73.7%）
	/jA/	23（8.9%）
	/ə/	22（8.5%）
	/ai/	19（7.3%）
	/ei/	3（1.2%）
	/ɥe/	1（0.4%）

英语前中元音借入的例子如（45）所示：

（45）	英语输入	汉语拼音	国际音标IPA
/æ/ > /a/	abelite	ā bèi lì tè	[A-pei-li-t^{h}ɤ]
	gamma	gā mǎ	[kA-mA]
	allemande	ā lè màn dé	[A-lɤ-man-tɤ]
	ampere	ān péi	[an-p^{h}ei]
	savanna	sà wáng nà（qún）	[sA-wɑŋ-nA]
	samba	sāng bā	[sɑŋ-pA]
/æ/ > /jA/	academy	ā jiā dì mǐ	[A-tɕjA-ti-mi]
	gallon	jiā lún	[tɕjA-lwən]
/æ/ > /ai/	amateur	ài měi dì	[ai-mei-ti]
	cashmere	kāi sī mǐ	[k^{h}ai-sɿ-mi]

	英语输入	汉语拼音	国际音标IPA
/æ/ > /ə/	fans	fěn sī	[fən-sɿ]
	bandage	bēng dài	[pəŋ-tai]
	gabardine	gé bā dīng	[kɤ-pA-tjəŋ]
	salad	sè lā	[sɤ-lA]
	band	bō dé	[pwo-tɤ]
	ballistite	bō lǐ sī tài tè	[pwo-li-sɿ-tʰai-tʰɤ]
/æ/ > /ei/	family	fèi mì lǐ	[fei-mi-li]
	hacker	hēi kè	[xei-kʰɤ]
/æ/ > /ɥe/	jazz	jué shì	[tɕɥe-ʂʅ]

从以上数据可以看出，在英语前低元音/æ/大多映射为汉语中低元音/a/；除此之外，英语前低元音/æ/也可以映射到汉语中元音/ə/；英语前低元音/æ/与汉语双元音/ai/都具有[+低，-后]的音位特征，因此，映射到汉语双元音/ei/保留了[-后]特征，但高度特征偏离了。这些偏差是由于在汉语音系规则的限制下，元音前的辅音映射优先于元音映射。例如，如果英语辅音对应的汉语辅音应该是[tɕ]，即使紧跟其后的元音是一个忠实的对应，如英语前低元音/æ/映射为汉语中低元音/a/，也要将其变为汉语的前高滑音[j]，如英语单词*gallon*借为汉语*[tɕjA-lwən]*。这个例子也表明，英语元音的借入并不严格遵循知觉相似性；英语前低元音/æ/映射到汉语双元音/ɥe/的例子只有一个，这是受汉字*爵*的语义的影响。

4.2.4 中央元音

英语中央元音有两个：/ə/和/ʌ/，英语/ʌ/常出现在重读音节中，舌位略低于英语/ə/，英语/ə/常用在非重读音节中，是一个弱化元音，时长较短，发音时舌位处于中性位置，他在声学空间上不具有特定的高低和前后特征。基于Bate（1995）的研究，英语中央元音/ə/的F2值的范围在900Hz~1500Hz间，这表明英语中央元音/ə/的前后维度特征极不稳定，因此，它受周围音段的影响较大。我们预测英语中央元音/ə/做为源词借入汉语后会有不同的对应形式。英语中央元音/ʌ/与汉语中低元音/a/有相似的高低维度、前后维度和圆唇特征。表4.18列出了英语中央元音的借入情况，例子显示如（46）：

表4.18　英语中央元音的借入情况

英语输入	汉语输出	数量/比例
/ə/	/a/	209（43.7%）
	/ə/	142（29.7%）
	/i/	46（9.6%）
	/ei/	17（3.6%）
	/u/	18（3.8%）
	/ai/	18（3.8%）
	/jɛ/	11（2.3%）
	/je/	8（1.6%）
	/ou/	2（0.4%）
	/ɑu/	7（1.5%）
/ʌ/	/a/	38（56.7%）
	/ə/	14（20.9%）
	/u/	10（14.9%）
	/ɑu/	3（4.5%）
	/ai/	2（3.0%）

（46）	英语输入	汉语拼音	国际音标IPA
/ə/ > /ɑu/	Apologia	ā bǎo jǐ yà	[A-pɑu-tɕi-ja]
	Olympic	ào lín pǐ kè	[ɑu-lin-pʰi-kʰɤ]
/ə/ > /a/	amoeba	ā mǐ bā	[A-mi-pA]
	carat	kè lā	[kʰɤ-lA]
	pemmican	bǐ mǐ gān	[pi-mi-kan]
	tamarind	dá mǎn lín	[tA-man-lin]
	convention	kāng wén xīng	[kɑŋ-wən-ɕjəŋ]
	combine	kāng bài yīn	[kɑŋ-pai-jin]
/ə/ > /i/	alibi	ā lǐ pái	[A-li-pʰai]
/ə/ > /ə/	diamond	tái měng	[tʰai məŋ]
	commons	kāng méng shì	[kʰɑŋ-məŋ-ʂʅ]

	英语输入	汉语拼音	国际音标IPA
	apostilb	ā bō xī tí	[A-pwo-ɕi-t^{h}i]
/ə/ > /ei/	beret	bèi léi（mào）	[pei-lei]
/ə/ > /ai/	calmelot	kǎ mài luò	[k^{h}A-mai-lwo]
	gossamer	gē sāi mò	[kɤ-sai-mo]
/ə/ > /je/	bezique	bié jí kè	[pje-tɕi-k^{h}ɤ]
	waterloo	huá tiě lú	[hwA-t^{h}je-lu]
/ə/ > /jɛ/	plebeian	bù lǐ bǐ xiàn	[pu-li-pi-ɕjɛn]
/ə/ > /u/	doffer	dào fū	[tɑu-fu]
	calorie	kǎ lù lǐ	[k^{h}A-lu-li]
/ə/ > /ou/	doctor	duō kàn tòu	[two-k^{h}an-t^{h}ou]
	doline	dǒu lín	[tou-lin]
/ʌ/ > /ai/	ultimatum	āi dì měi dūn	[ai-ti-mei-dwən]
	Buckingham	bái jīn hàn（gōng）	[pai-tɕin-xan]
/ʌ/ > /a/	pug	bā gē	[pA-kɤ]
	bus	bā shì	[pA-ʂʅ]
	alundum	ā lán dá	[A-lan-tA]
	punch	pān qù（jiǔ）	[p^{h}an-tɕ^{h}ju]
	funk	fàng kè	[fɑŋ-k^{h}ɤ]
/ʌ/ > /ə/	pump	bèng	[pəŋ]
	punk	péng kè	[p^{h}əŋ-k^{h}ɤ]
	slug	sī lè gé	[sɿ-lɤ-kɤ]
	plug	pū luò	[p^{h}u-lwo]
/ʌ/ > /u/	gunny	gōng ní	[kuŋ-ni]
	cult	gū tè	[ku-t^{h}ɤ]
/ʌ/ > /ɑu/	coupling	kào bèi lún	[kɑu-pei-lɯ]

英语的中央元音/ə/被视为既不属于前维度也不属于后维度，它可以与汉语前后维度的元音相

匹配。英语的中央元音/ə/很容易受周围环境的影响。从表4.18可以看出，英语的中央元音/ə/可以映射为十个不同的汉语元音。英语的中央元音/ə/倾向于借为汉语中低元音/a/（其中央元音变体[A], [a], 和[ɑ]一共占比43.7%）；其次是映射为汉语中央元音/ə/（其元音变体[ə]、[ɤ]和[o]加起来共占29.7%）。除了音系与语音的因素影响，书写系统对英语中央元音/ə/借为汉语中央元音/ə/也起到了重要的作用。研究结果表明，当英语的中央元音/ə/用字母a表示时，汉语借入者倾向于映射为汉语拼音a。例如，英语*amoeba*被借为汉语*ā-mǐ-bā [A-mi-pA]*；英语中央元音/ə/可以映射为汉语的前高元音/i/和后高元音/u/，这说明英语中央元音/ə/对高低纬度、前后维度、圆唇特征没有特别的要求。

英语中低元音/ʌ/大多映射为汉语中低元音/a/，其次映射为汉语中央元音/ə/。英语中低元音/ʌ/借入汉语的过程中，高低维度的略微偏差是被允许的，但英语中低元音/ʌ/很少借为汉语高元音。另外，在语料中有十个例子映射到汉语高后圆唇元音/u/。这种偏差可能是受书写系统的影响。在这十个例子中，英文字母*u*代表英语的中低元音/ʌ/，它们在汉语输出中都被借入为汉语拼音*u*。例如，英文源词*cult*借入为汉语*gū-tè* [*ku-tʰɤ*]。

4.2.5　后高元音

英语的后高元音有两个/u, ʊ/，以松紧为区别特征，汉语只有一个后高元音[u]，它们具有相同的区别特征[+后,+高,-低,+圆唇]。因此，英语的后高元音/u, ʊ/向汉语后高元音[u]的映射是基于语音和音系因素的忠实映射。表4.19列出了英语后高元音的映射情况，例子如（47）所示：

表4.19　英语后高元音的映射情况

英语输入	汉语输出	数量/比例
/u/	/u/	30（66.7%）
	/ə/	6（20%）
	/jou/	6（13.3%）
/ʊ/	/u/	14（87.5%）
	/ə/	2（12.5%）

（47）	英语输入	汉语拼音	国际音标IPA
/u/ > /u/	aco<u>u</u>stics	ā <u>gǔ</u> dí kè sī	[A-k<u>u</u>-ti-kʰɤ-sɿ]
/u/ > /ə/	baz<u>oo</u>ka	bā <u>suō</u> kǎ	[pA-s<u>wo</u>-kʰA]

	英语输入	汉语拼音	国际音标IPA
	tuna	tūn ná（yú）	[twən-nA]
	typhoon	tái fēng	[tʰai-fəŋ]
/u/ > /jou/	revolution	lǐ fó liú xiǎn	[li-fwo-lju-xjan]
	lumen	liú míng	[lju-mjəŋ]
/ʊ/ > /u/	pudding	bù dīng	[pu-tʰjəŋ]
/ʊ/ > /ə/	tambour	tán bō ér	[tʰan-pwo-ɚ]

英语后高元音/u、ʊ/大多映射为汉语元音/u/，分别占66.7%和87.5%。其次也映射到汉语中央元音/ə/，虽然这个映射在高低维度、前后维度和圆唇上有偏差，但是偏差范围较小，是可以被接受的。英语后高元音/u/还有几例映射为汉语滑音-元音组合/jou/，这个映射保留了[+后]的区别特征。结果表明，圆唇元音一般映射为汉语的圆唇元音（圆唇vs.非圆唇: $\chi^2 = 36, p < .001$）。然而，英语的后圆唇元音/u，ʊ/可以容忍映射为非圆唇元音。例如，英语 *tuna* > 汉语 *[twən-nA]*, 英语 *typhoon* > 汉语 *[tʰai-fəŋ]*。

4.2.6 中后元音

英语中后元音有两个/o/和/ɔ/，以松紧为区别特征，在汉语中没有对应元音。表4.20 显示出英语中后元音/o/和/ɔ/的映射情况。

表4.20 英语中后元音的映射情况

英语输入	汉语输出	数量/比例
/o/	/ə/	100（61%）
	/u/	30（18.3%）
	/a/	15（9.1%）
	/ou/	10（6.1%）
	/ɑu/	8（4.9%）
	/jou/	1（0.6%）
/ɔ/	/ə/	38（52.8%）
	/a/	14（19.4%）
	/ɑu/	9（12.5%）
	/u/	8（11.1%）
	/jɑu/	3（4.2%）

英语中后元音/o/和/ɔ/的映射例子如（48）所示。

（48）	英语输入	汉语拼音	国际音标IPA
/o/ > /ə/	bole	bō ěr	[pwo-ɚ]
	porter	bō dǎ	[pwo-tA]
	bingo	bīn gē	[pin-kɤ]
	coca	kē kǎ	[k^hɤ-k^hA]
	telephone	dé lǜ fēng	[tɤ-ly-fəŋ]
	vitaphone	wéi tǎ fēng	[wei-t^hA-fəŋ]
/o/ > /u/	pole	bù ěr	[pu-ɚ]
	soda	sū dá	[su-tA]
/o/ > /a/	sofa	shā fā	[ʂA-fA]
/o/ > /ɑu/	polaroid	bǎo lì lái	[pɑu-li-lai]
	bowling	bǎo líng（qiú）	[pɑu-ljəŋ]
	koala	kǎo lā	[kɑu-lA]
/o/ > /ou/	lotto	lè tòu	[lɤ-tou]
/o/ > /jou/	show	xiù	[ɕjou]
/ɔ/ > /ə/	horn	huò ēn	[xwo-ən]
	loran	luó lán	[lwo-lan]
/ɔ/ > /ɑu/	orlon	ào lún	[ɑu-lwən]
/ɔ/ > /u/	default	dǐ fú	[ti-fu]
	Forbes	fú bù sī	[fu-pu-sɿ]
/ɔ/ > /a/	ergon	ěr gāng	[ɚ-kɑŋ]
	bombardon	bāng bā dōng（hào）	[pɑŋ-pA-tuŋ]
	Waterloo	huá tiě lú	[xwA-t^hje-lu]
	waltz	huá ěr zī	[xwA-ɚ-tsɿ]
/ɔ/ > /jɑu/	shoran	xiāo lán	[ɕjɑu lan]
	chocolate	qiǎo kè lì	[$tɕ^h$jɑu-k^hɤ-li]

从表4.20可以看出，从高低维度上看，英语中后元音/o, ɔ/可以映射为汉语高元音/u/、中元音/ə/和低元音/a/；从前后维度上来看，英语中后元音/o, ɔ/不会映射为汉语前元音。由于英语中后元音/o, ɔ/是圆唇的，它们可以被借为汉语圆唇元音/u/和双元音/ɑu, ou/。英语圆唇中后元音/o, ɔ/大多被借用为汉语中央元音/ə/，而汉语中央元音/ə/有四个具有不同的前后维度和元唇特征的音位变体。如果我们更仔细地研究这个问题，当英语圆唇元音/o, ɔ/被借为汉语中央元音/ə/时，它们在现实对话中大多被实现为汉语中央元音/ə/的音位变体[o]，具有[+后]和[+圆唇]的区别特征。例如，英语 *bo̱le* > 汉语 *[pwo̱-ɚ]*, 英语 *lo̱ran* > 汉语 *[lwo̱-lan]*。在英语元音/o, ɔ/向汉语中央元音[ə]的借入中，英语元音/o/向汉语中央元音[ə]的音位变体[o]的映射占74%，英语元音/ɔ/到汉语中央元音[ə]的音位变体[o]的映射占71.1%。因此，我们可以得出结论，英语圆唇元音更倾向于借为汉语的圆唇元音，尽管圆唇特征的偏差是可以容忍的。因为汉语母语语法规则的限制，英语元音/o, ɔ/还可以映射为汉语滑音-元音组合/jou/和/jɑu/。在这些例子中，元音前辅音汉语龈腭音[ɕ, tɕ, tɕ^h]，只能出现在汉语高元音/滑音之前，如英语 *show* > 汉语 *[ɕjou]*, 英语 *chocolate* > 汉语 *[tɕ^{h}jau-k^{h}ɤ-li]*。虽然汉语双元音/ou, ɑu/是最好的选择，但英语元音/o, ɔ/的借入须符合汉语的腭音化规则。语料中有两个映射为汉语元音/a/的例子，都与汉语音节*hua*有关，如*Waterloo* 滑铁卢 和 *waltz* 华尔兹，都受到了汉字语义的影响。

4.2.7 后低元音

英语低后元音/ɑ/在音系和语音上最接近汉语低中元音/a/。表4.21列出了英语低后元音/ɑ/的映射情况，示例见（49）所示：

表 4.21 英语低后元音的映射情况

英语输入	汉语输出	数量/百分比
/ɑ/	/a/	110（48.9%）
	/ə/	69（30.7%）
	/u/	19（8.4%）
	/ɑu/	15（6.7%）
	/ai/	5（2.2%）
	/jA/	5（2.2%）
	/jou/	2（0.9%）

（49）	英语输入	汉语拼音	国际音标IPA
/ɑ/ > /a/	car	kǎ（chē）	[kʰA]
	economy	ài kāng nuò mǐ	[ai-kʰɑŋ-nwo-mi]
	compote	kāng bō tè	[kʰɑŋ-pwo-tʰɤ]
	anglaise	ān gé lěi sī	[an-kɤ-lei-sɿ]
/ɑ/ > /ɑu/	office	ào fēi sī	[ɑu-fei-sɿ]
/ɑ/ > /ə/	podcast	bō kè	[pwo-kʰɤ]
	pecan	bì gēn（guǒ）	[pi-kən]
	gossamer	gē sè mò	[kɤ-sɤ-mwo]
/ɑ/ > /u/	phlox	fú lù kǎo	[fu-lu-kʰɑu]
/ɑ/ > /jA/	cigar	xuě jiā	[ɕyɛ-tɕjA]
/ɑ/ > /jou/	shock	xiū kè	[ɕjou-kʰɤ]

如预期的一样，英语低后元音/ɑ/的大多数映射为汉语低中元音/a/。从高低维度来看，英语低后元音/ɑ/可以映射为汉语高后元音/u/和汉语中央元音/ə/；从前后维度来看，它永远不会映射到汉语的前元音；由于英语元音/ɑ/是非圆唇元音，它更倾向于映射到汉语不圆唇元音，但不忠实映射到汉语圆唇元音/u/和双元音/ɑu/是允许的；映射到汉语滑音-元音组合/jA/和/jou/的映射是受到汉语的音系限制的，在高元音/滑音前的辅音应为[tɕ, tɕʰ, ɕ]；还有一些映射为汉语音节*hua*华的例子，是因为受到了汉字语义的影响。

4.2.8　小结

根据Steriade（2001）的知觉映射假设，知觉映射假设通过映射相应的限制和层级来控制语法。区别特征越明显，该特征越倾向于保持不变，因此越明显的区别特征就越不容易改变。在元音借入的过程中，前后维度特征比高低维度和圆唇与否特征更倾向于保持不变。例如，高低维度的偏差是被允许的，但偏离映射只在有限的范围内。英语的高元音可以映射为中元音，中元音可以借用为低元音。但是，高元音很少映射为低元音；前后维度的偏差映射也需在有限范围内，英语的前元音大多数映射为汉语的前元音，而英语的后元音多映射为汉语的后元音；圆唇元音总是更倾向于与汉语圆唇元音匹配，如卡方检验显示英语高后元音/u，ʊ/（圆唇vs.非圆唇：χ^2 = 36, *p*

$< .001$）往往映射为汉语的圆唇元音，英语中后元音/o/（圆唇vs.非圆唇：$\chi^2 = 23.040$, $p < .001$）和/ɔ/（圆唇vs.非圆唇：$\chi^2 = 4.84$, $p < .05$）也是如此。同样，英语低后不圆唇元音/ɑ/倾向于映射为不圆唇的汉语元音（圆唇vs.非圆唇: $\chi^2 = 7.84$, $p < .01$）。因此，圆唇特征通常被保留，英语前面不圆唇的元音很少与汉语圆唇的元音匹配，但英语后圆唇元音可以偏差映射为圆唇元音。

在映射过程中影响汉语输出的因素很多。英语语音映射到汉语后都必须选择相应的汉字，而汉语的汉字是由一个音节所呈现的语素组成。如果英语输入中的音段组合与汉语汉字不匹配，则该英语音段会被修改以匹配另外的汉字。此外，英源外来词借入汉语时，辅音映射总是被优先考虑的。从上面的分析可以看出，辅音通常会映射到一个或两个汉语对应的辅音中，而元音通常会映射到五个以上的汉语对应的元音。因此，我们可以得出结论，辅音映射优先于元音映射。Yip（2006）基于粤语元音数据提出，声调和辅音比元音得到更忠实的映射，元音音质比元音长度得到更忠实的保留。因此，排列等级是声调映射（重音）、辅音映射 >> 元音音质映射 >> 元音时长映射。Yip（2006）认为这可能反映了辅音在声调语言中比元音具有更大的信息承载能力，就像重音语言中的重音一样。因此，辅音在外来词借入过程中比其他音段更不易发生变化。此外，由于一些汉语母语语法的干预，元音音质匹配比较困难，例如，如果借入后的辅音是汉语辅音[tɕ]，即使随后的元音有对应的忠实映射，也会因为汉语腭音化规则发生改变，如英语元音/æ/本应映射为与其语音和语系都相近的汉语元音/a/，但因为颚音化规则和其前辅音的影响，元音不得不发生改变，如*gallon* > *[tɕjA-lwən]*。这个例子也表明，元音的借入并不严格遵循感知相似性。

汉字的语义也影响元音的映射。例如，英语/A/ > 汉语 /a/ 是最忠实的映射，因为它们都是低元音。然而，当汉字语义起作用时，映射就会出现偏差。例如，英文输入*hacker*被借为[xei-kʰɤ] 而不是 [xA-kʰɤ]，因为汉语汉字*黑*的意思是*非法的*，这很好地翻译了英文单词的意思，即在未经允许的情况下，秘密找到方法查看或更改他人计算机系统上的信息的人。因此，汉字语义影响了元音的借入过程，使其出现语音的不忠实映射。

第5章　英语音节结构借入汉语的映射模式

在外来词借入的过程中，外来语中不符合目标语音系规则的音节结构必须经过修改，以符合目标语语法的限制。也就是说，如果源语言的音节结构比目标语丰富或目标语比源语言的音段配列限制更严格，则要对在源语言合格而在借入语不合格的形式进行修补。元音的插入和辅音的删除是两种主要的修补策略。然而，这两种策略并不是同等重要的。元音插入法被认为是最常用的音段配列限制的修补方法（Akinlabi在1993对约鲁巴语中外来词的研究； Katayama在1998对日语中外来词的研究；Kenstowicz在2003对斐济语中外来词的研究），而辅音删除策略则很少应用。例如，Rose（1996）研究的卢旺达语中的法语外来词的修补策略，只有1.4%的不忠实映射采取了删除策略；Batibo（1996）发现茨瓦纳和斯瓦希里语的外来语修补策略中，大概3%的语料使用了删除策略；Plag和Uffmann（2000）在历史性苏里南语外来语研究中发现，删除策略的使用率一直很低，为0 ~ 3%。这些研究都表明，与元音插入策略相比，辅音删除确实不是最优选择。英语的音节结构较为灵活多样，辅音丛在音节首和音节尾都可以自由出现，辅音丛最多可以由四个辅音相毗邻。英语对音节尾的要求也相对宽松，除喉擦音/h/以外的其他辅音都可以在音节尾自由出现。而汉语的音节结构略为简单，只有鼻辅音可以做音节尾，而且汉语中没有辅音丛。根据Uffmann（2006）的研究，在汉语这样具有严格CV音节结构的语言中，会用元音插入策略来消除辅音丛或将不能做词尾的辅音改为合格的音节。元音插入主要出现在两个不同的位置：首先，在两个起始辅音之间插入元音，以消除辅音丛；其次，元音被插入到词尾辅音之后，以重新音节化词尾辅音，使其成为合格的汉语词尾形式。

根据Steriade（2001）的知觉映射假设可以预测，音段会在知觉凸显性环境中被保留，而如果它处于知觉非凸显性环境中，就会被删除。插入的元音音质应该选择语音上时长最短，知觉上最不具有凸显性的元音，保证词汇在借入过程中需最大限度地满足借入语与源词的语音相似性。

本文将详细分析借词音系学的修补策略。在不同的情况下，会根据不同的感知差异性采取不同的策略。本章将考虑和测试三个因素：第一个因素是音素类别的知觉凸显性。Sliverman（1992）和Yip（1993）在分析粤语外来词借入时认为，删除策略的使用与借入粤语的外来词的知觉凸显性相关。齿擦音总是被保留下来，而流音的删除则取决于粤语对双音节最小音脚的要求；第二个因素是，音段和辅音丛所在的位置也很重要。Brasington（1997）研究发现，在英语词汇借入马绍尔语的过程中，词首辅音丛倾向于元音插入策略，而词尾辅音丛倾向于辅音删除策略。这一研究表明，词首位置在感知中比词尾位置更显著；第三个因素是辅音丛的类型。Kenstowicz（2003）研究表明，英语外来词借入斐济语不同的辅音丛类型会导致不同的删除率；当辅音丛的第一个辅音是阻塞音时，采用辅音删除策略是元音插入策略的五倍；当第一个辅音是响音时，采用元音插入策略是辅音删除策略的两倍多；当鼻音后面跟着浊爆破音或清爆破音，特别是/nt/或/nd/音节组合时，辅音/t/几乎总是保留在/nt/中，而/nd/中的辅音删除率和元音插入率大致相同。因此，我们可以推断，相同的音素类别在不同的辅音丛中表现出不同的感知能力，清浊特征也可以影响应该使用哪种修补策略。

在外来词借入的修补策略中，选择哪个元音插入一直是元音插入策略的研究重点。Uffmann（2006）认为插入的元音有三种类型。第一，插入的元音是不受语境影响的默认元音；第二，插入的元音可以完全或部分地受到毗邻的元音的影响，如通过元音复制或元音和声；第三，插入的元音会受到之前辅音的影响。三种元音类型在本研究的数据库中都能找到例证。以下章节将进一步地分析。

5.1 影响音系修补策略的因素

5.1.1 音素类别

不同类型的辅音展示出不同的辅音删除率。因为英语和汉语都可以由单个辅音充当词首，所以不存在修补策略，只是单纯的辅音语音映射不属于本章节的讨论内容。而对于汉语词尾，除鼻辅音/n/和/ŋ/外，其他类型辅音都是不符合汉语音系规则的，三种修补策略在这里是可行的：元音插入，辅音删除，或改为合乎汉语音系规则的鼻辅尾。因为发音方式特征位于知觉映射的较高级别，不会轻易改变，在语音映射中该特征总是被保留，所以只有英语词尾为辅音/m/时，才会采用第三个修补策略。前两种策略在英语单个辅音充当词尾的使用频率见表5.1。

表5.1　保留 vs. 删除（英语单词尾）

	保留			转为/n, ŋ/	删除
	元音插入	词尾保留	发r音的		辅音删除
爆破音	N=115（76.7%）				N=35（23.3%）
摩擦音	N=42（87.5%）				N=6（12.5%）
塞擦音	N=27（90.0%）				N=3（10.0%）
流音 /l/	N=18（14.5%）		N=59（47.6%）		N=47（37.9%）
/ɹ/	N=0（0.0%）		N=38（17.1%）		N=184（82.9%）
鼻音 /n,ŋ/	N=5（2.8%）	N=111（62.4%）		N=62（34.8%）	N=0（0.0%）
鼻音/m/	N=3（5.3%）			N=49（86.0%）	N=5（8.8%）
总共	N=529（65.4%）				N=280（34.6%）

词首辅音连缀（C_1C_2）被分为以下类别：阻塞音-流音（如/pl-/, /dɹ/）；阻塞音-鼻音（如/sn/, /sm/）；阻塞音-阻塞音（如，/st-/, /sk/）和阻塞音-滑音（如/sw-/），在表5.2中展示如下：

表5.2　保留 vs. 删除（英语词首C_1C_2辅音连缀）

辅音连缀	C_1	保留	删除	C_2	保留	删除
阻塞音＋流音	爆破音	58（98.3%）	1（1.7%）	流音	54（91.5%）	5（8.5%）
	摩擦音	13（100%）		流音	12（92.3%）	1（7.7%）
阻塞音＋鼻音	摩擦音	4（100%）		鼻音	4（100%）	
阻塞音＋阻塞音	摩擦音	57（100%）		爆破音	57（100%）	
	摩擦音	1（100%）		摩擦音	1（100%）	
阻塞音＋滑音	阻塞音	5（100%）		滑音	5（100%）	
总共		N=138（99.3%）	N=1（0.7%）		N=133（95.7%）	N=6（4.3%）

词尾辅音连缀（C_1C_2）被分为以下类别：流音-阻塞音（如/-lz/, /-ɹt/）；鼻音-阻塞音（如/-nt/, /-mp/）；阻塞音-阻塞音（如/-ks/, /-ft/）和流音-鼻音（如/-ɹm/）, 在表5.3中展示如下：

表5.3 保留 vs. 删除（英语词尾C_1C_2辅音连缀）

辅音连缀	C_1	保留	删除	C_2	保留	删除
流音+阻塞音	流音	N=9（32.1%）	N=19（67.9%）	爆破音	N=23（82.1%）	N=5（17.9%）
	流音	N=5（71.4%）	N=2（28.6%）	摩擦音	N=6（85.7%）	N=1（14.3%）
流音+鼻音	流音	N=0	N=7（100%）	鼻音	N=7（100%）	N=0
鼻音+阻塞音	鼻音	N=40（97.6%）	N=1（2.4%）	爆破音	N=23（56.1%）	N=18（43.9%）
	鼻音	N=15（93.8%）	N=1（6.2%）	摩擦音	N=16（100%）	
阻塞音+阻塞音	爆破音	N=10（81.6%）	N=5（18.4%）	摩擦音	N=12（73.7%）	N=3（26.3%）
	摩擦音	N=25（100%）		爆破音	N=21（84%）	N=4（16%）
总共		N=104（74.8%）	N=35（25.2%）		N=108（77.7%）	N=31（22.3%）

从表5.1中，我们可以看出，在英语词尾借入汉语的映射过程中，辅音保留通常优于辅音删除。不同的音素类别表现出不同的删除率。流音的删除率最高（/ɹ/占82.9%，而/l/占37.9%），其次是爆破音的删除率占23.3%，摩擦音的删除率占12.5%，塞擦音的删除率占10%，鼻音的删除率最低（/n，ŋ/为0%，/m/为8.8%）。根据Steriade（2001）的知觉映射假设，可以将英语不同类型的辅音充当词尾的差异显著性表述为：鼻音/V__]σ> 阻塞音 /V__] > 流音/V__]σ。知觉凸显性与声学的响度有很大关系。根据Hogg和McCully（1987）的研究，辅音的响度等级应该是：流音>鼻音>浊摩擦音>清摩擦音>浊爆破音>清爆破音。除了流音以外，不同类型的辅音的知觉凸显性与响度等级相对应。流音具有最高的响度，如果它们被删除，人们会注意到英语源词和借入后的单词之间的显著差异。在外来词的借入过程中，某些音段的输入对借入者来说比其他音段更突出，因此更值得保留。如果所有的输入音段都很难或无法保留，那么不太显著的音段先被删除。是否有证据表明流音确实不具有知觉凸显性呢? Yip（1993）发现，在粤语外来词的映射中，流音没有摩擦音和爆破音那么突出。粤语外来词借入中辅音删除的例子见（50）：

（50）粤语外来词中辅音删除的例子（Yip, 1993: 267）

floorshow	fo^{55} sow^{55}
freezer	fi^{55} sa^{35}
strawberry	si^{22} t^haw^{55} pe^{55} ley^{35}
broker	puk^{55} k^ha^{35}
place	p^hey^{55} si^{35}

粤语外来词的例子表明，当流音处于辅音连缀后半部分时，它的删除率较高。这些辅音无疑是能够被借入者感知到的，所以粤语借入者无法忽视它们。流音与它之前的阻塞音相比，知觉凸显性较弱，它们较弱的知觉凸显性导致它们被删除。在言语失误的数据中也可以找到证据。Fay和Cutler（1977）列出了近音词误用的词语，两个发音相似的单词会被混淆。一般来说，目标词和错误词的词首是相同的，只在少数情况下是不同的。其中的差异仅在于辅音的数量，我们在（51）中发现：

（51）近音词误用的例子（Fay & Culter, 1977: 234）

Cr or Cl vs. C	11	sC vs. s or s̊	1
Cr or Cl vs. r or l	1	sC vs. C	0
sCr vs. s or s̊	2		

这种不对称的结果令人震惊：流音/r/和/l/在言语失误中很容易被忽略，而摩擦音/s/和爆破音则不会。然而，没有sC vs. C错误的案例（除了一个sp vs. t），证明了摩擦音/s/是具有高度凸显性的假设。摩擦音/s/从相邻的爆破音或元音中脱颖而出，其高强度的噪声在声学上比流音更突出。从粤语和近音词误用的例子中我们可以看到，流音没有摩擦音和爆破音那样具有知觉凸显性，因此相对容易被删除。

由表5.3可以看出，对于词尾辅音连缀来说，不同辅音音段在单音词尾的知觉凸显性在辅音连缀中C_1和C_2的位置上得到了验证。在C_1的位置，删除率排名如下：流音（66.7%）> 阻塞音（12.5%）> 鼻音（3.5%），在C_2位置的辅音删除率排名与C_1相同，流音（30.3%）> 阻塞音（23.5%）> 鼻音（21.4%）。此排序对应不同类型辅音段的知觉凸显性：鼻音/V__]σ >阻塞音 /V__]σ > 流音 /V__]σ。

5.1.2　辅音连缀的位置

根据Steriade（2001）的知觉映射假设，词首位置比词尾更具有知觉凸显性。因此，无论是单辅音还是辅音丛在词首位置均比其在词尾位置更容易保留。单辅音在词首时，几乎没有辅音被删除，而单辅音做词尾的情况删除率为34.6%；在辅音连缀做词首时，在C_1位置的辅音删除率为0.7%，在C_2位置的辅音删除率为4.3%；而当辅音连缀做词尾时，在C_1位置的辅音删除率为25.2%，在C_2位置的辅音删除率为22.3%。另外，即使是同样的音素类别在不同的位置，在词尾的删除率也高于在词首的删除率。例如，在爆破音-流音类型的词首辅音丛中，在C_1位置的爆破音删除率1.7%，而流音-爆破音在词尾位置时，爆破音的删除率为17.9%（$\chi^2 = 14.222, p < .001$）。本研究结果证实了之前研究的实验结果，正如Silverman's（1992）对粤语外来词的研究和Brasington's（1997）对马绍尔语外来词的研究。

5.1.3 辅音连缀的类型

除了辅音的位置，本研究数据也显示出与辅音丛类型相关的变化。尽管对于在词首和词尾的所有辅音连缀，元音插入似乎是更好的选择。显然，并不是所有类型的辅音丛都有同等的删除率。从表5.3可以看出，在词尾位置，阻塞音在响音-阻塞音的删除率（24/92, 26.1%）比阻塞音在阻塞音-阻塞音的删除率（7/40, 17.5%）要高。总的来说，在两种情况中删除率比保留率都要低很多。Kenstowicz（2003）在英源外来词进入斐济语中的发现在本研究中得到了部分验证。Kenstowicz认为：当阻塞音-阻塞音的辅音丛中的阻塞音在C_1位置时，删除率比元音插入率高五倍，当阻塞音在C_2位置时，删除率和元音插入率分别是83.33%和16.67%；而当在响音-阻塞音中，响音在C_1位置时，元音插入的可能性是删除的两倍多，阻塞音在C_2时，删除率和插入率分别是30%和70%。然而，在汉语外来词借入中，阻塞音-阻塞音的辅音丛中的阻塞音在C_1位置时，元音插入率比辅音删除率高五倍，当阻塞音在C_2位置时，删除率和元音插入率分别是17.5%和82.5%；而当在响音-阻塞音中，响音在C_1位置时，元音插入的可能性是删除的两倍多，阻塞音在C_2时，删除率和插入率分别是26%和74%。表5.3显示，在鼻音-阻塞音（包括爆破音、摩擦音）辅音丛中，爆破音（删除率为18/41，43.9%）比摩擦音（0%）的删除率更高。这一结果与Brasington（1997）的研究结果是一致的，他认为爆破音的删除率在鼻音-爆破音辅音丛中，比爆破音在鼻音-嘶擦音的辅音丛中更高。

流音在流音-阻塞音词尾辅音丛中C_1位置的删除率（21/35, 60%）比流音在阻塞音-流音辅音丛中C_2位置的删除率（6/72, 8.3%）要高很多。卡方检验结果显示，流音在阻塞音之前和之后的位置删除率差异显著，有统计学意义（$\chi^2 = 18.182, p < .001$）。在词首辅音丛中，流音在$C_2$位置的删除率（6/72，8.3%）比阻塞音在$C_1$位置的删除率（1/22，1.7%）更高。这并不是因为说话的人没有注意到它们，而是因为与前面的爆破音相比，流音的显著性较低。因此，流音相对容易被删除。那么，爆破音被保留而流音被删除的原因也可能是最大节首辅音原则（Yip,1993）。爆破音是比流音做词首更好的选择，因为他们响度较低且一般不会被删除。由于本研究语料库中很少有流音-鼻音、鼻音-流音辅音连缀或三个辅音组成的辅音连缀的语料，因此很难得出结论证明前人的观点，这些类型在此不做进一步讨论。表5.4列出了本研究语料库中为数不多的几个由三个辅音组成的辅音丛，示例如（52）所示：

表5.4　保留 vs. 删除（$C_1C_2C_3$辅音连缀）

	词首						词尾					
	C_1		C_2		C_3		C_1		C_2		C_3	
	保留	删除	保留	删除	保留	删除	保留	删除	保留	删除	保留	删除
阻塞音–阻塞音–流音（spr/scr）	N=4 100%		N=4 100%		N=4 100%							
流音–阻塞音–阻塞音（ltz）							N=1 100%			N=1 100%	N=1 100%	

（52）英语输入　　汉语拼音　　国际音标IPA

sprue　　sī bō lú　　[sɿ-pwo-lu]

scruple　　sī kè lù bù　　[sɿ-kʰɤ-lu-pu]

scrapie　　sī kè lā pí　　[sɿ-khɤ-lA-phi]

screen　　sī kù lín　　[sɿ-kʰu-lin]

waltz　　huá ěr zī　　[xwA-ɚ-tsɿ]

5.2　元音插入策略

汉语中英源外来词的元音插入策略的研究重点有两个：一是元音插入的位置，二是插入元音的音质。在汉语中，除了鼻辅音/n, ŋ/以外，其他辅音均不可做词尾，这时往往会引入元音插入策略。元音插入的位置是定向的，只有两个方向：向左和向右。在辅音左边插入元音很少见，只在某些语言中存在。例如，借入印地语的英语借词采用了在辅音左边插入元音的策略。英语单词*school*在印地语中被映射为[ɪskul]。对大多数语言来说，在辅音右边插入元音是最常见的方向。在汉语中的英语借词都采用了在辅音右边插入，因为汉语不允许任何辅音丛做词尾，除了鼻辅音/n, ŋ/。如果采用在辅音左边插入元音，原来的词首变成了词尾，这在汉语中是不可接受的。因为元音插入的方向性很明确，所以无需进一步讨论，本研究更关注插入元音的音质，选择插入哪个元音是语音映射修补策略的研究重点。

Steriade（2001）和Kenstowicz（2003）提出了一种基于知觉的元音插入模型。他们声称元音的插入是感知驱动的：在潜在的候选元音中，所选择的插入元音应该是知觉上最不显著的。Steriade提出了混淆矩阵，该矩阵显示了声音之间感知的相对紧密程度。输入和输出之间的映射并不一定总是忠实的，但输入和输出之间的差异可以通过选择知觉上最忠实的候选者，将差异最小化。

然而，基于感知的模型在解释应该选择哪个插入元音方面是有问题的。由于跨语言的差异，知觉的显著性不能解释所有候选的插入元音。此外，同一语言在知觉上非常相似的情况下可能会选取不同的方法。因此，Uffmann（2006）得出结论，只有一个严格的语音学模型，区分同化和扩散的概念，才能成功地解释外来词借入的语料。

本研究中的分析基于自主音段音系学（Uffmann，2006）和特征架构理论（Hall，2007）。我们同意自主音段音系学的观点，即所有的特征都是自主音段，可以独立于语段而行为。将特征概念转化为自主音段，允许识别相邻关系。因为每个自主音段特征都有自己的层级，相邻关系可以被看作严格意义上的局部音段相邻关系和层级相邻关系。因此，特征可以相互作用，条件是它们与各自的层级相邻或相隔一定距离。因此，没有指定特征的音段可以不受交互作用的影响。

统一特征理论提出了一套统一的特征来描述元音和辅音。这个特征组织的模型如（53）所示。典型的元音特征根据辅音的发音位置特征被重新定义，例如，元音舌后音[Dorsal]相当于辅音的前后维度中的“后”[+back]，元音舌冠音[Coronal]相当于辅音前后维度中的“非后”[-back]，元音的唇音[Labial]相当于辅音的圆唇[+round]，元音的咽喉音[pharyngeal]相当于辅音的低音[+low]。另外，它还一系列“开音节”特征[open]来取代“高”[high] 和“舌前音” [ATR]（Uffmann, 2006）。此外，辅音和元音特征之间的区别通过不同类别的层级结构表示。辅音特征是C-Place节点的子节点，而元音特征是V-Place节点的子节点。

（53）特征架构理论: 统一特征理论模型（Uffmann, 2006: 32）

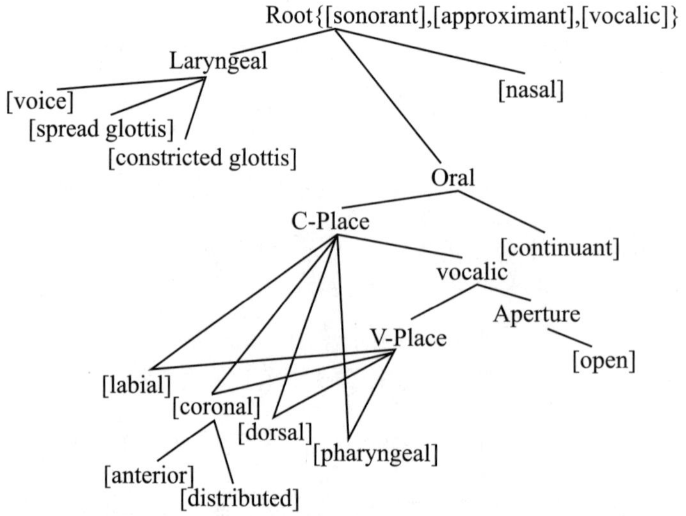

基于Clement/Hume的特征架构模型，我们可以得到汉语元音系统的特征参数如表5.5所示。

表5.5 汉语元音系统的特征参数

	i	y	u	ə	a
[唇音]		√	√		
[舌冠音]	√	√			
[舌后音]			√		
[咽喉音]					√
[开音节]	√				

分析在词尾中插入的元音时，应考虑相邻元音或辅音的同化作用。对于词首，要同时考虑侧边辅音和后面元音的作用。如果相邻的辅音或元音对自变量的值有显著的影响，我们可以推断同化发生了。然而，如果因变量没有显著的影响，相邻音不会影响所插入元音的音质，那么元音插入可以被认为是随机的，或默认元音发挥作用，这其中一种元音音质出现的频率比其他元音高。

假设插入元音变量的值由主要元音的值来决定，那么我们可以得出结论，插入元音的音质取决于主要元音的全复制、位置和谐或高度和谐的音系规则的影响。

两个变量代表相邻辅音的质量。一个变量代表相邻辅音的发音位置特征，包括双唇音、舌冠音和舌后音；另一个变量代表辅音的发音方式特征，呈现独立的变量编码，如爆破音、擦音、鼻音等。通过这些变量，我们可以推断出是否发生了辅音和元音的相互作用。如果相互作用发生，所插入的元音的选择应该受到这些变量的影响。

5.2.1　不规则词尾的元音插入

插入元音的比例可以计算出来。如果在不同的情况下总是插入同一个元音，则可将其视为默认元音。表5.6列出了在词尾辅音中插入的所有元音情况：

表5.6　词尾元音插入情况

元音插入	/ə/	/i/	/u/	/a/	/y/	双元音
数量	174	148	88	6	3	3
百分比	41.2%	35.1%	20.9%	1.4%	0.7%	0.7%

从数据分析来看，汉语元音/ə, i, u/几乎占了总数的97.2%，而其他插入元音所占比例很小，可以视为例外。本文将对不同的变量如何影响所插入元音的选择进行详细的分析。在分类分析中，所有的自变量都被认为是与插入元音的平行的比较。我们选择最强的影响因素，并将数据划分为几个子集，这些子集是基于同一类别的变量值。然后对每个子集进行相同的分析，寻找这个子集的下一个最强影响因素。因此，子集被进一步划分为更小的子集，这些子集彼此之间有很大的不同，产生了一个树状结构，表示如何可以进一步更准确地分类重要的变量，条件是其余变量与因变量有显著的交互作用。当将这些树形结构运用到实际分析中时，系统将变得更加清晰。结果显示如（54）：

（54）分类：词尾的元音插入

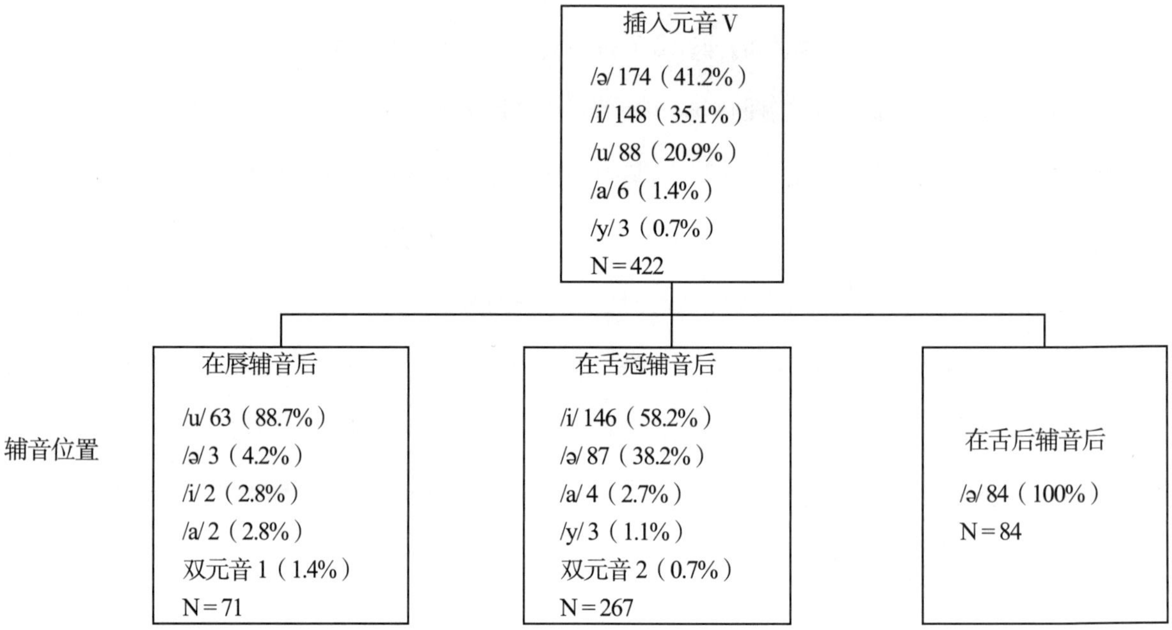

该树形图显示有88.7%的语料是在唇辅音后插入元音/u/，这说明元音前辅音的唇特征发挥了作用。此外，元音/i/一般插入在舌冠辅音后，而元音/ə/一般插入舌后辅音后。这种分析可以进一步研究是否有任何剩余的变量积极地作用于每个数据子集。

首先，我们对唇辅音后的插入元音进行更详细的讨论。唇音的分支树形图如（55）所示，唇辅音后的插入元音的选择也可能受到主元音音质和之前唇辅音发音方式的影响。因此，这个表单子集可以进一步细分。

（55）唇辅音之后插入的元音

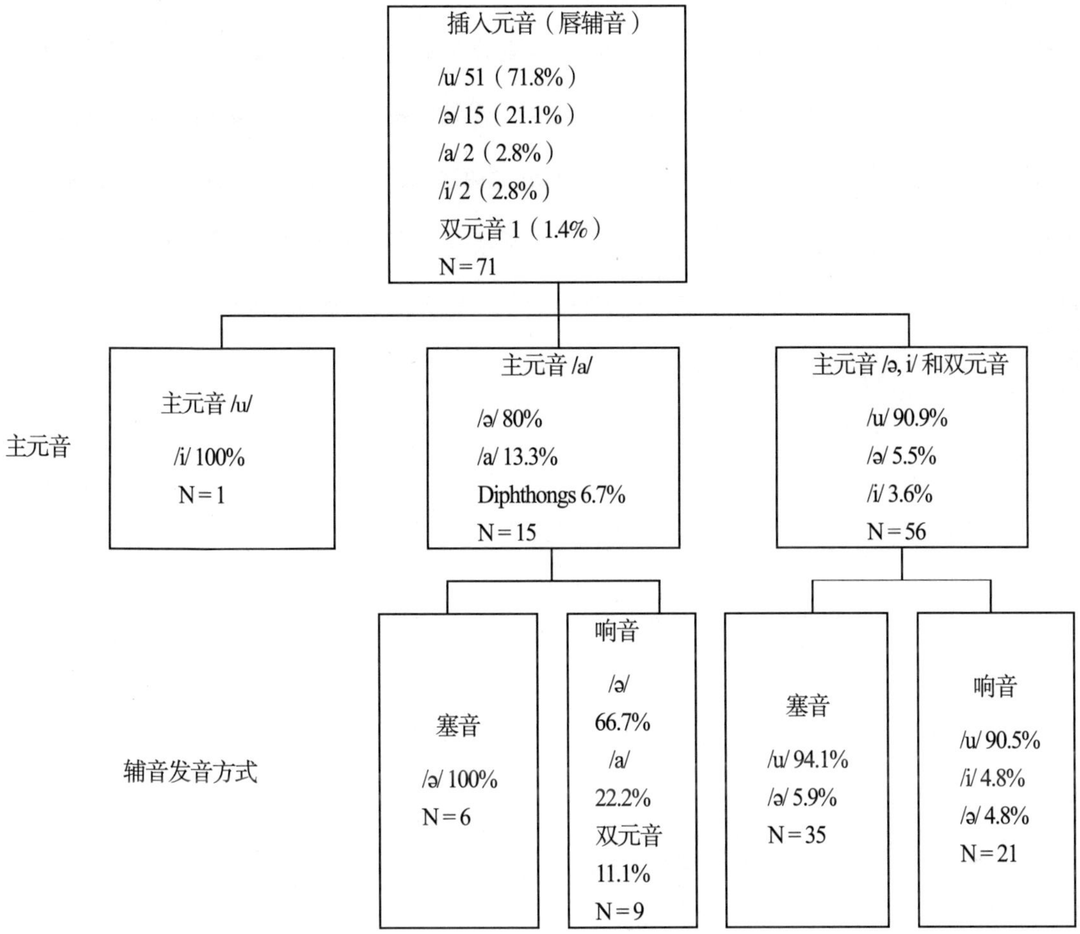

树形图（55）显示，元音/u/通常插入主元音/ə, i/和双元音之后。之所以选择插入元音/u/，不是因为主元音的扩散，辅音的发音方式也没有发挥重要作用，而是因为辅音同化，因为它们有共同的发音位置。（56）列出了该模式的具体例了。

（56）唇辅音后的元音插入

英语输入	国际音标IPA	汉语拼音
a. toft	[t^hwo-fu-t^hɤ]	tuò-fú-tè
serf	[sɤ-ɚ-fu]	sè-ěr-fū
rave	[ɹwei-wu]	ruì-wǔ
b. time	[t^hai-mu]	tài-mǔ

这些例子显示了 种普遍的趋势：在唇辅音之后，元音/u/被插入，在（56a）中的唇阻塞之后

（即/p, b, f, v/），以及在（56b）的响音/m/之后。

一个非常相似的模式出现在舌冠辅音后。元音/i/是迄今为止做插入元音最多的元音，占舌冠辅音后的所有插入元音的54.7%以上。虽然元音/i/在冠状辅音后更受青睐，但仍有子模式需进一步研究。主元音/i/后插入元音/i/的比例为59.8%，它们是否受到元音效应或辅音扩散效应的影响尚不明确。当考虑到第三个变量前面辅音的发音方式时，如分类树最下面的分支所示，该分析可以进行完善。显著的区别方式和发音方式允许更多的调整。舌冠擦音和塞擦音后插入元音的最优选择是元音/i/（即97%，只有3例是滑音/y/），而插入元音/ə/多见于舌冠爆破音后（即88.5%，即87例中的77例）。舌冠辅音后的插入元音的例子见（57）：

（57）分类树：舌冠辅音后的元音插入

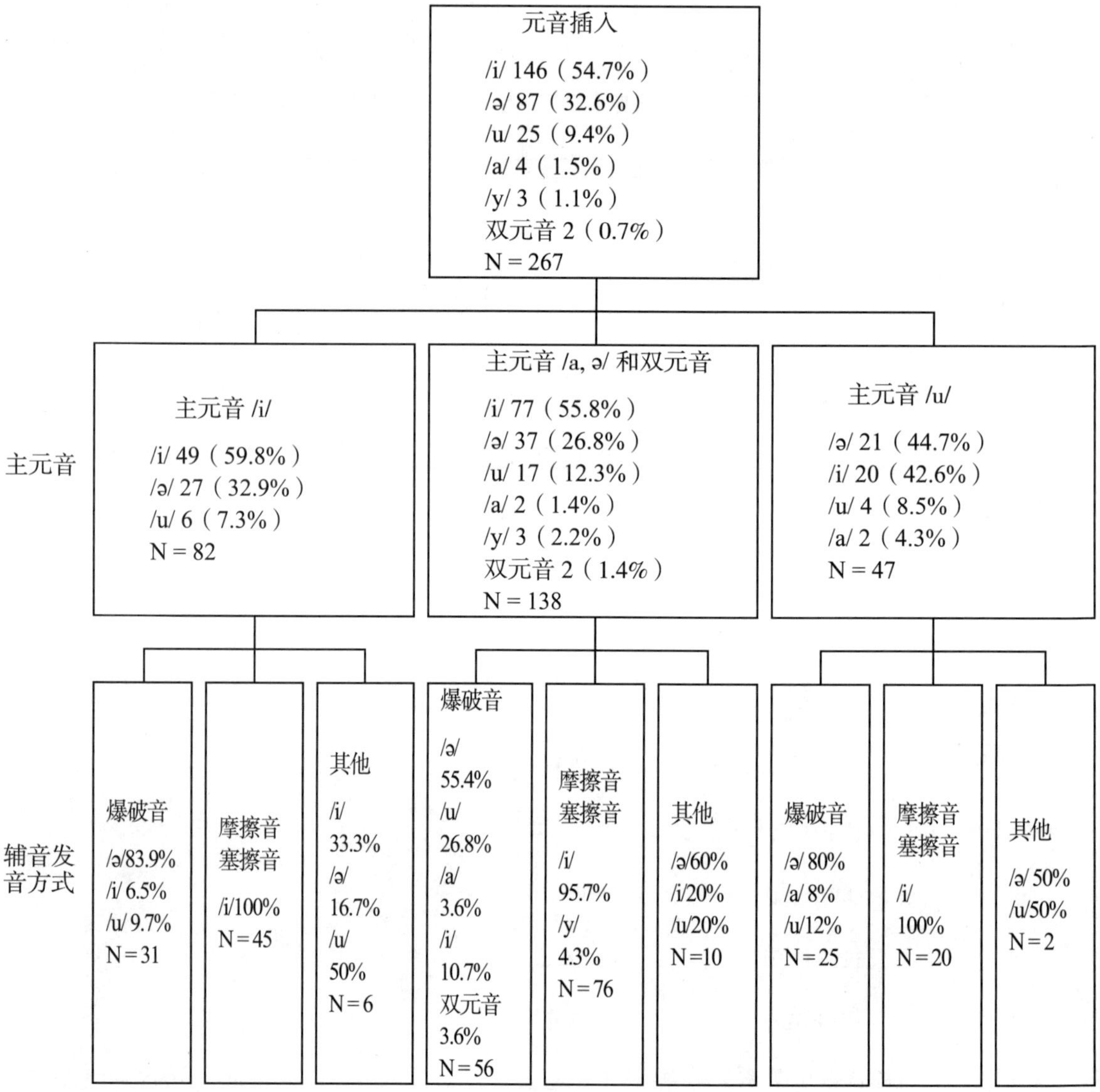

（58）舌冠音后元音插入

	英语输入	国际音标IPA
a. V-Spreading	politics	[pwo-li-ti-sɿ]
	prince	[pwo-lin-sɿ]
b. C-Spreading	mask	[mA-sɿ-kʰɤ]
	ace	[ai-sɿ]

对于舌后辅音，只有一个不变的元音/ə/插入在各种主元音之后。汉语元音/ə/因为在不同的语境中有不同的音位变体，所以没有具体固定的前后维度。进一步研究发现，插入元音/ə/一直被理解为汉语[ɤ]的变体，具有[+后]的特征，故此处为舌后音[Dorsal]。因此，元音变体[ɤ]可以看作是前面辅音的扩散，因为它们都有舌后音[Dorsal]的特征。其中29.8%插入元音/ə/后面的是主元音/ə/，可以认为是元音的扩散。此外，发音的方式只有软腭爆破音。因此，我们可以得出这样的结论：元音/ə/总是插入到软腭爆破音之后。示例如（60）：

（59）舌后辅音的元音插入

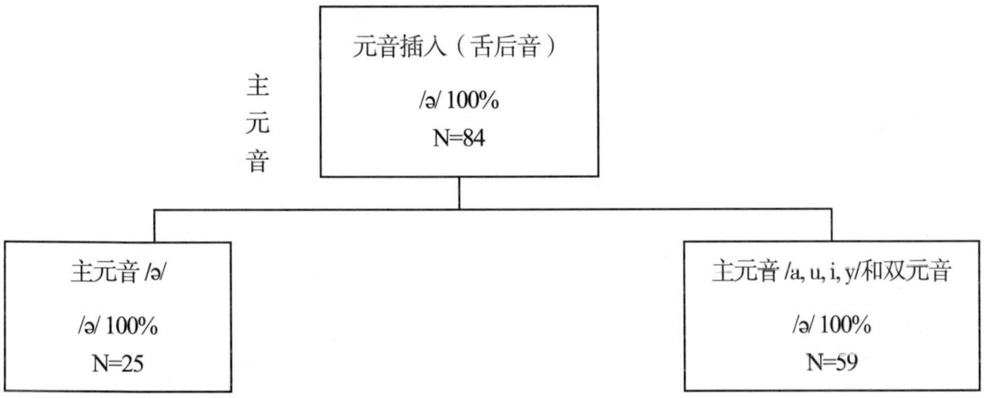

舌后辅音后的元音插入（60）：

（60）	英语输入	国际音标IPA
a. C-spreading	dink	[tiŋ-kʰɤ]
辅音扩散	stick	[sɿ-ti-kʰɤ]
	duke	[tu-kʰɤ]
b. V-spreading	punk	[pʰəŋ-kʰɤ]
元音扩散	dink	[tjəŋ-kʰɤ]

5.2.2 词尾插入的特征架构

根据Uffmann（2006），有三种方法可以决定应该选择哪个插入元音。首先是默认元音策略，如果在不同的情况下总是插入同一个元音，则可视为默认元音；第二是元音复制或元音和声，即插入元音具有主元音的全部或部分特征；第三是辅音扩散，它复制了前面的辅音的特征。这些策略在（61）的自主音段表征中显示（括号表示插入的材料）。在（61a）中，插入特征，在（61b）中，特征从主元音扩展，而在（61c）中，特征从前面的辅音扩展。

（61）

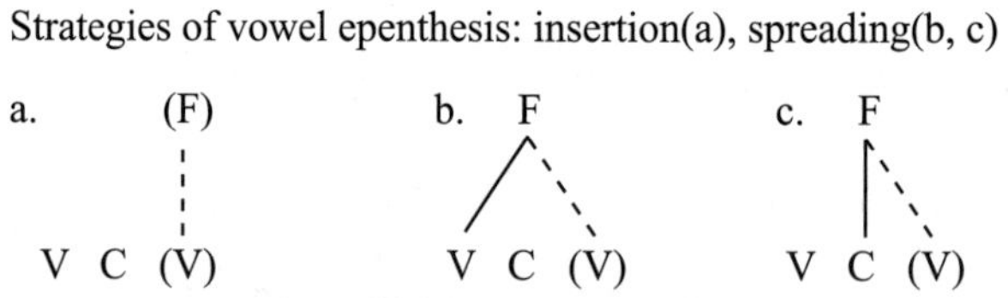

在汉语中的英源外来词，插入元音的选择主要采取的是辅音扩散策略。例如，唇元音/u/插入在唇辅音后，如[p, p^h f, m]，舌冠音/i/插入汉语舌冠辅音后，[s, ts, ts^h, ʂ, tʂ, $tʂ^h$, t, t^h, n, l, ɕ, tɕ, $tɕ^h$]，舌后元音/ə/一般插入舌后辅音[k, k^h]。英语输入*jeep*，进入汉语后借为*[tɕi-p^hu]*，这是受到了辅音发音位置特征[唇音]的影响，这个特征扩散到所插入的元音，产生了唇元音，因此，（62）展示了辅音特征扩散的具体步骤：

（62）英语输入*jeep /dʒip/* 映射为汉语输出*[tɕi-p^hu]*

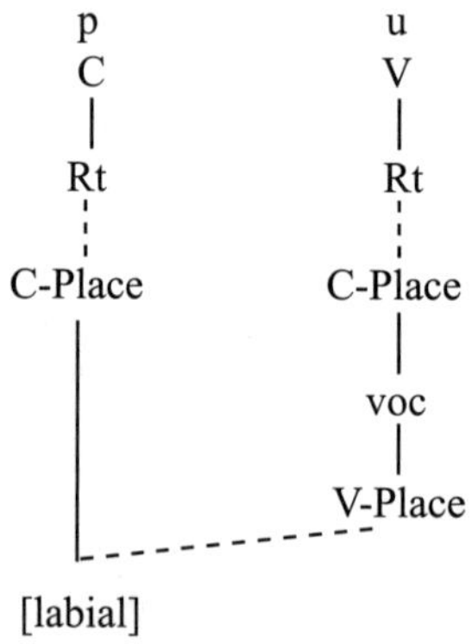

有时，所插入的元音并不是与它之前的辅音共享特征，而是因为元音和谐原则，与该词的主元音特征一致。例如，英语单词*foot*在汉语中借为*[fu-t^hu]*。见（63）所示：

（63）　英语输入 foot /fut/ 映射为汉语输出 [fu-tʰu]

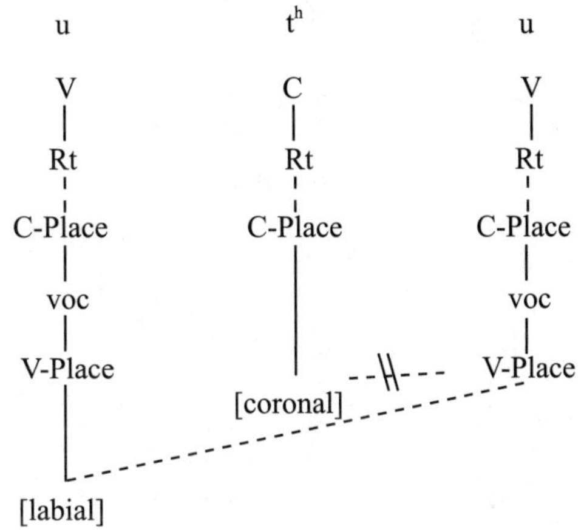

最后一种方法是插入默认元音。例如，如果辅音是舌冠辅音，主元音是/i/或/a/，而插入元音的是/ə/，那么就是采取的默认元音的策略。例如，英语*tonite* /ˈtənaɪt/ 借入为汉语 *[tʰu-nA-tʰɤ]* 显示为（64）。

（64）英语输入 *tonite* /ˈtənaɪt/ 映射为汉语输出 *[tʰu-nA-tʰɤ]*

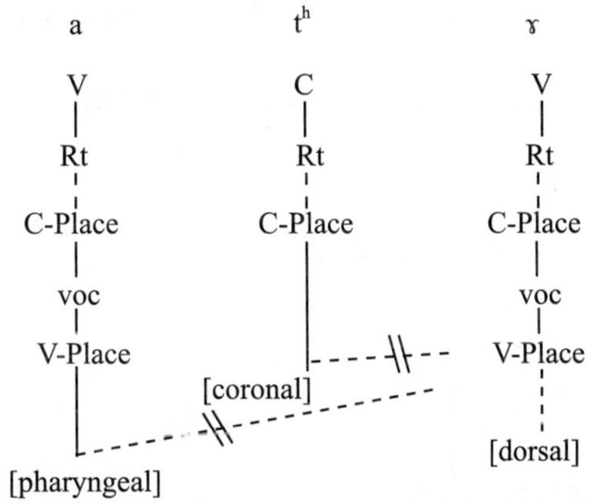

5.2.3　不规则词首的元音插入

在汉语中，插入元音主要是为了阻隔英语的辅音连缀现象，如（65）所示。词首辅音连缀类型（C_1C_2）可以归纳为以下几种：阻塞音＋流音（如, /pl-/, /kl/）；s＋鼻音（如, /sn/, /sm/）；s＋爆破音（如, /st-/, /sk/）和 s＋滑音（如, /sw-/）。不同类型的辅音连缀及各自插入元音的策略显示如下。

（65）词首辅音连缀的元音插入策略

（a）阻塞音＋流音型词首辅音连缀

clan	[kʰɤ-lan]	kè-lán
trust	[tʰwo-lA-sɿ]	tuō-lā-sī

（b）s＋鼻音型词首辅音连缀

smart	[sɿ-mɑu]	shí-máo
snooker	[sɿ-nwo-kʰɤ]	sī-nuò-kè

（c）s＋爆破音型词首辅音连缀

stance	[sɿ-tʰan-sɿ]	sī-tǎn-sī
school	[sɿ-ku-lɤ]	sī-gǔ-lè

（d）s＋滑音型词首辅音连缀

switch	[sɿ-wei-tsɿ]	sī-wéi-zǐ
sweat	[sɿ-wei-two]	sī-wèi-tuō

词首辅音连缀的插入元音的音质如表5.7所示。元音/i/充当插入元音的次数最多（41.3%），紧接着是元音/ə/（26.5%）和元音 /u/（25.8%），其他元音很少充当插入元音。这个趋势与我们上节讨论的词尾辅音后插入元音的情况基本一致。

表 5.7 词首连缀元音插入情况

插入元音	/i/	/ə/	/u/	/a/	双元音
数量	64	41	40	6	4
百分比	41.3%	26.5%	25.8%	3.9%	2.5%

与分析词尾元音插入的情况相同，词首辅音连缀的元音插入策略分析，我们也使用了分类树，以观察所插入元音的音质是否受因变量值的影响。在词首的辅音连缀中，第一个辅音C_1的发音位置是最强的指标（如辅音/p/在词首辅音连缀 /pl/中或者辅音/s/在辅音连缀/sn/中，p <.001）。但是，这里的分类树进行了重构。分类树仍然生成相同类别的数据，只是采用了与词尾辅音元音插入分析不同的模式。所有的插音元音被分为三个子集：在爆破音/鼻音/滑音前的元音插入，在流音前的元音插入，在摩擦音前的元音插入。数据在第一个分类树中以图表形式给出（66）：

（66）词首辅音连缀的元音插入

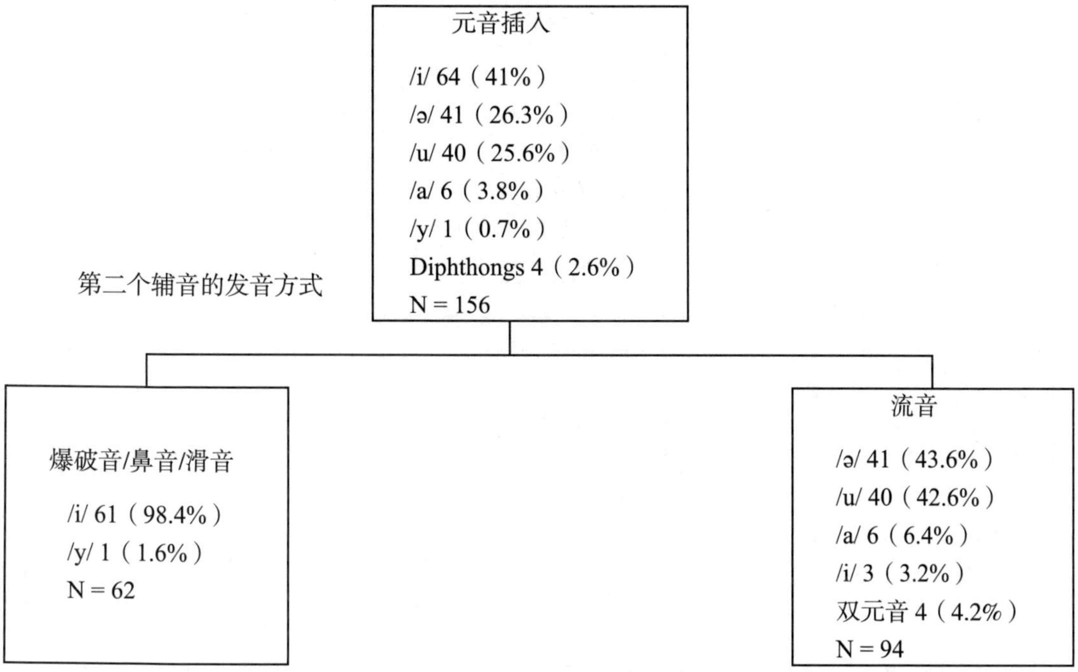

（66）最左边的节点分析的是元音插入词首摩擦音/s/和爆破音/鼻音/滑音辅音连缀的情况。由于辅音连缀中第一个辅音总是/s/，所以它都是选择元音/i/作为插入元音（98.4%）。在所有的62个例子中，元音/i/都是插入元音，只有一个例外元音/y/。因此，英语词首辅音连缀/sC/类型借入汉语中通常映射为/sɿC/ 或 /ʂʅC/。所以，这个辅音连缀的类型没有必要再进一步细分。在（67）中列出了/sC/辅音连缀中插入元音/i/的例子：

（67）/sC/辅音连缀的元音插入

英语输入	国际音标IPA	汉语拼音
estate	[e-sɿ-tA]	é sī dá
spinet	[sɿ-pi-nje-tʰɤ]	sī bǐ niè tè
suede	[sɿ-xwei-kɤ]	sī huì gé
smart	[ʂʅ-mɑu]	shí máo

插入辅音＋流音型辅音连缀的元音是非常复杂的。从（66）显示出的元音的整体分布来看，插入元音/u/和/ə/出现的频率大致相同。这个观察结果进一步分析，第一个辅音的发音位置对所插入元音的选择有很大的影响。（68）的分类树显示最具影响力的指标是前面辅音的发音位置。唇元音/u/插入唇辅音后面，元音/ə/（实际为汉语元音变体[ɤ]）插入舌后辅音后面。

（68）分类树：塞擦音＋流音型的辅音连缀

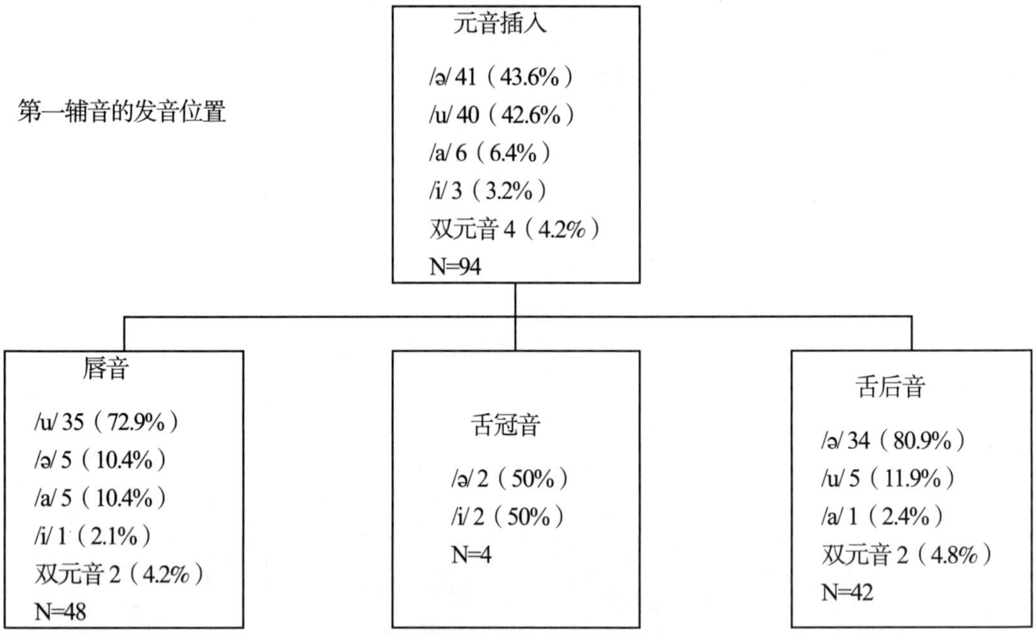

同样，通过考虑其他变量，尤其是辅音连缀后的主元音音质，结果可以进一步细化。从图（69）中我们可以看出，主元音对所插入元音的影响不大，只有少数情况下所插入元音与主元音一致。

（69）分类树：阻塞音＋流音型辅音连缀

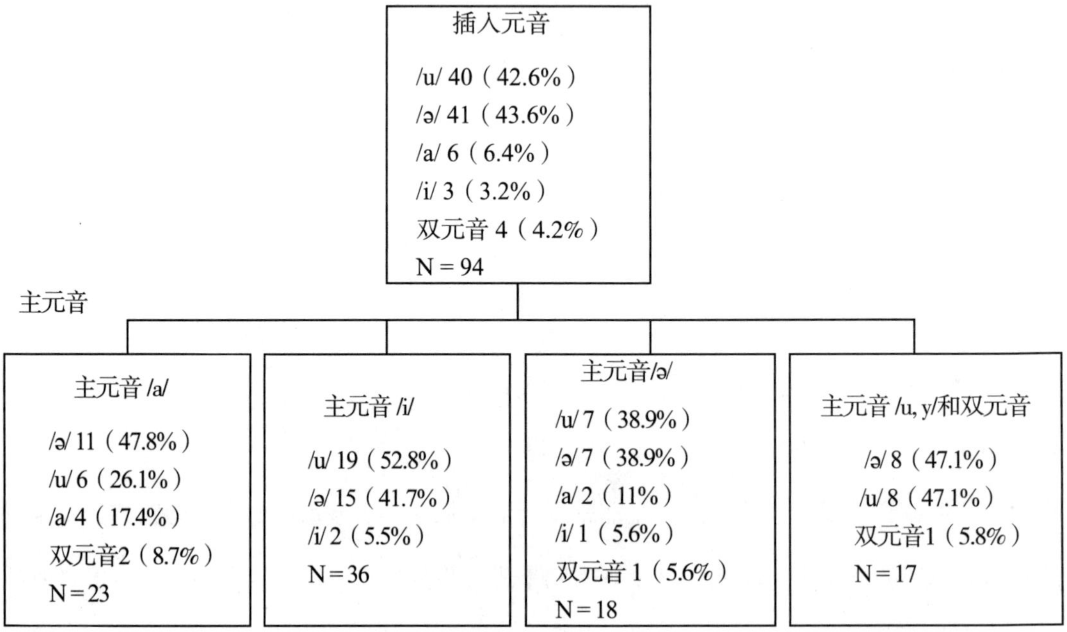

5.2.4　词首元音插入的特征架构

对于词首辅音连缀的元音插入的分析类似于不合规则的词尾辅音后的元音插入分析。起决定性的因素还是前面辅音的发音位置。元音/u/插入唇辅音后面，元音/i/插入舌冠辅音后面，元音/ə/插入舌后辅音后面。例如，英文单词*primate* > 汉语 *[pu-lA-mwo-tʰɤ]* 在（70）中给出。在这里，[唇音]从第一个辅音扩散到插入元音/u/。

（70）元音/u/插入唇音＋流音型辅音连缀

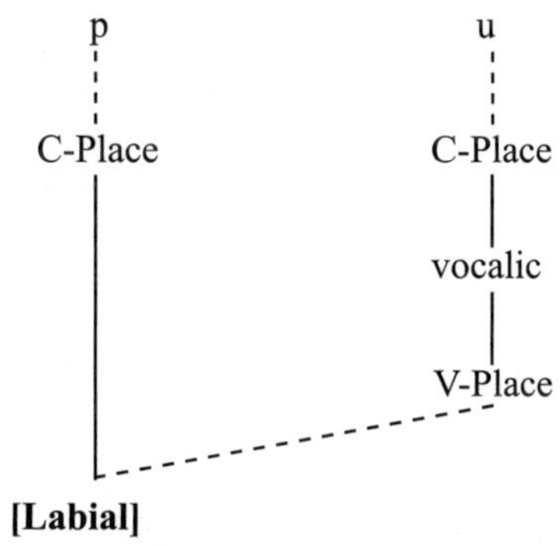

在/sC/辅音丛中，[舌冠]特征从摩擦音/s/持续向插入元音扩散，如图（71）所示，英语*space* > 汉语 *[sɿ-pʰei-sɿ]*。由于第二个辅音具有的是[唇音]特征，所以[舌冠]特征到元音插入为止，而[唇音]特征继续向右扩散。在上文中所讨论的词尾元音插入的情况下，这是唯一可能的方向（没有音段向左扩散）。如果有选择，词首元音的插入特征也是向右扩散。

（71）[舌冠] 特征在/sC/ 辅音连缀中向右扩散，例如，英语*space* > 汉语*[sɿ-pʰei-sɿ]*

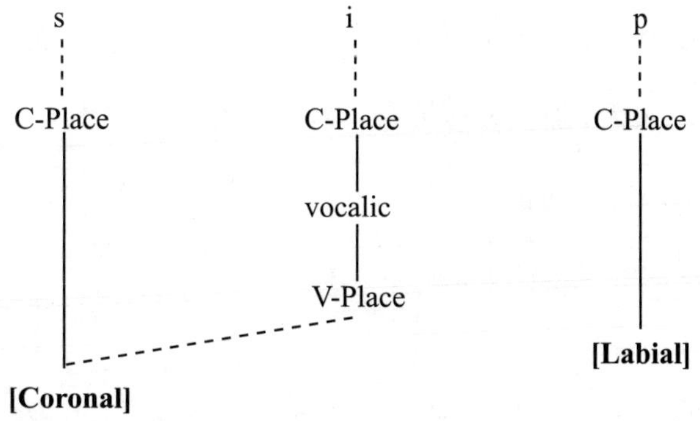

元音和谐可以看作是主元音发音特征的扩散，如（72）grotesque > [ku-lu-tʰɤ-sɿ-kʰɤ]。与词尾元音插入相比，扩散的方向是相反的，词尾插入元音的特征是接收了前面的元音而不是后面元音的特征。

（72）舌后辅音＋流音型的元音和谐，例如，英语*grotesque* > 汉语*[ku-lu-tʰɤ-sɿ-kʰɤ]*

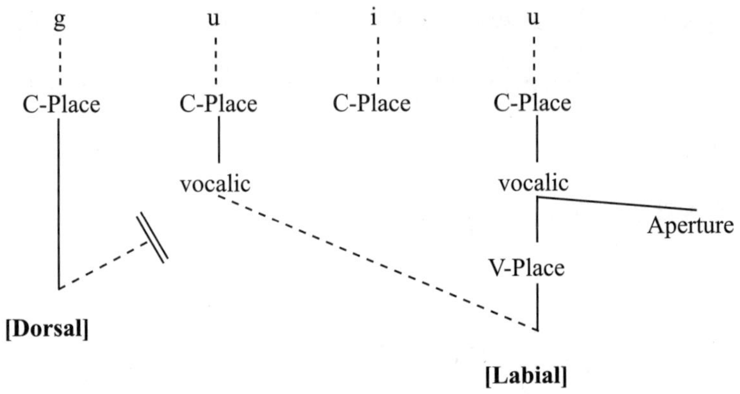

5.3　本章小结

通过数据分析，我们可以得出如下结论：第一，删除或保留的频率与音素类别有关。单辅音做词尾和辅音连缀做词尾的删除率一致：流音 > 鼻音 > 阻塞音，这与不同类型的辅音丛的删除率一致：鼻音 /V__ $]_\sigma$>阻塞音 /V__ $]_\sigma$>流音 /V__ $]_\sigma$.。第二，在词首的音段比在词尾的音段更具有知觉凸显性：C /$_\sigma$[__（C）V > C /V（C）__ $]_\sigma$。第三，相同的辅音段在不同的辅音丛中表现出不同的删除率。因此，我们可以得出不同的辅音丛类型的显著性等级：（i）摩擦音/ V鼻音__ $]_\sigma$> 爆破音 / V鼻音__ $]_\sigma$（ii）流音 / V阻塞音__ $]_\sigma$>流音 / __阻塞音V $]_\sigma$（iii）阻塞音 /V 响音__ $]_\sigma$> 阻塞音 / V 响音__ $]_\sigma$.

汉语中使用频率最高的插入元音是/i, u, ə/，这些元音相对发音时长较短，不具有知觉凸显性特征。在这三种元音插入策略中，辅音扩散是元音插入最强的影响因素。在不合规则的词尾中，唇元音/u/插入唇辅音之后，舌冠元音/i/加在舌冠辅音之后，舌后元音/ə/插入舌后辅音之后。同样的模式发生在词首辅音连缀中，C_1位置的辅音对之后的元音插入影响最大。此外，本研究中还使用了特征架构表征来演示扩散过程以及解释选择某些插入元音的原因。

第6章　英语超音段特征借入汉语的映射规律

6.1　英汉超音段特征比较

语言语音系统之间的差异不仅在于系统所含音段的数量和性质的不同，还在于超音段特征的表现及实现方式上的区别。超音段成分同样可以用来区别词汇的意义，是语言语音系统必不可少的组成部分。在词汇借用的过程中，借入语也要以某种方式实现这种韵律特征。因而，如果源语言和借入语所运用的超音段特征的实现方式并不一致，则要考虑二者如何映射的问题。

从韵律的角度看，世界上的语言包括重音语言和声调语言。对于如何区分重音语言和声调语言的特征和性质，学界的观点也比较一致：重音语言指的是在词的层面有韵律凸显的语言，它要求每一个词汇项至少有一个音节被标记为最高程度的韵律凸现性，即主要重音，但同时被标记为最高程度韵律凸显性的音节也只能有一个；声调语言指的是在词的层面有音高特征的语言，通过音高的变化来区别词素的意义。

英语是典型的重音语言，音节为其重音的承载单位，承载重音的音节比非重音的音节更具有凸显性。英语的重音位置是可以预测的，因此，重音是词汇层面的重要组成部分，是词汇音系的输出形式，不需要出现在底层表征。英语重音的声学关联包括基频、音强和音长。从声学的角度分析，英语重读音节往往比非重读音节的基频更高、音强更大强、持续时间更长（Yavas, 2016）。

对于汉语是否存在重音的讨论一直存在。如果汉语有重音，那么英语的重音在借入到汉语时，是否存在一一映射的关系？如果汉语没有重音，那么英语重音以超音段特征借入汉语后将如何映射？赵元任（1968）提出“在没有中间停顿的一连串的带正常重音的音节中，最后的音节最重，其次是第一个音节，中间的音节最轻”这一说法，这是几十年来关于汉语词重音最为权威的说法，即所谓的“右重论”或“后重论”。王志洁、冯胜利（2006）的研究考虑到重音的表现及其与声调的关系，采用以“最小差别对”为手段的“声调对比法”，仍然利用语感进行判断，但得出了与以往不同的结果。他们认为就汉语的词重音而言，“左重类型”存在无疑。另外，赵元任先生虽然为汉语的词重音提出后重模式，但同时也不得不承认北京人实际对于重音的位置并没有一致的语感，亦同样提出母语者对词层面各音节的轻重难以断定。从上述感知研究的结果来看，既有左重类型，也有右重类型，似乎对汉语词重音的感知很难达到一致。

还有学者通过语音试验来确定汉语是否存在重音及其重音类型。林茂灿、颜景助和孙国华（1984）选取了两字组十六个声调组合共一百零三个例子，请多位从事语音研究的学者听辨、感知，并用仪器进行检测，其结果是北京话目前并无一定要读前重的两字组。后字比前字读得重一些，听起来比后字突出清晰是北京话正常重音的主要现象，这一试验结果支持“后重论”。王晶、王理嘉（1993）运用负载句的方法做了重新研究。他们的试验主要考察了普通话双音节词的时长问题，结果显示普通话双音节词中词首音节的时长长于词末音节，由于音长是重音的重要声学相关物，从而得出普通话双音节词重音模式是“前重”。由此可见，语音试验的结果也很难达成一致。

以上研究表明，汉语重音的研究结果莫衷一是，无法确定汉语的词层面上是否有重音或者汉语虽然有重音，但被其他特征掩盖掉了。如果借入者无法感知到汉语的重音，那么在借用过程中也无法将英语重音与汉语的词重音对应起来，在外来词借入的过程中，英语重音也就无法映射到汉语的重音层面。那么汉语是如何实现英语超音段的借入呢?

英语的重音和汉语的声调都属于韵律层面的特征，在词层面上，英语用音高来区别音节的轻重，而汉语用音高来区别词的语音和意义。音高与基频密切相关，同样，汉语的声调也可以用音强和音长来分析，既然两种语言的韵律成分可以用相同的声学特征来描述，那么我们就可以预测这种联系可能会发展成为重音-声调的对应映射关系。另外，汉语的每个汉字都要承载一个声调，所以声调的指派是否与英语的重音形成某种有规律的映射也是我们研究的重点。

之前很少有研究分析英语的超音段特征借入汉语的映射规律。Wu（2006）研究了英语借入中国台湾地区普通话的超音段特征映射规律。她基于语料库数据和实验结果讨论了英源外来词在中国台湾地区普通话中的声调映射规律。结果表明，英语超音段特征的借入与英语词首辅音和汉语的母语词汇以及声学相似性紧密相关。Wu主要从两个方面分析了英语超音段特征的借入：辅音的响度和送气与否。数据显示，英语词首重读音节映射为响音比映射为阻塞音更易指派为二声调而不是一声调。她还指出，英语词首重读音节相对应的中国台湾地区普通话词首送气音节，往往比相应的不送气词首更容易指派二声调。Wu研究使用的数据属于中国台湾地区普通话，在某些方面与汉语普通话有所不同，在这里只分析声调方面的差异。根据Lin（2007）的研究，中国台湾地区普通话很少有又轻又短的非重读音节，双音节词中的中间过渡音通常会将声调发全而不吞音。例如，东西在汉语普通话中是$[tuŋ]_{55}[ɕi]_{2}$，而在中国台湾地区普通话中是$[tuŋ]_{55}[ɕi]_{55}$。在汉语普通话中，三声在另一个音之前时声调音高值是21，但在最后一个位置时声调音高值仍然是214，但中国台湾地区普通话通常没有三声的最后一个升音。例如，很好在汉语普通话中是$[xən]_{35}[xɑu]_{214}$，而在中国台湾地区普通话中是$[xɛn]_{35}[xɑu]_{21}$。其他声调差异包括：（i）在某些词中使用与汉语普通话不同的声调，如jiào xué，教学在汉语普通话中的第一个声调是四声，但中国台湾地区大多数普通话使用者在发这个词的音时，将第一个音节发为一声；（ii）中国台湾地区普通话中，尤其是在和孩子说话时，经常使用固定的三声加二声的序列来表示重复的亲属称谓，例如弟弟，在汉语普通话的发音是$[ti]_{53}[ti]_{1}$，而在中国台湾地区普通话中的发音为$[ti]_{21}[ti]_{35}$（端木三, 2007）。因此，Wu的实验结论并不适用于汉语普通话。

Hao（2009）研究了英源外来词在粤语中的声调映射规律。研究结果表明：1）英语的主、次重读音节在粤语中均呈高声调；2）主重音前的非重读音节呈中声调，主重音后的非重读音节呈低声调；3）插入辅音丛中的元音通常映射为低声调。但英语映射为粤语也有例外，受英语辅音丛类型、音素类别、音节位置等因素的影响。如果所借的英语源词是动词，那么重读音节一般映射为粤语的低声调。此外，非重读音节如果位于两个高音调音节之间，那么有时也会映射为高声调（即高原效应）。粤语声调为“九声六调”，即九个声调（阴平、阳平、阴上、阳上、阴去、阳去、阴入、中入、阳入），六种调值（阴平跟阴入调值相等，阴去跟中入调值相等，阳去跟阳入调值相等。调值相等的两个对应的不同声调其主要不同之处在于入声带韵尾而平上去声不带韵尾，其抑扬性相同而顿挫性不同）。一种声调对应一种发声，六种声调对应六种发声，剩下三种发声就是入声。其中六个发声出现在开音节或以响音结尾的闭音节中。入声出现在以爆破音结尾的音节中，且该音节比其他音节短。粤语声调由Bauer和Benedict（1997）的音高数值表示，5表示最高音调，1表示最低音调。Hao（2009）使用字母H、M和L来表示音高。H表示5和4，M表示3，L表示2和1。表6.1列出了Bauer和Benedict以及Hao标示的九种粤语声调。

表6.1　粤语声调音高值列表

	阴平	阴上	阴去	阳平	阳上	阳去	阴入	中入	阳入
B&B	55	35	33	21	23	22	5	3	2
Hao	HH	LH	MM	LL	LM	LL	H	M	L

Glewwe（2015）研究了影响英源外来词声调借入的因素，考虑了响度、送气、重音和清浊等因素。以往对汉语中英语外来词声调的研究对清浊因素的探讨不足。由于清浊是英语的一个区别特征，而在汉语语音中则不然，因此英语和汉语并不能完全匹配。然而，研究结果表明，英语清浊特征可能是汉语声调映射的一个重要决定因素。英语的响音和浊阻塞词首往往会触发升调赋值，而英语的清阻塞音会触发高调赋值。这可能是由于浊音和清音引起的基频扰动所致。英语重音在汉语声调映射中的作用有限。

Glewwe的数据包括英源外来词的专有名词和普通名词。汉语专有名词的声调受到了汉字语义的极大影响，使得专有名词的结果与普通名词不同，因为专有名词通常由中国政府和机构组织翻译，遵循一般借入规律和规则，这些规则以语音相似性为基础。因此，本研究排除了受汉语语义影响的专有名词，如人名或地名。此外，通过香港或台湾地区借用的英源外来词也被排除在外，因为它们与汉语普通话有不同的声调。

6.2　不含插入元音音节的声调指派规律

本研究试图验证之前的关于英语映射为汉语声调的假设。基于之前的研究，有几个因素可能会影响汉语声调的指派：重音、响音、送气和清浊。首先，本研究重新验证了英语重音到汉语声调的映射假设，忽略响音、送气和清浊等区别特征。表6.2显示了英语重音对汉语声调指派的影响。

表 6.2　英语重音映射为汉语不含插入元音音节声调的规律

声调 / 数量 / 英语重音	一声调	二声调	三声调	四声调
主重音（N=1053）	382（36.3%）	251（23.8%）	192（18.2%）	228（21.7%）
次重音（N=90）	33（36.7%）	14（15.5%）	18（20%）	25（27.8%）
非重音（N=1337）	380（28.4%）	347（26%）	215（16.1%）	395（29.5%）

卡方检验显示了不同重音类型在汉语声调指派上的总体差异（$\chi^2 = 32.353, p < .001$）。英语主重读和次重读音节倾向于映射为汉语一声调，而英语非重读音节倾向于映射为汉语四声调。与英语主重读音节相比，英语次重读音节映射为二声调的频率较低，而映射为四声调的频率较高。主重读音节和次重读音节映射差异无统计学意义（$\chi^2 = 4.002, p = .261$）。另外，非重读音节的声调分布与主重读音节和次重读音节的声调分布存在差异，卡方结果显示主重读音节和非重读音节的声调分布存在显著差异（$\chi^2 = 28.132, p < .001$），但次重读音节和非重读音节之间差异不显著（$\chi^2 = 6.467, p = .091$）。测试的结果表明，主重读音节和次重读音节的声调分布是相似的，而非重读音节的声调分布是不同的。英语映射为汉语一声调的倾向可能反映了汉语和英语二语习得者努力用音高曲拱来保持英语重音。与此同时，非重读音节比主重读音节指派为一声调的频率更低，指派为二声调的频率更高。这种转变表明，汉语普通话借入者努力用从中等音高开始的音调来模仿英语非重读音节的低音高。而且，英语的非重读音节比重读音节更容易映射为汉语的四声调。这种倾向可能有两个原因：第一，跟声调的持续时间有关。因为英语重读音节音长更长，而汉语的一声调和四声调的音长最短。因此，汉语的一声调和四声调与英语非重读音节匹配得更好。因为英语的主重读和次重读音节往往映射为汉语的一声调，所以英语非重读音节只能映射为汉语的四声调；第二，汉语四声调是汉语使用频率最高的声调。Surendran（2007）基于40,000个音节的汉语语料库上进行了研究，发现大约三分之一的汉语字使用了四声调。

本研究也分析了非重读音节的位置对汉语声调的影响。表6.3列出了语调核心前、语调核心后和既不位于语调核心前又不位于语调核心后的非重读音节。

表6.3　非重读音节的不同位置对非元音插入音节的映射影响

声调 / 数量 / 音节位置	一声调	二声调	三声调	四声调
所有（N=1337）	380（28.4%）	347（26%）	215（16.1%）	395（29.5%）
语调核心前（N=281）	105（37.3%）	53（18.9%）	55（19.6%）	68（24.2%）
语调核心后（N=850）	209（24.6%）	240（28.2%）	131（15.4%）	270（31.8%）
均无（N=206）	66（32%）	54（26.2%）	29（14.1%）	57（27.7%）

卡方检验结果显示，英语非重读音节的不同位置对汉语声调指派影响差异显著（$\chi^2 = 27.673, p < .001$）。英语语调核心前的非重读音节映射为汉语一声调的频率最高，而英语语调核心后的非重读音节映射为四声调的频率最高。英语语调核心前和英语语调核心后对汉语声调分布影响差异显著（$\chi^2 = 25.250, p < .001$），表明英语音节位置的不同显著性对汉语声调映射有重要影响。因为英语紧挨重音之前的语调核心前占据了相对突出的位置，因此它们映射为汉语高声调是合理的。主调核心后的音节倾向于映射为汉语四声调，其音长时间最短，因此最不突出。然而，与语调核心不相邻的非重读音节更倾向于映射为汉语一声调和四声调，这可能是由于这些声调的音长较短。非重读音节在语调核心前和非相邻语调核心位置、语调核心后和非相邻语调核心位置的音调分布规律相似（$\chi^2 = 6.524, p = .089$ and $\chi^2 = 4.871, p = .182$）。值得一提的是，所有英语非重读音节倾向于映射为汉语四声调的是因为这些非重读音节位于语调核心后，该位置的非重读音节构成了语料库中非重读音节的大部分。

综上所述，英语重音与汉语声调之间存在一定的映射关系，但英语重音之外的其他因素也在起作用。这一结果与Wu（2006）的研究结果一致。

送气与否是另一个需要考虑的因素。表6.4列出了非元音插入的音节的声调映射情况，这些音节的词首的爆破音或塞擦音根据送气特征分类，这与Glewwe's（2015）的分类一致。

表6.4　根据英源外来词音节词首送气特征分类的映射情况

声调 / 数量 / 英语输入	一声调	二声调	三声调	四声调
送气（N=946）	343（36.2%）	189（20%）	165（17.5%）	249（26.3%）
不送气（N=176）	69（39.2%）	29（16.5%）	35（19.9%）	43（24.4%）

卡方检验表明，英语以送气音为音节首映射的汉语声调分布与英语不送气音为音节首的声调分布相似（$\chi^2 = 1.988, p = .575$）。因此，送气并不影响英源外来词的声调借入。

之前的研究也考虑了清浊特征对汉语声调指派的影响。然而，关于清浊的研究可能还不够充分，因为只有英语中存在清浊特征的对立，汉语中并不存在。例如，Wu的研究只考虑了送气因素的影响。Chang和Bradley（2012）只研究了英语源词和汉语输出所共享的特征的影响。但是，他们并没有考察清浊特征对汉语声调指派的影响。Glewwe对清浊因素做了更具体的研究，认为响音和送气因素对汉语声调分配的影响实际上是清浊对汉语声调分配的影响。本研究的语料库中使用了181个无元音插入的外来词音节，这些音节的音节首对应英语中的浊爆破音或塞擦音。此外，在语料库中，183个中有163个英语浊塞擦音（90%）映射为汉语的不送气音，这与Glewwe's的研究结果一致，但与Wu的发现不一致，他的实验结果表明只有一半的英语浊爆破音词首映射为汉语的不送气爆破音。表6.5根据汉语送气特征分类，列出了无元音插入的外来词音节的音节首源于英语浊塞音（比如，爆破音和塞擦音）映射为汉语声调的分布情况。

表6.5　汉语送气与否无元音插入外来词音节首源于英语浊摩擦音的映射情况（N = 181）

声调 / 数量 / 汉语送气特征	一声调	二声调	三声调	四声调
送气（N=18）	4（22.2%）	12（66.7%）	0（0%）	2（11.1%）
不送气（N=163）	65（39.9%）	40（24.5%）	18（11.1%）	40（24.5%）

从上面的分析可以看出，与英语浊塞音相对应的汉语送气音节最有可能获得二声调。这一结果证实了之前的研究结果。例如，Wu发现与英语浊爆破音相对应的汉语送气爆破音更倾向于映射为二声调。在Glewwe的研究中，28/29个对应英语浊爆破音的汉语送气音映射为了二声调。此外，本研究还验证了汉语声调指派对于二声调的偏好并不是因为汉语音节的空缺（有很多汉语音节只有二声调而没有其他声调，如dé）。事实上，对于这些汉语送气音节的声调指派，至少有两个声调可供选择。然而，即使有其他选择，二声调仍然是首选。因此，汉语送气音节首基本都倾向于指派二声调，示例如（73）所示：

（73）英语无元音插入的浊塞音音节对应汉语送气音节的声调指派情况

英语输入	汉语拼音	汉语国际拼音
definition	tí fēi ní xún	[tʰi-fei-ni-xwən]
daiquiri	tái kè lì（jiǔ）	[tʰai-kʰɤ-li]
bearing	péi lín	[pʰei-lin]
dumping	tún bìng	[tʰwən-pjəŋ]
dado	tái dù	[tʰai-tu]

英语浊爆破音和塞擦音对应的汉语不送气音节比汉语送气音节更容易被指派为一声调。考虑到英语浊塞音和塞擦音通常映射为汉语的不送气音段（总共405个音节中有365个映射为汉语不送气音，占90%），汉语不送气音映射为一声调的偏好与上文分析的送气结果是一致的。与不送气英语音节相对应的汉语音节更易被指派为二声调（见表6.4）。与英语浊爆破音和塞擦音对应的汉语不送气音节的声调分布示例见（74）：

（74）

英语输入	汉语拼音	国际音标IPA
academy	ā jiā dì mǐ	[A-tɕjA-ti-mi]
soda	sū dá	[su-tA]
bar	bā	[pA]
barrel	bǎ liè ěr	[pA-lje-ɚ]

本研究还分析了根据英语清浊特征分类的源于英语塞音的无元音插入的音节的声调映射情况，如表6.6所示。

表6.6　英语清浊塞擦音的无元音插入音节声调映射情况

英语输入 \ 数量 \ 声调	一声调	二声调	三声调	四声调
浊音（N=228）	68（29.8%）	87（38.2%）	26（11.4%）	47（20.6%）
清音（N=490）	206（42.1%）	59（12%）	104（21.2%）	121（24.7%）

经卡方检验，浊、清音两行声调的分布差异具有统计学意义（$\chi^2 = 67.676, p < .001$）：英语中浊音节通常映射为汉语的二声调，而英语清音节通常映射为汉语的一声调。这种倾向反应了清

浊特征对基频的降低作用。清塞音后的基频F0明显高于浊塞音后的基频F0（House & Fairbanks, 1953）。由此可见，清浊特征在英源外来词声调映射中起着重要作用。

6.3　插入音节的声调指派规律

在外来词的借入中，所有的插入音段都是元音。从前几章的分析可知，汉语普通话元音/ə, i, u/几乎占插入元音总数的90%，因为这三个元音在感知上是最不显著的。除元音音质外，增音元音的声调也应符合知觉最不突出的原则。在汉语普通话中，每一个音节、每一个汉字都要匹配声调，以区分其意义。因此，插入元音应采用低声调，以避免知觉凸显性。表6.7展示了汉语普通话中所插入元音的声调分布规律。

表6.7　外来词插入元音声调指派规律

声调 / 数量（百分比） / 英语输入	一声调	二声调	三声调	四声调
/a/	4（21%）	5（26.3%）	9（47.4%）	1（5.3%）
/u/	15（12.6%）	14（11.8%）	50（42%）	40（33.6%）
/i/	179（76.5%）	11（4.7%）	11（4.7%）	33（14.1%）
/ə/	38（14.8%）	51（19.9%）	3（1.2%）	164（64.1%）
/y/	1（50%）	—	—	1（50%）
双元音	1（6.6%）	4（26.7%）	6（40%）	4（26.7%）
总共（N=645）	238（36.9%）	85（13.2%）	79（12.2%）	243（37.7%）

由以上分析可知，插入元音被指派为一声调和四声调的频率高于其他音节。大部分插入元音被指派为四声调是合理的，因为四声调的音长时间最短，知觉最不显著。指派为一声调可以用音长时间最短的因素来解释。如果仔细研究数据，我们会发现大部分插入元音/i/都被指派为一声调，占比76.5%，元音/i/是为了保留英语摩擦音/s/而插入的。因此，元音/i/被指派为一声调可以解释为通过一声调的高音轮廓来保留嘶擦音的高显著性特征。在汉语词典中，[sɿ]的汉语音节组合不存在二声调；而[sɿ]的汉语音节组合的三声调 sǐ 对应的汉字“死”在汉语中是“死亡”的意思；四声调 sì 对

应的汉字是“四，寺，似，肆，嗣”，这些汉字在汉语中均有特定的含义，不适合作为外来词的翻译对应字。因此，一声调 sī 更好的借入形式是“斯，司”，因为这些汉字没有特定的含义，不会误导中国人对英语外来词的理解。

对这些音节的进一步研究表明，一个特定的汉语音节经常被用来翻译一个特定的英语音段。这一现象在专有名词的数据中表现得尤为明显，因为中国政府有专门机构对外来专有名词进行规范，更倾向于使用规范且统一的音节进行推广宣传。例如，在Glewwe（2015）的专有名词数据中，为了保留英语辅音/k/，106/109（97%）中的汉语对应翻译的音节为 *kè*，写成*克*；而为了保留英语辅音/d/，83/86（97%）中的汉语对应翻译的音节为 *dé*, 写成*德*。因此，我们可以将声调指派理解为英语外来词翻译为汉语常用音节的“额外效应”，音段相似性比音高轮廓相似性更显著。虽然本研究的数据是由常用词组成的，但外来词翻译为特定的常用的汉语音节的趋势也存在。表6.8列出了英语外来词所插入元音翻译的汉语常用的音节。

表6.8 英语外来词插入元音的固定对应汉语音节

英语输入	高频率汉语对应音节	高频率汉语对应汉字	百分比
/p/（N=34）	bù	布	39.1%
	pǔ	普	34.8%
/t/（N=70）	tè	特	59.3%
/k/（N=40）	kè	克	89.5%
/b/（N=10）	bù	布	50%
/d/（N=11）	tè	特	36.4%
	dé	德	36.4%
/g/（N=12）	gé	格	75%
/ʧ/（N=6）	zhì zhī	制,治,支	50%
/ʤ/（N=6）	zhī	支	66.7%
/f/（N=9）	fú, fū, fǔ, fù	福,夫,甫,复	77.8%
/v/（N=6）	fú, fū, fǔ	福,夫,甫,伏	66.7%
/s/（N=87）	sī	斯,司	73.6%
/z/（N=10）	zī	兹	30%
	sī	斯,丝	30%
/ʃ/（N= 2）	shì	式	100%
/m/（N=15）	mǔ	姆	86.7%

虽然外来词中的插入音节有一定的规律和趋势，但在声调指派上仍能保留英语语音特征。与研究非插入音节的声调分布一样，我们在考察插入音节的声调指派时，也从三个方面分析它们是否会影响插入音节声调的选择。表6.8表明，送气特征不影响插入音节的声调变化。对这些音节的进一步研究表明，一个特定的英语片段会由一个特定的汉语音节来保留。对于英语送气音/pʰ/ 和不送气音/p/，翻译对应最多的汉语音节是 *bù*，布（39.1%）；对于英语送气音的/tʰ/ 和不送气音的/t/，使用频率最高的*tè*, 特（59.3%）；英语中送气音/kʰ/和不送气音/k/，对应翻译频率最高的时汉语音节*kè*, 克（89.5%）。由于塞擦音/ʧ/没有一个起始元音插入，不能进行比较，但它主要是借为*zhì*, 制（30%）。因此，英语送气音节和不送气音节都倾向于四声调，这与Glewwe的结论一致，即声调的借入只是这种固定的对应汉语音节的"额外效应"。音段相似性比音高相似性更显著，因此音段的优先匹配限制了声调的指派。由于表6.8中只有一个响音/m/，所以很难得出关于英语响音对声调的影响结论。我们还研究了根据清浊音区分的英语塞音的元音插入的声调指派情况，研究结果见表6.9。

表6.9　不同英语清浊插入音节的声调指派情况

声调 / 数量（百分比） / 英语输入	一声调	二声调	三声调	四声调
浊音（N=111）	27（24.3%）	52（46.9%）	10（9%）	22（19.8%）
清音（N=508）	230（45.3%）	31（6.1%）	36（7.1%）	211（41.5%）

从表6.9可以看出，清浊特征对外来词声调指派的影响，英源清音外来词倾向于被指派为一声调，而英源浊音外来词倾向于被指派为二声调（$\chi^2 = 134.28, p < .001$）。这种模式与英语塞词不含插入音节的声调指派规律是一致的。对这些音节进行进一步研究发现，如果考虑不同的英语音素类别，可以发现（如表6.10所示）：首先，英语清爆破音往往借为四声调，而英语浊爆破音往往借为二声调（$\chi^2 = 74.785, p < .001$）。英语的清爆破音具有最低的响度和最低的知觉显著性。最低的知觉显著性对应四声调，它的音长时间也最短。英语浊爆破音指派为二声调，汉语二声调从中等音高开始，符合浊音特征对基频F0的降低作用；其次，浊擦音和清擦音更倾向于被指派为一声调，这可以解释为保持摩擦湍流的高显著性。摩擦音是通过声带的狭窄收缩产生的，它会产生一种摩擦噪声，其能量会传播到非常高的频率。因此，一声调的高音轮廓保留了嘶擦音的高显著性特征。英

语清音的总体倾向于借为一声调，这主要是由于摩擦音 /s/ 大多数借为汉语音节 *sī*（占总语料库的70%）。如果排除这部分语料，英语的清辅音应该多借为四声调才是符合预期的，因为它的持续时间最短，最不显著。由于汉语中缺少浊擦音/v/，所以同一个汉语音节“fu”既对应英语浊擦音/v/，又对应清擦音/f/。前者在汉语中有三个声调，而后者有四个声调。其余的英语摩擦音，都借为一声调。因此，英语清浊特征会影响英语塞音插入音节的声调分布，但它更像是特定对应汉语音节的“额外效应”。Glewwe（2015）的假设在这里再次得到验证。

表6.10　不同清浊塞音的插入音节的声调指派模式

声调 / 数量 / 英语输入	一声调	二声调	三声调	四声调
/p/（N=46）	7（15.2%）	5（10.9%）	16（34.8%）	18（39.1%）
/b/（N=23）	1（4.3%）	11（47.9%）	5（21.7%）	6（26.1%）
/t/（N=118）	35（29.7%）	6（5.1%）	4（3.4%）	73（61.8%）
/d/（N=26）	3（11.6%）	16（61.5%）		7（26.9%）
/k/（N=104）	5（4.8%）	4（3.8%）	2（1.9%）	93（89.5%）
/g/（N=27）	4（14.8%）	20（74.1%）	1（3.7%）	2（7.4%）
/f/（N=30）	10（33.3%）	9（30.0%）	6（20.0%）	5（16.7%）
/v/（N=10）	4（40.0%）	2（20.0%）	3（30.0%）	1（10.0%）
/ɵ/（N=4）	4（100.0%）	—	—	—
/ð/（N=1）	—	1（100.0%）	—	—
/s/（N=184）	161（87.5%）	2（1.1%）	3（1.6%）	18（9.8%）
/z/（N=17）	11（64.7%）	—	1（5.9%）	5（29.4%）
/ʃ/（N=15）	6（40.0%）	3（20.0%）	4（26.7%）	2（13.3%）
/ʒ/（N=2）	2（100.0%）	—	—	—
/tʃ/（N=7）	2（28.6%）	2（28.6%）	1（14.2%）	2（28.6%）
/dʒ/（N=5）	2（40.0%）	2（40.0%）	—	1（20.0%）
总共	257（41.5%）	83（13.4%）	46（7.4%）	233（37.7%）

6.4　小结

这一部分主要研究英语非插入音节和插入音节的声调指派规律。这项研究是建立在前人研究基础之上的，早期的研究一般使用的语料为专有名词，而本研究的基础是普通名词。研究结果表明，汉语外来词的声调指派是非常复杂的。声调指派受多种相互作用的语音因素的影响，并受母语词汇的声调空缺的限制。但是，送气特征不影响外来词插入音节和无插入音节的声调指派。清浊特征对外来词插入音节和无插入音节的声调指派均有影响。当英语清塞音做词首时，对应的汉语音节倾向于被指派为一声调，当英语浊塞音做词首时，对应的汉语音节倾向于被指派为二声调。这种模式可以解释为浊音对基频F0的降低效果。重音对不含插入元音音节的声调指派起着重要作用。主重读和次重读音节倾向于被指派为一声调，非重读音节倾向于被指派为四声调。卡方分析结果显示，主重读音节和非重读音节的声调分布存在显著差异（$\chi^2 = 28.132, p < .001$），但次重读音节和非重读音节之间无显著差异（$\chi^2 = 6.467, p = .091$）。主重读和次重读音节倾向于被指派一声调的趋势，可能反映了汉语普通话者用高音轮廓来保持英语重音的努力。与此同时，与主重读音节相比，非重读音节被指派为一声调的频率较低，而被指派为二声调的频率更高。这种转变反映出汉语普通话者使用从中音高开始的声调以保持英语非重读音节的平均音高较低的努力。此外，非重读音节比重读音节更容易指派为四声调，因为四声调的音长时间最短，是汉语普通话中使用频率最高的声调。

我们可以看到，英语借入汉语时确实表现出一些重音到声调的映射，但英语重音以外的因素也在起作用，整体情况并不清晰，证据也不如粤语有说服力。英语重音和清浊在汉语外来词声调指派中发挥的作用有限，这可以归结为基于语素的汉语表意系统。它在英语和汉语的超音段映射的偏离起着重要的作用。汉语的书写系统限制了外来词借入过程中可能出现的音节组合。在外来词借入中，有些音节输出是较好的选择，但如果这个音节不能借为合适且意义积极的汉字，则被淘汰。此外，理论上讲，每一个汉字音节都应该有声调，但在汉语中存在着声调缺口，即不是每一个音节都有相应的四个声调。例如，英语单音节单词*card*的重音借调为汉语的音节*kǎ* [k^ha]。虽然三声调是最不匹配的映射，但在汉语音节中没有**ká*和**kà*的声调组合；一声调kā因为它的高音轮廓，本应做为最佳选择以保持英语的重音，但汉语*kā*却没有合适的对应汉字去解释英文单词*card*。相比之下，粤语比汉语普通话表现出更一致的重音-声调映射，是由于历史原因和语言社区的高度双语性的影响。中国香港被英国殖民了150多年，粤语使用者比汉语普通话使用者更熟悉英语的音韵和声学特征。因此，粤语的外来词借入者尽量用粤语的高声调来保持英语重读音节的高音轮廓，而用低声调来模仿英语的非重读音节和插入音节。

结　论

本研究对英源外来词借入汉语普通话的情况进行了全面的分析。首先介绍汉语中外来词产生的背景，包括历史背景、借入途径、借入方式和历时发展。历史上英源外来词的涌入有三个高潮：第一个时期是从1840年的中英鸦片战争到1919年的五四运动。这一时期的外来词极不稳定，国内各个地区引入的外来词相互独立，同一英源外来词的多种不同翻译在各个地区同时并存；第二个时期是从五四运动到20世纪50年代。这一时期的外来词由最初的政治、经济术语为主普及到艺术、文化、娱乐等各个日常领域；第三个时期是从中华人民共和国成立至今。这一时期的外来词不再经过各地区方言引入汉语普通话，而是通过大众传媒直接传入。一些英源外来词甚至可以作为新的语素参与汉语本土词的制造。从外来词的借入方式来看，英源外来词可通过音译、意译、二者结合，或直接字母引入。这其中，意译词在汉语的外来词中所占的比例是最大的，因为汉语是一种表意语言，对汉字的语义尤为重视。在汉语外来词的发展历史中，借入形式经历了多次变化，以满足汉语普通话使用者在不同情况下的不同需求。英源外来词的汉化主要有两种趋势。最突出的趋势是从音译词向意译词的转变。音译词通常出现在外来词借入的初始阶段，一旦汉语普通话借入者理解了该英语单词的实际含义，就会倾向于用意译方式代替音译方式。但是，如果意译不能准确地传达英语输入的意思，就会发生从意译方式到音译方式的过渡。

外来词借入的音系分析主要有三种方法：音系法、语音法和感知—音系学方法。本研究认为感知—音系相结合的方法能更好地解释英源外来词借入汉语普通话的音系规律，语音感知和音系规则在外来词借入中都起着重要的作用。此外，在外来词借入的过程中，还应考虑汉字语义、汉语方言、源词来源种类和双语程度等非语言因素。本研究中的英语音段、音节结构和超音段借入汉语的语料证据均支持这一理论。

例如，在英语音段借入中，英语的清爆破音和浊爆破音分别对应于汉语普通话中的送气和不送气音。这种英语爆破音与汉语爆破音的一一对应映射关系可以解释为是为了保持源语与本族语之间的音系区别性特征的对立。然而，英语中的清双唇爆破音[pʰ]映射为汉语普通话中的送气的双唇爆破音[pʰ]和不送气的双唇爆破音[p]的频率大致相同。由于英语[pʰ] 和汉语[pʰ] 在VOT值上的较大差异，造成了英语[pʰ]在发音上的不确定性，既可以映射为汉语的送气爆破音，也可以映射为汉语的不送气爆破音。从书写系统上来看，英语爆破音/p, t, k/ 与汉语送气爆破音的拼音书写方式 *p, t, k* 写法相同，英语爆破音/b, d, g/与汉语送气爆破音的拼音书写方式 *b, d, g* 也有相同的表示。因此，书写系统上的相似性可能会造成借入者的混淆，使汉语借入者倾向于使用相同的书写形式去翻译，而忽略了它语音或音系上相似的因素。书写系统可以解释英语中的清爆破音，无论它们送气与否，通常都被借为汉语普通话的送气爆破音的原因。

描述英语元音的借入过程要比描述英语辅音的借入规律复杂得多。其主要原因是英语元音借入过程中存在着高度的变异性，因为不同的借入者可能会将同一个英语元音翻译为几种可能的汉语相似元音，也可能由于不同的借入者对不同汉字的偏爱，而有不同的选择。辅音比元音更容易保留下来。由于本族语某些语法规则的干预，元音音质的匹配是极易发生偏离的。例如，如果外来词借入后的辅音映射为汉语普通话的[tɕ]，根据汉语的腭化规则，即使紧随其后的元音在汉语中有忠实的映射，如英语/æ/ > 汉语 /a/，它也必须转化为高滑音，如英语单词 *gallon* 借入为汉语 *[tɕjA-lwən]*，*加仑*。

在音节结构的借入过程中，在不同的情况下，根据不同的知觉差异，借入者会采取不同的修补策略。音素类别、辅音连缀位置和辅音连缀结构在保留或删除音段过程中都起着重要的作用。根据Steriade（2001）的知觉映射假设（P-map hypothesis），可以预测音段在感知显著的语境中会被保留，而在非显著的语境中会被删除。因此，插入的元音音质应尽可能不显著，这样外来词的输出形式会尽可能地贴近源词的输入形式。汉语外来词插入元音中使用频率最高的是/i, u, ə/，这些元音音长相对较短，且不具有知觉凸显性。在三种不同类型的元音插入策略中，辅音扩散是元音插入策略中最强的影响因素。在汉语中不被允许的非法词尾后的插入元音策略中，唇元音/u/在唇辅音后，舌冠元音/i/在舌冠辅音后，舌后元音/ə/在软腭辅音后。同样的模式也出现在辅音连缀的元音插入策略中，这表明在C_1位置的辅音的同化影响。此外，我们使用特征结构图来解释辅音扩散过程和某些插入元音是首选的原因。

最后，从外来词超音段借入的过程来看，汉语的声调指派是非常复杂的。声调指派受多种相互作用的语音因素影响，并受本族语词汇的声调空缺的制约。研究结果表明，在英源外来词借入汉语的过程中，音段借入优先于超音段特征借入；汉字基于语素的表意系统在超音段特征借入的过程中发挥着重要的作用。

综上所述，本文提出的综合模型可以更好地解释英源外来词的音系借入规律，仅从语音或音系上并不能完全解释外来词的音系规律，语言因素和非语言因素在外来词借用的过程中都起着重要的作用。

如前所述，英源外来词借入汉语的过程相当复杂。由于有许多偏离的输出形式，通常很难得出令人满意的结论，特别是在音段和超音段的借入上。同时，由于历史和方言的原因，同一英源外来词在汉语中也存在着不同的形式输出。随着民族间的语言交流和外来词的不断增多，我们有必要建立汉语外来词的规范化制度。

1986年，韩国国立国语院制定了《外来词标记法》（외래어표기법 外来语表记法 Oeraeeo Pyogibeop），用来规范英语、德语、法语、西班牙语、意大利语、日语和汉语等外来词转录成韩文的规则（Kiaer, 2014）。日语对外来词也有一些规范标准。1954年，日本政府和机构对日语外来词的翻译进行了一系列规定。例如，英语单音节中的短元音，在日语中一般用促音ッ表示。

然而对于汉语中的外来词，我国直到现在还没有出台相应的官方规范。虽然中国的书写系统是表意文字，但汉语也建立了汉语拼音系统。因此，利用拼音系统，汉语也可以对外来词的翻译规则提出标准化的规范。本研究对英源外来词的音系借入规则进行了较为系统的分析，为英源外来词翻译的规范化奠定了基础。

参考文献

[1] Adler A. Faithfulness and perception in loanword adaptation: A case study from Hawaiian [J]. *Lingua*, 2006, 116（7）: 1024–1045.

[2] Akinlabi A. Underspecification and the phonology of Yoruba/r [J]. *Linguistic Inquiry,* 1993, 24（1）: 139–160.

[3] Arnold G., Gimson, A. *English pronunciation practice* [M]. London, UK: University of London Press, 1975.

[4] Bao Z. *The structure of tone* [M]. Oxford, UK: Oxford University Press on Demand, 1999.

[5] Batibo H. Loanword clusters nativization rules in Tswana and Swahili: A comparative study [J]. *South African Journal of African Languages,* 1996, 16（2）: 33–41.

[6] Bauer R., Benedict, P. Modern Cantonese Phonology [M]. Berlin/New York: Mouton de Gruyter, 1997. 2, 109–276.

[7] Bauman W. *Introduction to phonetics and phonology: From concepts to transcription* [M]. New York: Pearson, 2009.

[8] Beckman J. Shona height harmony: markedness and positional identity [A]. J. Beckman, L. Walsh Dickey S. Urbanczyk（eds.）*Papers in Optimality Theory* [C]. 1995, 53–75. Amherst: University of Massachusetts Occasional Papers 18.

[9] Boersma P., Hamann, S. The evolution of auditory dispersion in bidirectional constraint grammar.[J]. *Phonology*, 2008. 25, 217–270.

[10] Boersma P. Cue constraints and their interactions in phonological perception and production [A]. In Paul Boersma and Silke Hamann（eds.）, *Phonology in perception* [C]. 2009, 55 – 110. Berlin: Mouton de gruyter.

[11] Brasington R. Cost and benefit in loanword adaptation [J]. *Working Papers in Linguistics,* 1997, 3: 1–19.

[12] Bradshaw M. A phonology–phonetics mismatch: [voice] in consonant–tone interaction [J]. *Studies in the Linguistic Sciences*, 1997, 27（1）: 17–32.

[13] Broselow E. Stress adaptation in loanword phonology: Perception and learnability [J]. *Phonology in perception,* 2009. 15, 191–234.

[14] Cutler A., Chen, H. Lexical tone in Cantonese spoken–word processing [J]. *Perception Psychophysics,* 1997, 59

（2）: 165–179.

[15] Chao Y. *A grammar of spoken Chinese* [M]. Berkeley : Los Angeles: University of California Press, 1968.

[16] Charette M. *Conditions on Phonological Government* [M]. Cambridge: Cambridge University Press, 1991.

[17] Chang Z., Bradley, D. Tonal assignment for English loanwords in Mandarin: An experimental approach [J]. *Abstract for oral presentation in CUNY Graduate Center,* 2012.

[18] Chin T. *Sound systems of Mandarin Chinese and English: A comparison* [M]. Beijing: Beijing Language and Culture University press, 2008.

[19] Clements G. Representational economy in constraint-based phonology [J]. *Distinctive feature theory,* 2001. 2, 71–146.

[20] Collier R., Lisker, L., Hirose, H., Ushijima, T. *Voicing in intervocalic stops and fricatives in Dutch* [J]. *Journal of Phonetics,* 1979, 7（4）: 357–373.

[21] Davis S., Cho, M. Phonetics versus phonology: English word final/s/in Korean loanword phonology [J]. *Lingua,* 2006, 116（7）: 1008–1023.

[22] Detey S., Nespoulous, J. Can orthography influence second language syllabic segmentation?: Japanese epenthetic vowels and French consonantal clusters [J]. *Lingua,* 2008, 118（1）: 66–81.

[23] De J., Cho, M. Loanword phonology and perceptual mapping: Comparing two corpora of Korean contact with English [J]. *Language,* 2012. 88, 341–368.

[24] Docherty G. *The timing of voicing in British English obstruents*（No. 9）[J]. Walter de Gruyter, 1992.

[25] Dong X. *What borrowing buys us: A study of Mandarin Chinese loanword phonology* [J]. LOT, 2012.

[26] Duanmu S. *The Phonology of Standard Chinese* [M]. Oxford: Oxford University Press, 2007.

[27] Dupoux E., Kakehi, K., Hirose, Y., Pallier, C., Mehler, J. Epenthetic vowels in Japanese: A perceptual illusion [J]. *Journal of experimental psychology: human perception and performance,* 1999, 25（6）: 1568.

[28] Dupoux E., Peperkamp, S. The phonetic filter hypothesis: How phonology impacts speech perception（and vice versa）[C]. *Second International Conference on Contrast in Phonology. University of Toronto,* 2002.

[29] Escudero P. *Linguistic perception and second language acquisition: Explaining the attainment of optimal phonological categorization* [J]. Netherlands Graduate School of Linguistics, 2005.

[30] Fay D., Cutler, A. Malapropisms and the structure of the mental lexicon [J]. *Linguistic inquiry*, 1977, 8（3）: 505–520.

[31] Feng S., Lin, S., Rongrong, L. An experimental analysis of the five level tones of the Gaoba Dong language [J]. *Journal of Chinese Linguistics,* 1987, 15（2）: 335–361.

[32] Flemming E. The relation between coronal place and vowel backness [J]. *Phonology,* 2003. 20, 335 - 374.

[33] 高名凯, 刘正埮, 史有为. 汉语外来词词典 [M]. 上海: 上海辞书出版社, 1985.

[34] Glewwe E. *Tonal Assignment in English Loanwords in Mandarin Chinese* [D] Los angeles:university of california, 2015.

[35] 郭伏良. 新中国成立以来汉语词汇发展变化研究 [M]. 保定: 河北大学出版社, 2001.

[36] Haggard M., Ambler, S., Callow, M. Pitch as a voicing cue [J]. *The Journal of the Acoustical Society of America,* 1970, 47（2B）: 613–617.

[37] Hall T. Segmental features [J]. *The Cambridge handbook of phonology,* 2007. 311–334.

[38] Hammond, M. *The phonology of English: A prosodic optimality-theoretic approach: A prosodic optimality-theoretic approach* [M]. Oxford, UK: Oxford University Press, UK, 1999.

[39] Hamann S., Li, D. Adaptation of English onset clusters across time in Hong Kong Cantonese: The role of the perception grammar [J]. *Linguistics in Amsterdam,* 2016, 9（3）: 56–76.

[40] 高名凯、刘正埮，汉语外来词词典[M]. 上海：上海辞书出版社, 1984.

[41] Hao Y. Tonal adaptation of English loanwords in Cantonese [C]. *Proceedings of the 21st North American Conference on Chinese Linguistics（NACCL-21）. Smithfield, Rhode Island: Bryant University,* 2009.（pp. 42–54）.

[42] 贺文照. 汉语意译外来词归属问题探讨 [J]. 安庆师范学院学报（社会科学版）, 2000. 3.

[43] Herd J. Loanword adaptation and the evaluation of similarity [J]. *Toronto Working Papers in Linguistics,* 2005. 24, 65–116.

[44] Hogg R., McCully, C. *Metrical phonology: a course book* [M]. Cambridge, UK: Cambridge University Press, 1987.

[45] Hombert J. Consonant types, vowel quality, and tone [J]. *Tone: A linguistic survey,* 1978. 77, 112.

[46] House A., Fairbanks, G. The influence of consonant environment upon the secondary acoustical characteristics of vowels [J]. *The Journal of the Acoustical Society of America,* 1953, 25（1）: 105–113.

[47] Hsieh F. High infidelity: The non–mapping of Japanese accent onto Taiwanese tone [J]. *MIT Working Papers in Linguistics,* 2006. 52, 1–27.

[48] Hsieh F., Kenstowicz, M. Phonetic knowledge in tonal adaptation: Mandarin and English loanwords in Lhasa Tibetan [J]. *Journal of East Asian Linguistics,* 2008, 17（4）: 279.

[49] Hsieh F., Kenstowicz, M., Mou, X. Mandarin adaptations of coda nasals in English loanwords [C]. In Calabrese, Andrea; Wetzels, Leo（Eds.）, *Loanword phonology: Issues and models*（pp. 131–154）. Amsterdam: John Benjamins Publishing Company, 2009.

[50] 胡明扬. 语言学论文选 [M]. 北京: 中国人民大学出版社, 1991.

[51] 黄伯荣, 廖序东. 现代汉语 [M]. 北京: 教育出版社, 2017.

[52] Hui Y., Oh, M. Adaptation of English Stops into Mandarin Chinese [J]. *Linguistic Research,* 2015, 32（2）: 403–417.

[53] Itô J., Mester, A. Covert generalizations in Optimality Theory: the role of stratal faithfulness constraints. *Studies in Phonetics* [J], *Phonology, and Morphology,* 2001, 7（2）: 273–299.

[54] Iverson G., Lee, A. Perception of contrast in Korean loanword adaptation [J]. *Korean Linguistics,* 2006, 13（1）: 49–87.

[55] Jacobs H., Gussenhoven, C. Loan Phonology: Perception, salience, the lexicon, and OT [C]. Dekkers, J., van der Leeuw, F., van der Weijer, J.（Eds.）, *Optimality Theory: Phonology, Syntax, and Acquisition.* Oxford University Press, 2000. 193–210.

[56] 香港中国语文学会，近现代汉语新词词源词典[M]. 上海：汉语大词典出版社, 2001.

[57] Kang Y. Perceptual similarity in loanword adaptation: English post-vocalic word-final stops in Korean [J]. *Phonology,* 2003. 20, 219–273.

[58] Kang Y. Tensification of voiced stops in English loanwords in Korean [J]. *Harvard Studies in Korean Linguistics,* 2008. 12, 179–192.

[59] Kang Y. The emergence of phonological adaptation from phonetic adaptation: English loanwords in Korean [J]. *Phonology,* 2010, 27（2）: 225 - 253.

[60] Kang Y. The adaptation of English liquids in Contemporary Korean: A diachronic study [J]. *Catalan journal of linguistics,* 2012. 11, 0041–63.

[61] Katayama M. *Optimality Theory and Japanese loanword phonology* [D]. Santa Cruz: University of California, Santa Cruz. 1998.

[62] Kenstowicz M. Review article: The role of perception in loanword phonology [J]. *Studies in African linguistics,*

2003, 32（1）: 96–99.

[63] Kenstowicz M. The phonetics and phonology of Korean loanword adaptation [C]. *Proceedings of the first European conference on Korean linguistics. Vol.* 2005. 1, 17–32.

[64] Kenstowicz M. Salience and similarity in loanword adaptation: A case study from Fijian [J]. *Languages Sciences,* 2007, 29（2–3）: 316–340.

[65] Kenstowicz M. Cantonese loanwords: Conflicting faithfulness in VC rime constraints [J]. *Catalan Journal of Linguistics,* 2012. 11, 65 - 96.

[66] Kenstowicz M., Suchato, A. Issues in loanword adaptation: A case study from Thai [J]. *Lingua,* 2006. 116（7）, 921–949.

[67] Kiaer J. *The history of English loanwords in Korean* [M]. Munich: Lincom, 2014.

[68] Kim T. Preservation and deletion in Mandarin loanword adaptation [J]. *International Journal of Chinese Linguistics,* 2014, 1（2）: 214–243.

[69] Kim T. *Mandarin loanwords* [M]. London, UK: Routledge, 2019.

[70] Klatt D. Voice onset time, frication, and aspiration in word–initial consonant clusters. Journal of Speech [M]. *Language, and Hearing Research,* 1975, 18（4）: 686–706.

[71] LaCharité D., Paradis, C. Phonological evidence for the bilingualism of borrowers [C]. *Proceedings of the 2000 Annual Conference of the Canadian Linguistics Association*（pp. 221–232）. Ottawa, Ont: Cahiers linguistiques d’Ottawa, 2000.

[72] LaCharité D., Paradis, C. Category preservation and proximity versus phonetic approximation in loanword adaptation [J]. *Linguistic inquiry,* 2005, 36（2）: 223–258.

[73] Ladefoged P., Maddieson, I. *The sounds of the world's languages* [M]. Oxford: Blackwell, 1996.

[74] Ladefoged P., Johnson, K. *A course in phonetics*（6th ed.）[M]. Boston, MA: Wadsworth, 2011.

[75] Lee W., Zee, E. Standard Chinese（Beijing）[J]. J*ournal of the International Phonetic Association,* 2003, 33（1）: 109–112.

[76] 李海燕. 英源外来词的引进与演变研究 [M]. 北京: 中国社会科学出版社, 2018.

[77] Lin Y. *The Sounds of Chinese* [M]. Cambridge: Cambridge University Press, 2007.

[78] Lin Y. Patterned vowel variation in Mandarin loanword adaptation: Evidence from a dictionary corpus [C]. *Proceedings of the*

20th North American Conference on Chinese Linguistics（*NACCL-20*）, 2008a（Vol. 1, pp. 175–187）.

［79］Lin Y. Variable vowel adaptation in Standard Mandarin loanwords [J]. *Journal of East Asian Linguistics,* 2008b, 17（4）: 363.

［80］刘叔新. 现代汉语理论教程 [M]. 北京: 高等教育出版社, 2002.

［81］Lisker L., Abramson, A. A cross–language study of voicing in initial stops: Acoustical measurements [J]. *Word,* 1964, 20（3）: 384–422.

［82］罗常培. 语言与文化[M]. 北京：语文出版社, 1989.

［83］Masini F. The formation of modern Chinese lexicon and its evolution toward a national language: the period from 1840 to 1898 [J]. *Journal of Chinese Linguistics monograph series,* 1993. 6, i–295.

［84］Mao, S., Shi, Y. 汉语普通话的音位负载[M]. 北京：清华大学出版社, 2001.

［85］McCarthy J. Feature geometry and dependency: A review [J]. *Phonetica,* 1988, 45（2–4）: 84–108.

［86］Miao R. *Loanword adaptation in Mandarin Chinese: Perceptual, phonological and sociolinguistic factors* [D]. New York:Stony Brook University, 2005.

［87］Miller G., Nicely, P. An analysis of perceptual confusions among some English consonants [J]. *The Journal of the Acoustical Society of America,* 1955, 27（2）: 338–352.

［88］Murray H. *An encyclopaedia of Geography, comprising a complete description of the earth, physical, statistical, civil and political* [M]. Michigan, US: Scholarly PublishingOffice, University of Michigan 1834.

［89］Nespor M., Peña, M., Mehler, J. On the different roles of vowels and consonants in speech processing and language acquisition [J]. *Lingue elinguaggio,* 2003, 2（2）: 203–230.

［90］Norman J. *Chinese* [M]. Cambridge: Cambridge University Press, 1988.

［91］Olive J., Greenwood, A., Coleman, J. *Acoustics of American English speech: a dynamic approach* [J]. Springer Science Business Media, 1993.

［92］潘允中. 汉语词汇史概要[M]. 上海:上海古籍出版社, 1989.

［93］Paradis C., LaCharit é , D. Preservation and minimality in loanword adaptation [J]. *Journal of linguistics,* 1997. 33, 379–430.

［94］Paradis C., Prunet, J. Nasal vowels as two segments: Evidence from borrowings [J]. *Language,* 2000, 76（2）: 324–357.

［95］Paradis C., LaCharit é , D. Guttural deletion in loanwords [J]. *Phonology*, 2001. 18, 255 – 300.

[96] Paradis C., Tremblay, A. Nondistinctive features in loanword adaptation [C]. *C. a. Wetzels (Ed.), Loan Phonology. Current Issues in linguistics Theory,* 2009. 307, 211–224.

[97] Peterson G., Barney, H. Control methods used in a study of the vowels [J]. *The Journal of the acoustical society of America,* 1952, 24 (2) : 175–184.

[98] Peperkamp S., Dupoux, E. Reinterpreting loanword adaptations: the role of perception [C]. *Proceedings of the 15th international congress of phonetic sciences,* 2003. (Vol. 367, p. 370).

[99] Peperkamp S., Vendelin, I., Nakamura, K. On the perceptual origin of loanword adaptations: experimental evidence from Japanese [J]. *Phonology,* 2008. 129–164.

[100] Plag I., Uffmann, C. Phonological restructuring in creole: The development of paragoge in Sranan [J]. *Creole langauge library,* 2000. 22, 309–336.

[101] Poplack S., Sankoff, D., Miller, C. The social correlates and linguistic processes of lexical borrowing and assimilation [J]. *Lingua,* 1988. 57, 1–28.

[102] 冉启斌、石锋.北京话r声母的变体及音位的聚合程度[M], 南京：南京大学出版社，2008.

[103] Ramsey S. *The Languages of China* [M]. Princeton: Princeton University Press, 1989.

[104] Rose Y. *Minimalite, preservation et tolerance dans les emprunts francais en kinyarwanda* [M]. Quebec, Canada: Universite Laval, 1996.

[105] Rose Y., Demuth, K. Vowel epenthesis in loanword adaptation: Representational and phonetic considerations [J]. *Lingua,* 2006, 116 (7) : 1112–1139.

[106] 沈家煊. 口误类型[J]. 中国语文, 1992(4):1

[107] 史有为. 外来词: 异文化的使者[M]. 长春：吉林教育出版社, 1991.

[108] 史有为. 汉语外来词[M]. 北京：商务印书馆, 2000.

[109] Shih L. *The Role of Phonology and Phonetics in the Adaptation of English Words into Standard Chinese* [M]. Michigan, US: Michigan State University, 2019.

[110] Shinohara S. Perceptual effects in final cluster reduction patterns [J]. *Lingua,* 2006, 116 (7) : 1046 - 1078.

[111] Shinohara S., Ji, S., Ooigawa, T., Shinya, T. The limited role of perception in Korean loanword adaptation: The Korean three-way laryngeal categorization of Japanese, French, English and Chinese plosives [J]. *Lingua,* 2011, 121 (9) : 1461–1484.

[112] Silverman D. Multiple scansions in loanword phonology: Evidence from Cantonese [J]. *Phonology,* 1992, 9（2）: 289–328.

[113] Smith J. Loan phonology is not all perception: Evidence from Japanese loan doublets [J]. *Japanese/Korean Linguistics,* 2006. 14, 63–74.

[114] Spencer A. *Phonology* [M]. Malden: Blackwell Publishers, 1996.

[115] Stemberger J. Radical underspecification in language production [J]. *Phonology,* 1991, 8（1）: 73–112.

[116] Steriade D. Alternatives to syllable–based accounts of consonantal phonotactics [C]. *Proceedings of the LP,* 1999. 205–245.

[117] Steriade D. The phonology of perceptibility effects: The P–map and its consequences for constraint organization [J]. The University of California , 2001.

[118] Surendran D. *Analysis and automatic recognition of tones in Mandarin Chinese* [J]. The University of Chicago, 2007.

[119] Tsuchida A. English loans in Japanese: Constraints in loanword phonology [J]. *Working Papers of the Cornell Phonetics Laboratory,* 1995. *10*, 145–164.

[120] Uffmann C. Epenthetic vowel quality in loanwords: Empirical and formal issues [J]. *Lingua,* 2006. 116, 1079–1111.

[121] Ulrich C. Loanword adaptation in Lama: Testing the TCRS model [J]. *Canadian Journal of Linguistics,* 1997. 42, 415–463.

[122] Vendelin I., Peperkamp, S. The influence of orthography on loanword adaptations [J]. *Lingua,* 2006, 116（7）: 996–1007.

[123] Wang M., Bilger, R. Consonant confusions in noise: A study of perceptual features [J]. *The Journal of the Acoustical Society of America,* 1973, 54（5）: 1248–1266.

[124] Wang H., Chang, C. On the status of the prenucleus glide in Mandarin Chinese [J]. *Language and linguistics,* 2001, 2（2）: 243–260.

[125] Wang M., Geva, E. Spelling performance of Chinese children using English as a second language: Lexical and visual - orthographic processes [J]. *Applied Psycholinguistics,* 2003, 24（1）: 1–25.

[126] 王力，汉语音韵学[M], 北京：中华书局 2014.

[127] Wiese R. *The Phonology of German* [M]. Oxford: Clarendon, 1998.

[128] Wong C., Bauer, R., Lam, W. The integration of English loanwords in Hong Kong Cantonese [J]. *Journal of the Southeast Asian Linguistics Society,* 2009.

[129] Wu H. Stress to tone: A study of tone loans in Mandarin Chinese [J]. *MIT Working Papers in Linguistics,* 2006. 52, 227–253.

[130] 魏源. 海国图志[M]. 长沙：岳麓书社出版社, 1998.

[131] 新华外来词词典[M]. 北京：商务印书馆, 2019.

[132] 修德健. 关于日语外来词的音译标准化问题[J]. 解放军外国语学院学报, 2000.5, 40–42.

[133] 杨锡彭. 汉语外来词研究（Vol. 4）[M]. 上海人民出版社, 2007.

[134] Yavas M. *Applied English Phonology* [J]. John Wiley Sons, 2016.

[135] Yip M. Cantonese loanword phonology and optimality theory [J]. *Journal of Eastern Asian Linguistics,* 1993. 2, 261–291.

[136] Yip M. Perceptual influences in Cantonese loanword phonology [J]. *Journal of the Phonetic Society of Japan,* 2002, 6（1）: 4–21.

[137] Yip M. The symbiosis between perception and grammar in loanword phonology [J]. *Lingua,* 2006. 116, 950–975.

[138] 于辉. 汉语借词音系学－以英源借词的语音和音系分析为例[D]. 南开大学博士论文, 2010.

[139] 赵金铭. 语音与对外汉语教学[M]. 北京：北京语言文化大学出版社, 1997.

[140] 张德鑫. 第三次浪潮——外来词引进和规范刍议[J]. 语言文字应用, 1993. 3, 70–76.

[141] 张德彝. 六述奇[M]. 芜湖：安徽师范大学出版社, 2016.

[142] 张吉生. 优选论与汉语外来语的音节可接受性[J]. 解放军外国语学院学报, 2003. 2, 7–12.

[143] 张吉生. 再论汉语外来语音节可接受性的优选分析[J]. 外国语, 2006. 2, 25–32.

[144] Zhiming B., Block, A., Link, A. The asymmetry of the medial glides in Middle Chinese [J]. *Chinese Phonology,* 2001. 11, 7–27.

[145] 周定一. 音译词和意译词的消长[J]. 中国语文, 1962. 10, 1–459.

[146] 周振鹤, 游汝杰. 方言与中国文化（修订本）[M]. 上海：上海人民出版社, 1986.

[147] 朱晓农. 从群母论浊声和摩擦——实验音韵学在汉语音韵学中的实验[J]. 语言研究, 2003, 23（2）: 5–18.

附 录

英语输入	英语国际音标 IPA	汉语国际音标	汉语拼音
apologia	/ˌæpəˈloʊdʒiə/	[A-pɑu-tɕi-jA]	ā/bǎo jǐ yà
algebra	/ˈældʒɪbrə/	[ai-ɚ-tɕ^{h}i-pei-lA]	ài ér qí bèi lā
acre	/ˈeɪkər/	[ai-k^{h}ɤ-ɚ]	ài kè ěr
ostrich	/ˈɑstrɪtʃ/	[A-ʂʅ-t^{h}i]	ā shì tǐ
abelite	/ˈeibə,lait/	[A-pei-li-t^{h}ɤ]	ā bèi lì tè
apostilb	/æpəˈstɪlb/	[A-pwo-ɕi-t^{h}i]	ā bō xī tí
abbot	/ˈæbət/	[A-pwo]	ā bó
aphtha	/ˈæfθə/	[Λ-pu-tA]	ā bù dá
absolve	/əbˈzɑlv/	[A-bu-swo-ɚ-fu]	ā bù suō ěr fú
ordeal	/ɔrˈdil/	[A-ti-lu]	ā dì lú
attorney	/əˈtɜrni/	[A-two-ni]	ā duǒ ní
agnate	/ˈægˌneɪt/	[A-kɤ-nA-ti]	ā gé nà dí
acoustics	/əˈkustɪks/	[A-ku-ti-k^{h}ɤ-sɿ]	ā gǔ dì kè sī
academy	/əˈkædəmi/	[A-tɕjA-ti-mi]	ā jiā dì mǐ
arabesque	/ˌærəˈbesk/	[A-lA-pei-sɿ-k^{h}ɤ]	ā lā bèi sī kè
alite	/ˈeɪlaɪt/	[A-lai-ʈwʊ]	ā lái tuō
allemande	/ˌæləˈmænd/	[A-lɤ-man-tɤ]	ā lè màn dé
alibi	/ˈæləbaɪ/	[A-li-p^{h}ai]	ā lǐ pái
althorn	/ˈæltˌhɔrn/	[A-ɚ-two-hwo-ən]	ā ěr duō huò ēn
aloe	/ˈæloʊ/	[A-lwo]	ā luó
amoeba	/əˈmibə/	[A-mi-pA]	ā mǐ bā
alcohol	/ˈælkəhɔl/	[A-ɚ-k^{h}ɤ-ɚ]	ā ěr kē ěr
anion	/ˈænaɪən/	[A-ni-wəŋ]	ā ní wēng
anode	/ˈænoʊd/	[A-nwo-t^{h}ɤ]	ā nuò tè
Aspartame	/ˈæspɑrteɪm/	[A-sɿ-pA-tjan]	ā sī bā tián
Aspirin	/ˈæspərɪn/	[A-sɿ-p^{h}i-lin]	ā sī pǐ lín
atom	/ˈætəm/	[A-twən]	ā tún
axis	/ˈæksɪs/	[A-k^{h}ɤ-ɕi]	ā kè xī（lù）

英语输入	英语国际音标 IPA	汉语国际音标	汉语拼音
acajou	/ˈækəʒu/	[A-kʰA-tʂu]	ā kǎ zhū
araroba	/ˌɛrəˈrobə/	[A-lA-lou-pA]	ā lā lóu bā（fěn）
arapaima	/ˌærəˈpaɪmə/	[A-lA-pʰai-mA]	ā lā pái mǎ（yú）
alundum	/əˈlʌndəm/	[A-lan-tan]	ā lán dān
ammonal	/ˈæməˌnəl/	[A-maŋ-nA]	ā máng nà
ammoniac	/əˈmoʊnɪˌæk/	[A-mwo-ni]	ā mó nì
arnica	/ˈɑrnɪkə/	[A-ni-kʰA]	ā ní kǎ huā
aniline	/ˈænəlɪn/	[A-ni-lin]	ā ní lín
obversion	/ɑbˈvɜʃən/	[A-pʰu-wu-ɕjuŋ]	ā pú wù xióng
essay	/ˈeseɪ/	[ai-ʂwo]	ài shuō
ace	/eɪs/	[ai-sɿ]	ài sī
amberite	/ˈæmbəˌraɪt/	[an-pwo-ɻwei-tʰɤ]	ān bó ruì tè
anchovy	/ˈæntʃoʊvi/	[an-tʂʰou]	ān chōu（yú）
Oscar	/ˈɑskər/	[ɑu-sɿ-kʰA]	ào sī kǎ
ozone	/ˈoʊzoʊn/	[A-xwən]	ā xùn
ebonite	/ˈebənaɪt/	[ai-pwo-nai-ji-two]	āi bó nài yǐ tuō
ultimatum	/ˌʌltɪˈmeɪtəm/	[ai-ti-mei-twən]	āi dì měi dūn shū
electrode	/ɪˈlektroʊd/	[ai-lje-kʰɤ-tʰɤ]	āi liè kè tè
esquire	/ˈɛskwaɪə/	[ai-ʂʅ-kʰɤ-ɚ]	āi shì kē ěr
Emmy	/ˈemi/	[ai-mei]	ài měi jiǎng
economy	/ɪˈkɑnəmi/	[ai-kɑŋ-nwo-mi]	ài kāng nuò mǐ
amateur	/ˈæmətər/	[ai-mei-ti]	ài měi dì
energy	/ˈenərdʒi/	[ai-nA-ɚ-tɕi]	ài nà ěr jī
Esperanto	/ˌespəˈræntoʊ/	[ai-sɿ-pu-nan-tu]	ài sī bù nán dú
ampul	/ˈæmpjʊl/	[an-pu]	ān bù
antinomy	/ænˈtɪnəmi/	[an-ti-lwo-mi]	ān dì luó mì
antrustion	/ænˈtrʌsʃən/	[an-tu-lA-tɕʰin]	ān dū lā qìn
anglaise	/ɑŋˈgleɪz/	[an-kɤ-lei-sɿ]	ān gé léi sī
anarchy	/ˈænərki/	[an-nA-tɕʰi]	ān nà qí
anatomy	/əˈnætəmi/	[an-nA-two-mei]	ān nà tuō měi
analogy	/əˈnælədʒi/	[an-nai-lwo-tʂʅ]	ān nài luó zhī
ampere	/æmˈpɪr/	[an-pʰei]	ān péi
angel	/ˈeɪndʒəl/	[an-tɕʰi-ɚ]	ān qí ér
antecedent	/ˌæntɪˈsidənt/	[an-ti-ɕi-təŋ]	ān tī xī dēng
ontology	/ɑnˈtɑlədʒi/	[an-two-lwo-tʂʅ]	ān tuō luò zhī
ounce	/aʊns/	[ɑŋ-sɿ]	àng sī

英语输入	英语国际音标 IPA	汉语国际音标	汉语拼音
office	/ˈɑfis/	[ɑu-fei-sɿ]	ào fēi sī
ophicleide	/ˈɑfiˌklaɪd/	[ɑu-fei-kʰɤ-lai-tɤ]	ào fēi kè lái dé hào
ocarina	/ˌɑkəˈrinə/	[ɑu-kʰA-li-nA]	ào kǎ lì nà（dí）
Olympic	/əˈlɪmpɪk/	[ɑu-lin-pʰi-kʰɤ]	ào lín pǐ kè
orlon	/ˈɔrlən/	[ɑu-lwən]	ào lún
oersted	/ˈɜ˞stɛd/	[ɑu-sɿ-tʰɤ]	ào sī tè
autarky	/ˈɔtɑrki/	[ɑu-tʰA-tɕi]	ào tǎ jī
bagpipe	/ˈbægpaɪp/	[pA-kɤ-pwo-pʰu]	bā gé bó pǔ
pack	/pæk/	[pA-kʰɤ]	bā kè
palomino	/ˌpæləˈminoʊ/	[pA-lwo-mi-nwo-mA]	bā luó mǐ nuò mǎ
bolero	/bəˈleroʊ/	[pai-lai-lwo]	bái lái luó
pepsine	/ˈpepsin/	[pai-pu-ʂəŋ]	bǎi bù shèng
perlon	/ˈpələn/	[pei-lwən]	bèi lún
bakelite	/ˈbeɪkəlaɪt/	[pei-kʰɤ-li]	bèi kè lì
pentyl	/pentəl/	[pən-tʰi-ɚ]	bēn tī ěr
pennyweight	/ˈpeniˌweɪt/	[pən-ni-wei-tʰɤ]	běn ní wēi tè
benzocaine	/ˈbɛnzəˌken/	[pən-tswo-kʰA-jin]	běn zuò kǎ yīn
piper	/ˈpaɪpər/	[pi-pA]	bì bā
piperine	/ˈpipərin/	[pi-pʰei-lin]	bì pèi lín
belladonna	/ˌbeləˈdɑnə/	[pje-lA-twən-nA]	bié là dūn nà
bezant	/bɪˈzænt/	[pje-sɑŋ]	bié sāng
Benedicitine	/ˌbenɪˈdɪktɪn/	[pje-kʰɤ-ti-kʰɤ-tjəŋ]	bié kè dí kè dīng（jiǔ）
band	/bænd/	[pwo-tɤ]	bō dé
boldo	/bɒldəu/	[pwo-ɚ-two]	bō ěr duō
pearlite	/ˈpərlaɪt/	[pwo-lai-tʰi]	bō lái tǐ
ballistite	/ˈbæləˌstaɪt/	[pwo-li-sɿ-tʰai-tʰɤ]	bō lǐ sī tài tè
buckles	/ˈbʌkəlz/	[pwo-ku-lu-ʂʅ]	bó gū lǔ shì
brioche	/briˈoʊʃ/	[pu-li-ɑu-ʂʅ]	bǔ lǐ ào shí
opossum	/əˈpɑsəm/	[pu-ʂəŋ]	bǔ shēng
ply	/plaɪ/	[pu-lai]	bù lái
bar	/bɑr/	[pA]	bā
babesia	/bəˈbiʒə/	[pA-pei]	bā bèi chóng
bourbon	/ˈbɜrbən/	[pA-pən]	bā běn jiǔ
balsam	/ˈbɔlsəm/	[pA-ɚ-sA-mA]	bā ěr sà mǎ yóu
pug	/pʌg/	[pA-kɤ]	bā gē
park	/pɑrk/	[pA-kʰɤ]	bā kè

英语输入	英语国际音标 IPA	汉语国际音标	汉语拼音
paraffin	/ˈpærəfin/	[pA-lA-fən]	bā lā fēn
parliament	/ˈpɑrləmənt/	[pA-li-mən]	bā lì mén
baritone	/ˈbærɪtoʊn/	[pA-li-tuŋ]	bā lì dōng
barricade	/ˈbærɪkeɪd/	[pA-lje-k^{h}A-t^{h}ai]	bā liè kǎ tái
barlow	/ˈbɑləu/	[pA-lou]	bā lóu（dāo）
baron	/ˈbærən/	[pA-lwən]	bā lún
baroque	/bəˈroʊk/	[pA-lwo-k^{h}ɤ]	bā luò kè
pawpaw	/ˈpɔpɔ/	[pA-p^{h}wo]	bā pó
bus	/bʌs/	[pA-ʂʅ]	bā shì
bass	/bæs/	[pA-sɿ]	bā sī
pastel	/pæˈstel/	[pA-sɿ-twei-ɚ]	bā sī tuī ěr
bassoon	/bəˈsun/	[pA-suŋ]	bā sōng（guǎn）
bazooka	/bəˈzukə/	[pA-swo-k^{h}A]	bā suǒ kǎ
barbie	/ˈbɑrbi/	[pA-pi]	bā bǐ
ballad	/ˈbæləd/	[pA-lA-tA]	bā lā dá（wǔ qǔ）
balm	/bɑm/	[pA-mA]	bā mǎ（yóu）
bacteria	/bækˈtɪriə/	[pA-k^{h}ɤ-t^{h}i-li-jA]	bá kè tì lǐ yà
balk	/bɔk/	[pA-k^{h}ɤ]	bá kè
papyrus	/pəˈpaɪrəs/	[pA-pi-lu-sɿ]	bǎ bǐ lú sī
barrel	/ˈbærəl/	[pA-lje-ɚ]	bǎ liè ér
Buckingham	/ˈbʌkɪŋəm/	[pai-tɕin-xan]	bái jīn hàn（gōng）
brandy	/ˈbrændi/	[pai-lan-ti]	bái lán dì
broadway	/ˈbrɔdweɪ/	[pai-lɑu-xwei]	bǎi lǎo huì
pest	/pest/	[pai-sɿ-tu]	bǎi sī dǔ
biker	/ˈbaɪkər/	[pai-k^{h}ɤ]	bǎi kè
biology	/baɪˈɑlədʒi/	[pai-ou-lɑu-tɕje]	bài ōu láo jiè
backer	/ˈbækər/	[pai-k^{h}ɤ]	bài kè
bylaw	/ˈbaɪˌlɔ/	[pai-lwo]	bài luó
Byzantinism	/biˈzæntinizəm/	[pai-tʂan-t^{h}jəŋ]	bài zhàn tíng（yì shù）
pointer	/ˈpɔɪntər/	[pan-t^{h}ɤ-ɚ]	bān tè ěr（gǒu）
banjo	/ˈbændʒoʊ/	[pan-tʂwo]	bān zhuó
bank	/bæŋk/	[pan-k^{h}ɤ]	bǎn kè
bandage	/ˈbændɪdʒ/	[pəŋ-tai]	bēng dài
pound	/paʊnd/	[pɑŋ]	bàng
poundal	/ˈpaʊndəl/	[pɑŋ-tA]	bàng dá
Bollywood	/ˈbɑliwʊd/	[pɑu-lai-wu]	bǎo lái wù

英语输入	英语国际音标 IPA	汉语国际音标	汉语拼音
polaroid	/ˈpoʊlərɔɪd/	[pɑu-li-lai]	bǎo lì lái
bowling	/ˈboʊlɪŋ/	[pɑu-ljəŋ]	bǎo líng（qiú）
body	/ˈbɑdi/	[pɑu-tʰai]	bào tái
percept	/ˈpɝsept/	[pei-ɚ-ʂʅ-pu-two]	bēi ěr shí bù tuō
bel	/bel/	[pei]	bèi ěr
bagel	/ˈbeɪgəl/	[pei-kwo]	bèi guǒ
beret	/bəˈreɪ/	[pei-lei]	bèi léi（mào）
pentium	/ˈpentiəm/	[pən-tʰəŋ]	bēn téng
penny	/ˈpeni/	[pjan-ʂʅ]	biàn shì
benzine	/ˈbenzin/	[pən-tɕjəŋ]	běn jǐng
pump	/pʌmp/	[pəŋ]	bèng
bungee	/ˈbʌndʒi/	[pəŋ-tɕi]	bèng jí
bikini	/bɪˈkini/	[pi-tɕi-ni]	bǐ jī ní
belief	/bɪˈlif/	[pi-li-fu]	bǐ lì fǔ
pemmican	/ˈpemɪkən/	[pi-mi-kan]	bǐ mǐ gān
bit	/bɪt/	[pi-tʰɤ]	bǐ tè
pickle	/ˈpɪkəl/	[pi-kʰɤ-ɚ]	bì kè ěr
Bing	/bɪŋ/	[pi-jəŋ]	bì yìng
being	/ˈbiɪŋ/	[pi-jin]	bì yīn
beige	/beɪʒ/	[pi-tɕi]	bì jī
pitch	/pɪtʃ/	[pi-tɕi]	bì jī（yóu）
bitch	/bɪtʃ/	[pi-tʂʰʅ]	bì chí
pecan	/pɪˈkɑn/	[pi-kən]	bì gēn（guǒ）
bezique	/bəˈzik/	[pje-tɕi-kʰɤ]	bié jí kè
percale	/pərˈkeɪl/	[pje-kʰA-li]	bié kǎ lǐ（bù）
bingo	/ˈbɪŋgoʊ/	[pin-kɤ]	bīn gē
post	/poʊst/	[pwo-sɿ-tA]	bō sì dá
bobo	/ˈbəubəu/	[pwo-pwo]	bō bō（zú）
porter	/ˈpotɚ/	[pwo-tA]	bō dǎ
bole	/ˈbəul/	[pwo-ɚ]	bō ěr
portico	/ˈpɔrtɪkoʊ/	[pwo-ɚ-ti-kʰɤ]	bō ěr dì gē
polka	/ˈpoʊlkə/	[pwo-ɚ-kʰA]	bō ěr kǎ
pearlite	/ˈpərlaɪt/	[pwo-lai-tʰi]	bō lái tǐ
bolero	/bəˈleroʊ/	[pwo-lai-lwo]	bō lái luó
politics	/ˈpɑlətɪks/	[pwo-li-ti-sɿ]	bō lǐ dí sī
protestantism	/ˈprɑtɪstəntɪzəm/	[pwo-lwo-tɤ-sɿ-tʰan-tʰɤ]	bō luó dé sī tǎn tè

英语输入	英语国际音标 IPA	汉语国际音标	汉语拼音
protestant	/ˈprɑtɪstənt/	[pwo-lwo-tɤ-sɿ-təŋ]	bō luó tè sī dēng
pony	/ˈpoʊni/	[pwo-ni]	bō ní（mǎ）
pop	/pɑp/	[pwo-pʰu]	bō pǔ
perception	/pərˈsepʃən/	[pwo-sɤ-pu-tʂʅ-A]	bō sè bù zhī ā
boysenberry	/ˈbɔɪzənberi/	[pwo-sən]	bō sēn（méi）
boson	/ˈbosɑn/	[pwo-sɤ]	bō sè（zi）
port	/pɔrt/	[pwo-tA]	bō dǎ（jiǔ）
podcast	/ˈpɑdkæst/	[pwo-kʰɤ]	bō kè
president	/ˈprezɪdənt/	[pwo-li-ɕi-tian-tɤ]	bó lǐ xǐ tiān dé
prince	/prɪns/	[pwo-lin-sɿ]	bó lín sī
barge	/bɑrdʒ/	[pwo]	bó（chuán）
blog	/blɑg/	[pwo-kʰɤ]	bó kè
boss	/bɔs/	[pwo-sɿ]	bó sī
blouse	/blaʊs/	[pu-lɑu-sɿ]	bù láo sī
pudding	/ˈpʊdɪŋ/	[pu-tjəŋ]	bù dīng
pole	/poʊl/	[pu-ɚ]	bù ěr
board	/bɔrd/	[pu-ɚ-tɤ]	bù ěr dé
burgher	/ˈbɜrgər/	[pu-ɚ-kɤ-ɚ]	bù ěr gé ěr
burgess	/ˈbɝdʒɪs/	[pu-ɚ-tsɤ-sɿ]	bù ěr zé sī
boogie	/ˈbʊgi/	[pu-tɕi]	bù jí
bravo	/ˌbrɑˈvoʊ/	[pu-lA-fu]	bù lā fú
primate	/ˈpraɪmeɪt/	[pu-lA-mwo-tʰɤ]	bù lā mò tè
planetarium	/ˌplænɪˈteriəm/	[pu-lA-ni-tA-li-wəŋ]	bù là ní dà lì wēng
brownie	/ˈbraʊni/	[pu-laŋ-ni]	bù lǎng ní
presbyter	/ˈprezbɪtər/	[pu-li-sɿ-pi-tʰɤ]	bù lǐ sī bì tè
plebiscite	/ˈplebɪsaɪt/	[pu-li-pi-ʂʅ-tʰɤ]	bù lǐ bǐ shí tè
plebeian	/pləˈbiən/	[pu-li-pi-ɕjan]	bù lǐ bǐ xiàn
predicate	/ˈpredɪkət/	[pu-li-ti-tɕje]	bù lǐ dí jié
predicament	/prɪˈdɪkəmənt/	[pu-li-ti-jA-mən]	bù lǐ dì jiā mén
praetor	/ˈpritə/	[pu-li-two]	bù lǐ duō
burlesque	/bɜrˈlesk/	[pu-lje-sɿ-kʰɤ]	bù liè sī kè
blues	/bluz/	[pu-lu-sɿ]	bù lǔ sī
plum	/plʌm/	[pu-lwən]	bù lún
bloc	/blɑk/	[pu-lwo-kʰɤ]	bù luò kè
poppy	/ˈpɑpi/	[pwo-pi]	bō bì
butter	/ˈbʌtər/	[pu-tA]	bù dǎ

英语输入	英语国际音标 IPA	汉语国际音标	汉语拼音
chess	/tʃes/	[tʂʰai-ai-sɿ]	chái ài sī
cherry	/ˈtʃeri/	[tʂʰɤ-li-tsɿ]	chē lí zǐ
tire	/ˈtaɪər/	[tʂʰɤ-tʰai]	chē tāi
cembalo	/ˈtʃɛmbəˌlo/	[tʂʰən-pA-lwo]	chén bā luò
dramamine	/ˈdræməmin/	[tA-mu-mjəŋ]	dá mǔ míng
dynatron	/ˈdaɪnətrɒn/	[tA-nA]	dǎ ná（fù zǔ guǎn）
dacron	/ˈdekrɑn/	[ti-tɕʰye-ljɑŋ]	dí què liáng
digitalin	/ˌdɪdʒɪˈteɪlɪn/	[ti-tɕi-tʰA-ljəŋ]	dì jì tā líng
iodoform	/aɪˈodəˌfɔrm/	[wo-tjan-fɑŋ-mu]	wò diǎn fǎng mǔ
duke	/duk/	[tu-kʰɤ]	dú kè
diastase	/ˈdaɪəsteɪz/	[twei-A-sɿ-tA-sɿ]	duì ā sī dǎ sī
dozen	/ˈdʌzn/	[tA]	dá
darling	/ˈdɑrlɪŋ/	[tA-ljəŋ]	dá lìng
dumdum	/ˈdʌmdʌm/	[tA-mu]	dá mǔ（dàn）
dynamite	/ˈdaɪnəmaɪt/	[tA-nA-mA-tʰɤ]	dá nà mǎ tè
dulcimer	/ˈdʌlsɪmər/	[tA-ɕi-mA]	dá xī mǎ
dyne	/daɪn/	[tA-jin]	dá yīn
tamarind	/ˈtæmərɪnd/	[tA-man-lin]	dá mǎn lín
dollar	/ˈdɑlər/	[tA-lA]	dǎ lā
dram	/dræm/	[tA-lan]	dǎ lán
tyrant	/ˈtaɪrənt/	[tai-lan-tɤ]	dài lán dé
dynamo	/ˈdaɪnəmoʊ/	[tai-nA-mwo]	dài nà mó
dynamics	/daɪˈnæmɪks/	[tai-nA-mi-sɿ]	dài ná mì sī
diamond	/ˈdaɪmənd/	[tai-məŋ]	dài mèng
denier	/ˈdeniər/	[tan-ni-ɚ]	dān ní ěr
denim	/ˈdenɪm/	[tan-njəŋ-pu]	dān níng bù
tambour	/ˈtæmbʊər/	[tan-pwo-ɚ]	tán bō ér
tart	/tɑrt/	[tan-tA]	dàn tà
dalton	/ˈdɔltən/	[tɑu-ɚ-twən]	dào ěr dùn
doffer	/ˈdɑfər/	[tɑu-fu]	dào fū
thermology	/θəˈmɑlədʒi/	[tɤ-ɚ-mwo-lwo-tʂʅ]	dé ěr mó luò zhì
telephone	/ˈtelɪfoʊn/	[tɤ-ly-fəŋ]	dé lǜ fēng
television	/ˈtelɪvɪʒən/	[tɤ-ly-wei-xiuŋ]	dé lǜ wéi xióng
democracy	/dɪˈmɑkrəsi/	[tɤ-mwo-kʰɤ-lA-ɕi]	dé mó kè lā xī
dengue	/ˈdeŋgi/	[təŋ-kɤ]	dēng gé（rè）
dictator	/ˈdɪkteɪtər/	[ti-kʰɤ-twei-two]	dí kè tuī duō

英语输入	英语国际音标 IPA	汉语国际音标	汉语拼音
disco	/ˈdɪskoʊ/	[ti-sɿ-kʰɤ]	dí sī kē
Disneyland	/ˈdɪznɪˌlænd/	[ti-sɿ-ni]	dí sī ní（lè yuán）
default	/dɪˈfɔlt/	[ti-fu]	dǐ fú
differentia	/ˌdɪfəˈrɛnʃiə/	[ti-fu-ljan-ɕi-jA]	dì fǔ lián xī yà
dilemma	/dɪˈlemə/	[ti-ɻwei-mA]	dì ruì mǎ
dissent	/dɪˈsent/	[ti-ʂəŋ-two]	dì shēng tuō
data	/ˈdeɪtə/	[ti-two]	dì tuó
dialectic	/ˌdaɪəˈlektɪk/	[ti-jA-nA-ti-kʰɤ]	dì yà nà dì kè
dielectric	/ˌdaɪɪˈlektrɪk/	[ti-je-lje-tɕi-tʰi]	dì yē liè jī tǐ
dink	/dɪŋk/	[tjəŋ-kʰɤ]	dīng kè
thing	/θɪŋ/	[tjəŋ-kɤ]	dīng gé
dunnite	/ˈdʌnaɪt/	[tuŋ-nA-tʰɤ]	dǒng nà tè
doline	/dəˈlinə/	[tou-lin]	dǒu lín
mascot	/ˈmæskɑt/	[mA-sɿ-kʰai]	mǎ sī kāi
durbar	/ˈdɝbɑr/	[tu-ɚ-pA-ɚ]	dù ěr bā ěr
ton	/tʌn/	[twən]	dūn
dopamine	/ˈdoʊpəmin/	[two-pA]	duō bā（àn）
doctor	/ˈdɑktər/	[tɑu-kʰɤ-tʰɤ-ɚ]	dāo kè tè ěr
dolly	/ˈdɑli/	[two-li]	duō lì
domino	/ˈdɑmɪnoʊ/	[tuo-mi-nwo]	duō mǐ nuò
dancing	/ˈdænsɪŋ/	[tan-tʂwən]	dān chún
reader	/ˈridər/	[tju-tʰɤ]	diū dé
tourmaline	/ˈtʊəməlɪn/	[tu-mA-ljəŋ]	dù mǎ líng
essence	/ˈesəns/	[e-ʂəŋ-sɿ]	é shēng sī
estate	/ɪˈsteɪt/	[e-sɿ-tA]	é sī dá
existence	/ɪɡˈzɪstəns/	[e-ɕi-sɿ-tjəŋ-sɿ]	é xī sī dìng sī
eros	/ˈɪrɑs/	[e-lwo-sɿ]	è luò sī
object	/ˈɑbdʒɪkt/	[e-pu-tɕje]	è bǔ jié
optics	/ˈɑptɪks/	[e-pu-ti-sɿ]	è bù dì sī
oligarchy	/ˈoʊləɡɑrki/	[e-li-tɕjA-tʂʅ]	è lǐ jiā zhī
emu	/ˈimju/	[ɚ-mjɑu]	ér miáo
ergon	/ˈɜɡɒn/	[ɚ-kɑŋ]	ěr gāng
erg	/ɜrɡ/	[ɚ-kɤ]	ěr gé
earl	/ɜrl/	[ɚ-lɤ]	ěr lè
usury	/ˈjuʒəri/	[ɚ-sɤ-li]	ěr sè lǐ
violin	/ˌvaɪəˈlɪn/	[fan-jA-ljəŋ]	fàn yǎ líng

英语输入	英语国际音标 IPA	汉语国际音标	汉语拼音
phon	/fɑn/	[fɑŋ]	fāng
filet	/fiˈleɪ/	[fei-li]	fēi lì
hyssop	/ˈhɪsəp/	[fei-swo-pʰu]	fěi suō pǔ
phenformin	/ˈfɛnfəmɪn/	[fən-fu-mjəŋ]	fēn fú míng
veronal	/ˈverənəl/	[fu-lwo-nA]	fú luó nà
vote	/voʊt/	[fu-two]	fú tuō
flysch	/flɪʃ/	[fu-li-sɿ]	fù lǐ sī
fallacy	/ˈfæləsi/	[fA-lA-ʂʅ]	fā lā shǐ
fancier	/ˈfænsiər/	[fA-ʂɑu]	fā shāo（yǒu）
valve	/vælv/	[fA]	fá
farad	/ˈfæræd/	[fA-lA]	fǎ lā
faraday	/ˈfærədeɪ/	[fA-lA-ti]	fǎ lā dì
flange	/flændʒ/	[fA-lan]	fǎ lán（pán）
flannel	/ˈflænəl/	[fA-lan]	fǎ lán（róng）
flyer	/ˈflaɪər/	[fA-lan-je]	fǎ lán yè
fascism	/ˈfæʃizəm/	[fA-ɕi-sɿ]	fǎ xī sī
vaseline	/ˈvæsəlin/	[fan-ʂʅ-lin]	fán shì lín
parsley	/ˈpɑrsli/	[pʰA-sɿ-lin]	pà sī lì
fascinating	/ˈfæsɪneɪtɪŋ/	[fa-sɿ-nei-tjəŋ]	fán sī nèi tíng
vat	/væt/	[fan]	fán
feeler	/ˈfilər/	[fei-nA]	fēi nà（chǐ）
freeter	/fritə/	[fei-tʰɤ]	fēi tè
fiddle	/ˈfidəl/	[fei-tɤ-ɚ]	fēi dé ěr（qín）
phoenix	/ˈfinɪks/	[fei-ni-kʰɤ-sɿ]	fēi ní kè sī
physiology	/ˌfiziˈɑlədʒi/	[fei-li-A-lwo-tʂʅ]	fēi lì ā luò zhì
felony	/ˈfeləni/	[fei-lwən-ni]	fěi lún ní
physics	/ˈfizɪks/	[fei-tɕi-kɤ-sɿ]	fěi jí gé sī
freda	/ˈfridə/	[fei-lɤ-ʂʅ]	fěi lè shé
philology	/fiˈlɑlədʒi/	[fei-lwo-lwo-tʂʅ]	fěi luò luó zhī
philosophy	/fəˈlɑsəfi/	[fei-lwo-su-fei]	fěi luò sū fēi
phenomenon	/fəˈnɑmɪnən/	[fei-mɤ-mei-nwo]	fěi nè měi nuò
phenomena	/fəˈnɑmɪnə/	[fei-nwo-mi-nA]	fěi nuò mí nà
family	/ˈfæməli/	[fei-mi-li]	fèi mì lǐ
fine	/faɪn/	[fei-nai]	fèi nài
foehn	/fɜn/	[fən]	fén（fēng）
fiction	/ˈfikʃən/	[fən-ʂʅ]	fěn shì

英语输入	英语国际音标 IPA	汉语国际音标	汉语拼音
fans	/fænz/	[fən-sɿ]	fěn sī
faint	/feɪnt/	[fən-tʰɤ]	fèn tè
funk	/fʌŋk/	[fəŋ-kʰɤ]	fēng kè
bombardon	/ˈbɒmbɑd（ə）n/	[pɑŋ-pA-tuŋ]	bāng bā dōng（hào）
fling	/flɪŋ/	[fu-lin-kɤ]	fū lín gé
vernier	/ˈvɝnɪɚ/	[fwo-ni]	fó nì
flute	/flut/	[fu-ly-tʰɤ]	fū lǚ tè
freemasonry	/ˈfrimeɪsənri/	[fu-li-mei-ʂəŋ-li]	fú lì mèi shèng lǐ
frisbee	/ˈfrɪzbi/	[fu-li-sɿ-pi]	fú lì sī bǐ
freedom	/ˈfridəm/	[fu-li-tɑŋ]	fú lì dāng
volt	/voʊlt/	[fu-tʰɤ]	fú tè
fame	/feɪm/	[fu-jəŋ-məŋ]	fú yīng méng
feud	/fjud/	[fu-tʰɤ]	fú tè
feudalism	/ˈfjudəlɪzəm/	[fu-tʰɤ-ly]	fú tè lǜ
freon	/ˈfriˌɑn/	[fu-li-ɑŋ]	fú lì áng
virginal	/ˈvɜrdʒɪnəl/	[fu-tɕin-nA]	fú jīn nà
foot	/fʊt/	[fu-tu]	fú tǔ
Forbes	/fɔrbz/	[fu-pu-sɿ]	fú bù sī
formalin	/ˈfɔrməlɪn/	[fu-ɚ-mA-lin]	fú ěr mǎ lín
phlox	/flɑks/	[fu-lu-kʰɑu]	fú lù kǎo
fugue	/fjug/	[fu-kɤ]	fù gé
fibrin	/ˈfaɪbrɪn/	[fei-pu-li-ni]	fēi bù lǐ ní
grain	/greɪn/	[kɤ-lin]	gé lín
governor	/ˈgʌvərnər/	[kɤ-wən-nai]	gē wén nǎi
harmonica	/hɑrˈmɑnɪkə/	[xA-mwo-ni-tɕjA]	hā mò ní jiā
hops	/hɑps/	[xwo-pu]	huò bù
gal	/gæl/	[kA]	gā
galvanism	/ˈgælvənɪzəm/	[kA-fA-ni]	gā fá ní（diàn liú）
gamma	/ˈgæmə/	[kA-mA]	gā mǎ
curry	/ˈkɜri/	[kA-li]	gā lí
croft	/krɔft/	[kA-lwo-fu-tʰɤ]	gá luó fú tè
cottager	/ˈkɑtɪdʒər/	[kA-tʰA-tʂA]	gá tā chá
county	/ˈkaʊnti/	[kA-wən-tʰi]	gá wēn tí
capelin	/ˈkæpəlɪn/	[kai-pai-lin]	gài bái lín（yú）
company	/ˈkʌmpəni/	[kan-pA-ni]	gān bā ní
ganache	/gəˈnæʃ/	[kan-nA-ɕy]	gān nà xǔ

英语输入	英语国际音标 IPA	汉语国际音标	汉语拼音
golf	/gɑlf/	[kɑu-ɚ-fu]	gāo ěr fū
gauss	/gaʊs/	[kɑu-sɿ]	gāo sī
gorilla	/gəˈrɪlə/	[kɤ-li-lA]	gē lì lā
group	/grup/	[kɤ-lwo-pwo]	gē luò pō
gossamer	/ˈgɑsəmər/	[kɤ-sai-mwo]	gē sài mò
cordovan	/ˈkɔrdəvən/	[kɤ-tɤ-xwA]	gē dé huá（pí）
college	/ˈkɑlɪdʒ/	[kɤ-li-tʂʅ]	gē lǐ zhī
gluten	/ˈglutən/	[kɤ-lu-təŋ]	gē lù dēng
Gothic	/ˈgɑθɪk/	[kɤ-t^{h}ɤ]	gē tè（yì shù）
corporation	/ˌkɔrpəˈreɪʃən/	[kɤ-pwo-lu-lɤ-ɕjan]	gē pō lǚ lè xiàn
herbicide	/ˈhɜrbɪsaɪd/	[kɤ-pi-ɕi-tɤ]	gé bǐ xī dé
Grammy	/ˈgræmi/	[kɤ-lai-mei]	gé lái měi
grange	/greɪndʒ/	[kɤ-lan-tɕ^{h}i]	gé lán qí
galena	/gəˈlinə/	[kɤ-li-nA]	gé lì nà
grotesque	/groʊˈtesk/	[ku-lu-t^{h}ɤ-sɿ-k^{h}ɤ]	gǔ lǔ tè sī kè
grog	/grɑg/	[kɤ-lwo-kɤ]	gé luó gé（jiǔ）
gland	/glænd/	[kɤ-nan]	gé nán
gabardine	/ˈgæbərdin/	[kɤ-pA-tjəŋ]	gě bā dīng
grammar	/ˈgræmər/	[kɤ-lɑŋ-mA]	gě láng mǎ
kelp	/kelp/	[kɤ-lwo-pu]	gé luó bǔ
gauge	/geɪdʒ/	[kɤ-tɕju]	gé jù
griffin	/ˈgrɪfin/	[kɤ-li]	gé lǐ hú
kangaroo	/ˌkæŋgəˈru/	[kəŋ-kɤ-lu]	gēng gé lú
gunny	/ˈgʌni/	[kuŋ-ni]	gōng ní
consul	/ˈkɑnsəl/	[kuŋ-ɕju-ɚ]	gōng xiū ěr
constable	/ˈkɑnstəbəl/	[kuŋ-ɕu-tA-pu-ɚ]	gōng xū dá bù ěr
commune	/ˈkɑmjun/	[kuŋ-mwo-ni]	gōng móu ní
concept	/ˈkɑnsept/	[kuŋ-ʂʅ-pu-two]	gōng shí bù tuō
court	/kɔrt/	[ku-ɚ-tɤ]	gū ěr dé
crime	/kraɪm/	[ku-li-mi]	gū lǐ mì
criminal	/ˈkrɪmɪnəl/	[ku-li-mi-nje]	gū lǐ mì niè
cult	/kʌlt/	[ku-t^{h}ɤ]	gū tè
googol	/ˈgugɔl/	[ku-kɤ-ɚ]	gǔ gē ěr
crayon	/ˈkreɪən/	[ku-kɤ-ɻuŋ]	gǔ lì róng
quaestor	/ˈkwistər/	[kwei-ʂʅ-t^{h}A]	guī shí tā
quintal	/ˈkwɪntəl/	[kwei-li-t^{h}ɤ]	guì lǐ tè

英语输入	英语国际音标 IPA	汉语国际音标	汉语拼音
congress	/ˈkɑŋgrəs/	[kwən-ɚ-li-ʂʅ]	gǔn é lǐ shì
habitus	/ˈhæbətəs/	[xA-pʰi-tʰA-sɿ]	hā pì tǎ sī
hub	/hʌb/	[xA-pwo]	hā bó
harmonium	/hɑrˈmoʊniəm/	[xA-məŋ-ni-A-mwo]	hā mèng ní ā mó
harmattan	/ˌhɑrməˈtæn/	[xA-mA-tan-fəŋ]	hā mǎ dān fēng
happening	/ˈhæpənɪŋ/	[xA-pʰu-njəŋ]	hā pǔ níng
harpsichord	/ˈhɑrpsɪkɔrd/	[xA-pʰu-ɕi-kʰɤ-tʰɤ]	hā pǔ xì kē tè
hustle	/ˈhʌsəl/	[xA-swo]	hā suō（wǔ）
high	/haɪ/	[xai]	hāi
herringbone	/ˈherɪŋboʊn/	[xai-li-məŋ]	hǎi lì méng
helicon	/ˈhɛlɪˌkɑn/	[xai-li-kʰuŋ]	hǎi lì kōng
hydrodynamics	/ˈhaɪdroʊdaɪˈnæmɪks/	[xai-tʰu-lu-tai-nɤ-mi-sɿ]	hǎi tú lǔ dài nè mì sī
hamburger	/ˈhæmbɜrgər/	[xan-pɑu]	hàn bǎo（bāo）
hundredweight	/ˈhʌndrədweɪt/	[xan-tɕye-xwai-tʰwo]	hàn jué huái tuō
house	/haʊs/	[xɑu-sɿ]	háo sī（pái）
Hollywood	/ˈhɑliwʊd/	[xɑu-lai-wu]	hǎo lái wù
hormone	/ˈhɔrmoʊn/	[xɤ-ɚ-məŋ]	hé ěr méng
hertz	/hɜrts/	[xɤ-tsɿ]	hè zī
hacker	/ˈhækər/	[xei-kʰɤ]	hēi kè
husband	/ˈhʌzbənd/	[xei-tɕʰi-pan-təŋ]	hēi qī bǎn dèng
henry	/ˈhenri/	[xəŋ-li]	hēng lì
hum	/hʌm/	[xəŋ-mjəŋ]	hēng míng
hop	/hɑp/	[xu-pu]	hū bù
fuller	/fʊlər/	[xu-lu]	hú lú
hoop	/hup/	[xu-fu]	hǔ fú
fathom	/ˈfæðəm/	[xwA-tɑŋ]	huā dāng
waltz	/wɔlts/	[xwA-ɚ-tsɿ]	huá ěr zī
waffle	/ˈwɑfəl/	[xwA-fu]	huá fū
washer	/ˈwɑʃər/	[xwA-sɿ]	huá sī
waterloo	/ˌwɔtəˈlʊ/	[xwA-tʰje-lu]	huá tiě lú
viscount	/ˈvaɪkaʊnt/	[xwai-kʰɑŋ]	huái kāng
whist	/wɪst/	[xwei-sɿ-tʰɤ]	huì sī tè
horn	/hɔrn/	[xwo-ən]	huō ēn
hornpipe	/ˈhɔrnpaɪp/	[xwo-ən-pʰai-pʰu]	huō ēn pāi pǔ
homespun	/ˈhoʊmspʌn/	[xwo-mu-sɿ-pən]	huò mǔ sī běn
kiwi	/ˈkiwi/	[tɕi-wei]	jī wéi（niǎo）

英语输入	英语国际音标 IPA	汉语国际音标	汉语拼音
guild	/gɪld/	[tɕi-ɚ-tʰɤ]	jī ěr tè
gene	/dʒin/	[tɕi-jin]	jī yīn
Gypsy	/ˈdʒɪpsi/	[tɕi-pʰu-sai]	jí bǔ sài
gilbert	/ˈgɪlbərt/	[tɕi-ɚ-pwo-tʰɤ]	jí ěr bó tè
gill	/gɪl/	[tɕi-ɚ]	jí ěr
jigger	/ˈdʒɪgər/	[tɕi-kɤ]	jí gé
gelatine	/ˈdʒɛlətn/	[tɕi-li-tjəŋ]	jí lì dīng
jeep	/dʒip/	[tɕi-pʰu]	jí pǔ
guitar	/gɪˈtɑr/	[tɕi-tʰA]	jí tā
jitterbug	/ˈdʒɪtərbʌg/	[tɕi-tʰɤ-pA]	jí tè bā
chihuahua	/tʃiˈwɑwə/	[tɕi-wA-wA]	jí wá wá
geek	/gik/	[tɕi-kʰɤ]	jí kè
journal	/ˈdʒɜrnəl/	[tɕi-nA]	jí nà
capital	/ˈkæpɪtəl/	[tɕjA-pi-dwo-ɚ]	jiā bì duō ěr
cache	/kæʃ/	[tɕjA-tʂʅ-sɿ]	jiā chì sī
cation	/ˈkætaɪən/	[tɕjA-ti-wəŋ]	jiā dì wēng
gallon	/ˈgælən/	[tɕjA-lwən]	jiā lún
currant	/ˈkɜrənt/	[tɕjA-lwən-tsɿ]	jiā lún zǐ
galop	/ˈgæləp/	[tɕjA-lwo-pʰu]	jiā luò pǔ
camellia	/kəˈmiliə/	[tɕjA-mi-ɚ-lje]	jiā mì ěr liè
camomile	/ˈkæməmaɪl/	[tɕjA-mi-lje]	jiā mì liè
gas	/gæs/	[tɕjA-sɿ]	jiā sī
cathode	/ˈkæθəʊd/	[tɕjA-swo-tʰɤ]	jiā suǒ tè
category	/ˈkætəgɔri/	[tɕjA-tʰɤ-kʰɤ-li]	jiā tè kě lǐ
jacobin	/ˈdʒækəbɪn/	[tɕjA-kʰɤ-pin]	jiā kě bīn
chalumeau	/ʃæˈljʊˈmo/	[tɕjA-lu-mwo]	jiā lú mó
carnival	/ˈkɑrnɪvəl/	[tɕjA-njɛn-xwA]	jiā nián huá
jacket	/ˈdʒækɪt/	[tɕjA-kʰɤ]	jiá kè
captain	/ˈkæptɪn/	[tɕjA-pi-tan]	jiǎ bì dān
jar	/dʒɑr/	[tɕjA-ɚ]	jiǎ ěr
cashew	/ˈkæʃu/	[tɕjA-ɻu]	jiǎ rú（shù）
gum	/gʌm/	[tɕjɑu-mu]	jiāo mǔ（táng）
joule	/dʒul/	[tɕjɑu-ɚ]	jiāo ěr
jackhammer	/ˈdʒækhæmər/	[tɕje-kʰɤ-xA-mo]	jié kè hā mò（yā qì zuān）
jive	/dʒaɪv/	[tɕje-wu]	jié wǔ

英语输入	英语国际音标 IPA	汉语国际音标	汉语拼音
gin	/dʒɪn/	[tɕin]	jīn（jiǔ）
jeans	/dʒinz/	[tɕin-ʂʅ]	jǐn shì kù
genin	/ˈdʒenɪn/	[tɕjəŋ-njəŋ]	jīng níng
gentleman	/ˈdʒentəlmən/	[tɕjəŋ-tɤ-ɚ-man]	jìng dé ěr màn
joke	/dʒoʊk/	[tɕju-kʰɤ]	jiū kè
geepound	/ˈgipaund/	[tɕi-pɑŋ]	jī bàng
gelignite	/ˈdʒelɪgnaɪt/	[tɕi-li-nA-tʰɤ]	jí lǐ nà tè
gamelan	/ˈgæməlæn/	[tɕjA-mei-lan]	jiā měi lán
quinine	/ˈkwaɪnaɪn/	[tɕin-tɕi-nA]	jīn jī nà（shuāng）
bar	/bɑr/	[pA]	bā
curie	/ˈkjʊri/	[tɕy-li]	jū lǐ
jazz	/dʒæz/	[tɕye-ʂʅ]	jué shì（yuè）
catholicism	/kəˈθɑləsɪzəm/	[tɕjA-tʰɤ-li]	jiā tè lì
Christianity	/ˌkrɪstiˈænəti/	[tɕi-li-sʅ-tu]	jī lì sī dū（jiào）
cavy	/ˈkeɪvi/	[kʰA-fei]	kǎ fēi
clergy	/ˈklɜrdʒi/	[kʰɤ-lA-tʂʅ]	kě là zhì
queen	/kwin/	[kʰwei-jin]	kuí yīn
caffeine	/kæˈfin/	[kʰA-fei-jin]	kā fēi yīn
colonel	/ˈkɜrnəl/	[kʰA-nA-lɤ]	kā nà lè
karst	/kɑrst/	[kʰA-sʅ-tʰɤ]	kā sī tè
cabaret	/ˌkæbəˈreɪ/	[kʰA-pA-lje]	kǎ bā liè
carbine	/ˈkɑrbaɪn/	[kʰA-pin]	kǎ bīn（qiāng）
carburettor	/ˈkɑrbəreɪtər/	[kʰA-pwo-lA-two]	kǎ bó lā tuō
carbonite	/ˈkɑbənait/	[kʰA-pwo-li-tʰɤ]	kǎ bó lǐ tè
car	/kɑr/	[kʰA-tʂʅ]	kǎ chē
carting	/ˈkɑrtɪŋ/	[kʰA-tjəŋ]	kǎ dīng（chē）
catch	/kætʃ/	[kʰA-tɕi]	kǎ jì
colour	/ˈkʌlər/	[kʰA-lA]	kǎ lā
calorie	/ˈkæləri/	[kʰA-lu-li]	kǎ lù lǐ
kamala	/ˈkʌməlɚ/	[kʰA-mA-lA]	kǎ mǎ lā
camelot	/ˈkæməˌlɑt/	[kʰA-mai-lwo]	kǎ mài luò
canon	/ˈkænən/	[kʰA-nuŋ]	kǎ nóng
card	/kɑrd/	[kʰA]	kǎ（piàn）
custard	/ˈkʌstərd/	[kʰA-ʂʅ-tA]	kǎ shì dá
cassette	/kəˈset/	[kʰA-ʂʅ]	kǎ shì
cusk	/kʌsk/	[kʰA-sʅ-kʰɤ]	kǎ sī kè（yú）

英语输入	英语国际音标 IPA	汉语国际音标	汉语拼音
castanet	/ˈkæstəˌnet/	[kʰA-sɿ-tʰan-nje-tʰɤ]	kǎ sī tǎn niè tè
cartel	/kɑrˈtel/	[kʰA-tʰɤ-ɚ]	kǎ tè ěr
cartoon	/kɑrˈtun/	[kʰA-tuŋ]	kǎ tōng
cut	/kʌt/	[kʰA-two]	kǎ tuō
casino	/kəˈsinoʊ/	[kʰA-ɕi-nwo]	kǎ xī nuò
kazoo	/kəˈzu/	[kʰA-tsu]	kǎ zǔ
cable	/ˈkeɪbəl/	[kʰai-pwo-ɚ]	kāi bó ér
kelvin	/ˈkelvɪn/	[kʰai-ɚ-wən]	kāi ěr wén
cakewalk	/ˈkeɪkwɔk/	[kʰai-kʰɤ-wo-kʰɤ]	kāi kè wō kè
camera	/ˈkæmrə/	[kʰai-mai-lA]	kāi mài lā
cashmere	/ˈkæʃmɪr/	[kʰai-sɿ-mi]	kāi sī mǐ
caterpillar	/ˈkætərpɪlər/	[kʰai-tʰɤ-pʰi-lA]	kāi tè pí lā
candela	/kænˈdilə/	[kʰan-tɤ-lA]	kǎn dé lā
canzona	/kænˈtsəʊnə/	[kʰan-tswo-nA]	kǎn zuǒ nà
comprador	/ˌkɑmprəˈdɔr/	[kʰɑŋ-pai-tu]	kāng bái dù
combine	/kəmˈbaɪn/	[kʰɑŋ-pai-jin]	kāng bài yīn
combination	/ˌkɑmbɪˈneɪʃən/	[kʰɑŋ-pai-jin-nA-ɕjuŋ]	kāng bài yīn nà xióng
compost	/ˈkɑmpoʊst/	[kʰɑŋ-pwo-sɿ-tʰɤ]	kāng bō sī tè
compote	/ˈkɑmpoʊt/	[kʰɑŋ-pwo-tʰɤ]	kāng bō tè
countersink	/ˈkaʊntərˌsɪŋk/	[kʰɑŋ-tɤ-ʂən]	kāng dé shēn
condenser	/kənˈdensər/	[kʰɑŋ-tjəŋ-ʂəŋ]	kāng dìng shēng
concordat	/kənˈkɔrdæt/	[kʰɑŋ-kɤ-tA]	kāng gē dá
conger	/ˈkɑŋgər/	[kʰɑŋ-tɕi]	kāng jí（mán）
conga	/ˈkɑŋgə/	[kʰɑŋ-tɕjA]	kāng jiā（wǔ）
commendam	/kəˈmendæm/	[kʰɑŋ-mən-tA]	kāng mén dá
communism	/ˈkɑmjunɪzəm/	[kʰɑŋ-mən-ni-sɿ-mu]	kāng mén ní sī mǔ
commons	/ˈkɑmənz/	[kʰɑŋ-məŋ-ʂʅ]	kāng méng shì
communist	/ˈkɑmjənɪst/	[kʰɑŋ-min-ni-sɿ-tʰɤ]	kāng mín ní sī tè
carnation	/kɑrˈneɪʃən/	[kʰɑŋ-nai-ɕin]	kāng nǎi xīn
combiner	/kəmˈbaɪnə/	[kʰɑŋ-pʰjəŋ-nA]	kāng píng nà
consul	/ˈkɑnsəl/	[kʰɑŋ-su-lɤ]	kāng sū lè
consol	/ˈkɑnˌsɑl/	[kʰɑŋ-swo-ɚ]	kāng suǒ ěr
consort	/ˈkɑnsɔrt/	[kʰɑŋ-swo-tʰɤ]	kāng suǒ tè
cantata	/kænˈtɑtə/	[kʰɑŋ-tʰA-tʰA]	kāng tǎ tǎ
condemn	/kənˈdem/	[kʰɑŋ-tjan-wu]	kāng tián wù
convention	/kənˈvenʃən/	[kʰɑŋ-wən-ɕjəŋ]	kāng wén xīng

英语输入	英语国际音标 IPA	汉语国际音标	汉语拼音
consequence	/ˈkɑnsɪkwens/	[kʰɑŋ-ɕi-kʰwən-ʂʅ]	kāng xī kūn shì
coil	/kɔɪl/	[kʰɑu-ɚ]	kǎo ěr
coffee	/ˈkɔfi/	[kʰA-fei]	kā fēi
cock	/kɑk/	[kʰɑu-kʰɤ]	kǎo kè
koala	/koʊˈɑlə/	[kʰɑu-lA]	kǎo lā
council	/ˈkaʊnsəl/	[kʰɑu-wən-sɿ-ɚ]	kǎo wēn sī ěr
count	/kaʊnt/	[kʰɑu-wən-tʰɤ]	kǎo wēn tè
copy	/ˈkɑpi/	[kʰɑu-pei]	kǎo bèi
coupling	/ˈkʌplɪŋ/	[kʰɑu-pei-lwən]	kào bèi lùn
collotype	/ˈkɑləˌtaɪp/	[kʰɤ-lwo]	kē luó（bǎn）
collodion	/kəˈloʊdiən/	[kʰɤ-lwo-tʰjəŋ]	kē luó dīng
cornet	/ˈkɔrnɪt/	[kʰɤ-ɚ-nA-tʰi]	kē ěr nà tí
coca	/ˈkoʊkə/	[kʰɤ-kʰA]	kē kǎ
colocynth	/ˈkɑləsɪnθ/	[kʰɤ-lwo-ɕin]	kē luó xīn
cockney	/ˈkɑkni/	[kʰɤ-kʰɤ-nai]	kē kè nài
coromandel	/ˌkɔrəˈmændəl/	[kʰɤ-lwo-man-two]	kē luó màn duō
corner	/ˈkɔrnər/	[kʰɤ-nai-ɚ]	kē nài ěr
quadrat	/ˈkwɑdrət/	[kʰɤ-fA-tɤ-lA]	ké fá dé lā
codeine	/ˈkoʊdin/	[kʰɤ-tai-jin]	kě dài yīn
cacao	/kəˈkaʊ/	[kʰɤ-kʰɤ]	kě kě
cola	/ˈkoʊlə/	[kʰɤ-lɤ]	kě lè
carat	/ˈkærət/	[kʰɤ-lA]	kè lā
clarinet	/ˌklærəˈnet/	[kʰɤ-lA-li-nje-tʰɤ]	kè lā lì niè tè
clarion	/ˈklærɪən/	[kʰɤ-lA-li-wuŋ]	kè lā lì wēng
clavichord	/ˈklævɪkɔrd/	[kʰɤ-lA-wei-kʰɤ-tɤ]	kè lā wéi kē dé
clutch	/klʌtʃ/	[kʰɤ-lA-tsɿ]	kè lā zǐ
clan	/klæn/	[kʰɤ-lan]	kè lán
crown	/kraʊn/	[kʰɤ-lɑŋ]	kè lǎng
creole	/ˈkrioʊl/	[kʰɤ-li-ɑu-ɚ]	kè lǐ ào ěr（yǔ）
clone	/kloʊn/	[kʰɤ-luŋ]	kè lóng
chrome	/kroʊm/	[kʰɤ-lwo-mi]	kè luó mǐ
mole	/moʊl/	[kʰɤ-mwo]	kè mó
crith	/krɪθ/	[kʰɤ-ɹwei]	kè ruì
cam	/kæm/	[kʰəŋ]	kēng
commission	/kəˈmɪʃən/	[kʰuŋ-mi-ɕjuŋ]	kǒng mì xiōng
commutator	/ˈkɑmjuteɪtər/	[kʰuŋ-mju-tʰwo-tʰA]	kǒng miù tuō tā

英语输入	英语国际音标 IPA	汉语国际音标	汉语拼音
cute	/kjut/	[kʰou]	kòu
cumin	/ˈkʌmɪn/	[kʰu-mjəŋ]	kū míng
cusso	/kʌsəu/	[kʰu-su]	kǔ sū
cushion	/ˈkʊʃən/	[kʰu-pjan]	kù biān
culex	/ˈkjuleks/	[kʰu-lei]	kù léi（wén）
curia	/ˈkjʊrɪə/	[kʰu-li-jA]	kù lǐ yà
coulomb	/kuloʊm/	[kʰu-lwən]	kù lún
cool	/kul/	[kʰu]	kù
cokes	/koʊks/	[kʰu-kʰɤ-sɿ]	kù kè sī
cooler	/ˈkulər/	[kʰu-lɤ]	kù lè
quark	/kwɔrk/	[kʰwA-kʰɤ]	kuā kè
quart	/kwɔrt/	[kʰwA-two]	kuā tuō
quina	/ˈkɪnə/	[kʰwei-nA]	kuí nǎ
quinin	/ˈkwɪnɪn/	[kʰwei-njəŋ]	kuí níng
quasar	/ˈkweɪzɑr/	[kʰwei-ʂA]	kuí shà
quarter	/ˈkwɔrtər/	[kʰwo-tA]	kuò dǎ
coherer	/koʊˈhɪrər/	[kʰwo-ɕi-lA]	kuò xī là
cassava	/kəˈsɑvə/	[kʰA-sA-wA]	kǎ sǎ wǎ
kayser	/ˈkaizə/	[kʰai-sɤ]	kǎi sè
chorea	/kəˈriə/	[kʰɤ-li-jA]	kē lì yà
cosmos	/ˈkɑzmoʊs/	[kʰɤ-sɿ-mwo-sɿ]	kě sī mò sī（huā）
curve	/kɜrv/	[kʰɤ-fu]	kè fū
creosote	/ˈkriəsoʊt/	[kʰɤ-li-su]	kè lǐ sū（yóu）
cretic	/ˈkritɪk/	[kʰɤ-li-tʰɤ]	kè lǐ tè（shī gé）
capris	/kəˈpriz/	[kʰɤ-pʰu-li]	kè pǔ lǐ（zhuāng）
xylonitc	/ˈzaɪləˌnaɪt/	[kʰɤ-ɕi-lwo-lai-two]	kè xī luó lái tuō
cosine	/ˈkoʊsaɪn/	[kʰou-sai-jin]	kòu sài yīn
cotangent	/ˈkoˈtændʒənt/	[kʰou-tʰan-tɕin]	kòu tán jīn
cosecant	/koʊˈsikənt/	[kʰou-ɕi-kən]	kòu xī gēn
libido	/lɪˈbidoʊ/	[lai-pi-two]	lái bǐ duō
lancers	/ˈlænsərz/	[lan-sA-sɿ]	lán sà sī
lambert	/ˈlæmbərt/	[lɑŋ-pwo]	lǎng bó
lux	/lʌks/	[lɤ-kʰɤ-sɿ]	lè kè sī
librium	/ˈlɪbrɪəm/	[li-pi-an]	lì bǐ ān
reversi	/riˈvəsi/	[lje-wei-ɚ-ɕɿ]	liè wéi ěr xī
rood	/ˈrud/	[lu-tɤ]	lù dé

英语输入	英语国际音标 IPA	汉语国际音标	汉语拼音
loganberry	/ˈloʊgənberi/	[lwo-kan]	luó gān（méi）
loran	/ˈlɔˌræn/	[lwo-lan]	luó lán
rye	/raɪ/	[lA-ai]	lā ài
labradorite	/ˌlæbrəˈdɔraɪt/	[lA-pA-lA-two]	lā bā lā duō（shí）
labyrinth	/ˈlæbərɪnθ/	[A-pje-ljəŋ-sɿ]	ā bié lìng sī（zhóu fēng）
rad	/ræd/	[lA-tɤ]	lā dé
radome	/ˈreɪdoʊm/	[lA-two-mei]	lā duō měi
raffia	/ˈræfiə/	[lA-fei-jA]	lā fēi yà（shù）
rally	/ˈræli/	[lA-li-sai]	lā lì sài
last	/læst/	[lA-sɿ-t^{h}ɤ]	lā sī tè
lavender	/ˈlævəndər/	[lA-wən-tA]	lā wén dá
lacquer	/ˈlækər/	[lA-k^{h}ɤ]	là kè
narcissism	/ˈnɑrsɪsɪzəm/	[lA-ɕi-ɕye-tsɿ-mu]	là xī xuě zī mǔ
lover	/ˈlʌvər/	[lA-wan-ɚ]	là wán ér
rugby	/ˈrʌgbi/	[lA-ku-p^{h}i]	là gǔ pí
reflector	/rɪˈflektər/	[lai-fu-lai-k^{h}ɤ-tu-ɚ]	lái fù lái kē dū ěr
rifle	/ˈraɪfəl/	[lai-fu]	lái fù（qiāng）
lining	/ˈlaɪnɪŋ/	[lai-ljəŋ]	lái lìng
liner	/ˈlaɪnər/	[lai-nA]	lái nà
lysol	/ˈlaɪsɒl/	[lai-su-ɚ]	lái sū ěr
lisle	/laɪl/	[lai-ɚ]	lái ěr（xiàn）
lycra	/ˈlaɪkrə/	[lai-k^{h}A]	lái kǎ
lime	/laɪm/	[lai-mu]	lái mǔ
laser	/ˈleɪzər/	[lai-sɤ]	lái sè
rambutan	/ræmˈbutən/	[lai-pu-tan]	lán bù dān（guǒ）
langley	/ˈlæŋli/	[lan-lɤ]	lán lè
lace	/leɪs/	[lei-sɿ]	lěi sī
rum	/rʌm/	[lɑŋ-mu]	lǎng mǔ
lawyer	/ˈlɔyər/	[lɑu-je-ɚ]	láo yè ěr
loafer	/ˈloʊfər/	[lɤ-fu]	lè fú（xié）
lotto	/ˈlɑtoʊ/	[lɤ-t^{h}ou]	lè tòu
legate	/ˈlegət/	[lɤ-kei-t^{h}ɤ]	lè gěi tè
rhetoric	/ˈretərɪk/	[lɤ-two-lje-k^{h}ɤ]	lè tuō liè kè
rebecca	/rɪˈbekə/	[lei-pje-k^{h}A]	léi bié kǎ
radar	/ˈreɪdɑr/	[lei-tA]	léi dá
redwood	/ˈredwʊd/	[lei-tɤ-wo]	léi dé wò

英语输入	英语国际音标 IPA	汉语国际音标	汉语拼音
ragtime	/ˈrægtaɪm/	[lei-kɤ-tʰai-mu]	léi gé tài mǔ（diào）
racon	/ˈreɪkɑn/	[lei-kɑŋ]	léi kāng
rem	/rem/	[lei-mu]	lěi mǔ
rayon	/ˈreɪɑn/	[lei-jəŋ]	léi yíng
lesbian	/ˈlezbiən/	[lei-sɿ-pjan]	lěi sī biān
ribbon	/ˈrɪbən/	[li-pʰəŋ]	lǐ péng
liberty	/ˈlɪbərti/	[li-pwo-ɚ-tʰɤ]	lǐ bó ér tè
reeve	/riv/	[li-fu]	lǐ fǔ
league	/lig/	[li-kɤ]	lǐ gé
recorder	/rɪˈkɔrdər/	[li-kʰɤ-tA]	lǐ kē dá
reputation	/ˌrepjuˈteɪʃən/	[li-pjɑu-tɤ-ɕjan]	lǐ biāo dé xiǎn
revolution	/ˌrevəˈluʃən/	[li-fwo-lju-ɕjan]	lǐ fó liú xiǎn
libido	/lɪˈbidoʊ/	[li-pi-two]	lì bì duō
lithopone	/ˈlɪθəˌpoʊn/	[li-tɤ]	lì dé（fěn）
lyddite	/ˈlɪdaɪt/	[li-tɤ]	lì dé（zhà yào）
litmus	/ˈlɪtməs/	[li-ti-mwo-sɿ]	lì dī mò sī
litre	/ˈlitər/	[li-two-ɚ]	lì tuō ěr
rinse	/rɪns/	[li-sɿ]	lì sī
liqueur	/lɪˈkɜr/	[li-tɕju]	lì jiǔ（jiǔ）
rickey	/ˈrɪki/	[li-kʰɤ]	lì kè（shuǐ）
relay	/ˈrileɪ/	[li-lai]	lì lái
linen	/ˈlɪnɪn/	[ljan-ɻen]	lián rén
lid	/lɪd/	[lje]	liè
rebcc	/ˈribek/	[lje-pei-kʰɤ]	liè bèi kè
limbo	/ˈlɪmboʊ/	[lin-pwo-wu]	lín bō wǔ
lymph	/lɪmf/	[lin-pA]	lín bā
limburger	/ˈlimbəgə/	[ljəŋ-pɑu-kan]	líng bǎo gān（lào）
ream	/rim/	[ljəŋ]	lǐng
ring	/rɪŋ/	[ljəŋ]	lìng
link	/lɪŋk/	[ljəŋ-kʰɤ]	lìng kè
lumen	/ˈlumɪn/	[lju-mjəŋ]	liú míng
lusec	/ˈljusek/	[lju-ɕi-kʰɤ]	liú xī kè
lute	/lut/	[lju-tʰɤ]	liú tè
lustrine	/ˈlʌstrin/	[lju-sɿ-tʰɤ-lin]	liǔ sī tè lín
rupee	/ruˈpi/	[lu-pi]	lú bǐ
rutherford	/ˈrʌðərfərd/	[lu-sɤ-fu]	lú sè fú

英语输入	英语国际音标 IPA	汉语国际音标	汉语拼音
loam	/loʊm/	[lu-mu]	lú mǔ
religion	/rɪˈlɪdʒən/	[lu-li-li-tʂəŋ]	lǚ lí lǐ zhěng
ruby	/ˈrubi/	[lu-pi]	lù bǐ
Reuters	/ˈrɔɪtərz/	[lu-tʰou-ʂɤ]	lù tòu shè
router	/ˈrutər/	[lu-jou]	lù yóu（qì）
rubric	/ˈrubrɪk/	[lu-pwo-li-kʰA]	lù bó lì kǎ
republic	/rɪˈpʌblɪk/	[ly-pA-pu-li]	lǜ bá bù lì
rumba	/ˈrʌmbə/	[lwən-pA]	lún bā
gross	/groʊs/	[lwo]	luó
lord	/lɔrd/	[lwo-tɤ]	luó dé
roll	/roʊl/	[lwo-ɚ]	luó ér
rocker	/ˈrɑkər/	[lwo-kʰɤ-ɚ]	luó kè ér
roller	/ˈroʊlər/	[lwo-lA]	luó lā
romantic	/roʊˈmæntɪk/	[lwo-man-ti-kʰɤ]	luó màn dì kè
romance	/ˈroʊmæns/	[lwo-man-ʂʅ]	luó màn shǐ
lotto	/ˈlɑtoʊ/	[lɤ-tʰou]	lè tòu
logos	/ˈlɔgos/	[lwo-kɤ-sɿ]	luó gè sī
logic	/ˈlɑdʒɪk/	[lwo-tɕi]	luó jí
logistic	/loˈdʒɪstɪk/	[lwo-tɕi-sɿ-tʰi]	luó jí sī tí
rococo	/rəˈkoʊkoʊ/	[lwo-kʰɤ-kʰɤ]	luò kě kě
representative	/ˌreprɪˈzentətɪv/	[li-pwo-li-ɕjan-tʰi-fu]	lǐ bó lǐ xiān tè dǐ fǔ
meterstick	/ˈmitəstik/	[mei-tɤ]	měi dé（chǐ）
merchant	/ˈmɜrtʃənt/	[mA-tʂan]	mǎ zhàn
minute	/ˈmɪnɪt/	[mi-li]	mǐ lì
museum	/mjuˈziəm/	[mu-tʂʅ-mu]	mù qí mǔ
malaria	/məˈleriə/	[mA-lA-li-jA]	má là lì yà
malm	/mɑm/	[mA-mu]	má mǔ
motor	/ˈmoʊtər/	[mA-tA]	mǎ dá
martensite	/ˈmɑrtənˌzaɪt/	[Ma-təŋ-sɿ-tʰi]	mǎ dēng sī tǐ
madras	/məˈdræs/	[mA-tu-lA-sɿ]	mǎ dū lā sī（bù）
marquisette	/ˌmɑrkɪˈzɪt/	[mA-ɚ-tɕi-sɤ]	mǎ ěr jī sè
muffin	/ˈmʌfin/	[mA-fən]	mǎ fēn
marquis	/ˈmɑrkwɪs/	[mA-kwei-sɤ-sɿ]	mǎ guǐ sè sī
machiavellianism	/ˌmækiəˈveliəˌnizəm/	[mA-tɕi-jA-wei-li]	mǎ jī yǎ wéi lì（zhǔ yì）
macaroon	/ˌmækəˈrun/	[mA-kʰA-luŋ]	mǎ kǎ lóng
mug	/mʌg/	[mA-kʰɤ]	mǎ kè

英语输入	英语国际音标 IPA	汉语国际音标	汉语拼音
marabout	/ˈmærəˌbʊt/	[mA-lA-pu-tʰɤ]	mǎ lā bù tè
marathon	/ˈmærəθɑn/	[mA-lA-suŋ]	mǎ lā sōng
marimba	/məˈrɪmbə/	[mA-lin-pA]	mǎ lín bā（qín）
marlin	/ˈmɑrlɪn/	[mA-lin]	mǎ lín（yú）
marocain	/ˈmærəkeɪn/	[mA-lwo-kʰan]	mǎ luó kǎn（píng wén zhòu）
mosaic	/moʊˈzeɪɪk/	[mA-sai-kʰɤ]	mǎ sài kè
mass	/mæs/	[mA-sɿ]	mǎ sī
mask	/mæsk/	[mA-sɿ-kʰɤ]	mǎ sī kè
matter	/ˈmætər/	[mA-tʰɤ-ɚ]	mǎ tè ěr
martini	/mɑrˈtini/	[mA-tʰi-ni]	mǎ tí ní
marjoram	/ˈmɑrdʒərəm/	[mA-yɥe-lan]	mǎ yuē lán
magistrate	/ˈmædʒɪstreɪt/	[mA-tʂʅ-sɿ-two-tʰɤ]	mǎ zhī sī tuō tè
Mazdaism	/ˈmæzdəˌɪzəm/	[mA-tsɿ-tA]	mǎ zī dá（jiào）
morphine	/ˈmɔrfin/	[mA-fei]	mǎ fēi
manna	/ˈmænə/	[mA-nA]	mǎ nǎ
madeleine	/ˈmædlɪn/	[mA-tɤ-lin]	mǎ dé lín
margaret	/ˈmɑrgrət/	[mA-kɤ-li-tʰɤ]	mǎ gé lì tè
mammon	/ˈmæmən/	[mA-mən]	mǎ mén
mass	/mæs/	[mA-sɿ]	mǎ sī
mazurka	məˈzɜkə/	[mA-tsu-kʰA]	mǎ zǔ kǎ
mile	/maɪl/	[mai]	mài
megger	/ˈmegər/	[mai-kɤ]	mài gé（biǎo）
melton	/ˈmeltən/	[mai-ɚ-təŋ]	mài ěr dēng（ní）
microphone	/ˈmaɪkrəfoʊn/	[mai-kʰɤ-fəŋ]	mài kè fēng
maxwell	/ˈmæksˌwɛl/	[mai-kʰɤ-sɿ-wei]	mài kè sī wéi
magneto	/mægˈnitoʊ/	[mai-ni-two]	mài ní duō
margarine	/ˈmɑrdʒərən/	[mai-tɕʰi-lin]	mài qí lín
methodist	/ˈmeθədɪst/	[mai-two-tʂʅ-sɿ-tʰɤ]	mài tuō zhí sī tè
maser	/ˈmeɪzər/	[mai-sɤ]	mài sè
mambo	/ˈmæmboʊ/	[man-pwo]	màn bō
mandrel	/ˈmændrəl/	[man-tɤ-lwo]	màn dé luó
mandola	/mænˈdoʊlə/	[man-two-lA]	màn duō lā
mangrove	/ˈmængroʊv/	[man-kɤ-lwo-fu]	màn gé luó fū
mana	/ˈmɑnə/	[man-nA]	màn nà
mandolin	/ˌmændəˈlɪn/	[man-two-ljəŋ]	màn tuó líng
mantle	/ˈmæntəl/	[man-two]	màn tuó

英语输入	英语国际音标 IPA	汉语国际音标	汉语拼音
monsoon	/ˌmɑnˈsun/	[mɑŋ-ɕwən]	máng xún
modem	/ˈmoʊdəm/	[mɑu]	māo
muslin	/ˈmʌzlɪn/	[mɑu-sɿ-lwən]	máo sī lún
mayor	/ˈmeɪər/	[mei-ɚ]	méi ěr
mel	/mel/	[mei-ɚ]	měi ěr
merino	/məˈrinoʊ/	[mei-li-nu]	měi lì nú
mayonnaise	/ˈmeɪəneɪz/	[mei-nai-tsɿ]	měi nǎi zī
meconium	/məˈkonɪəm/	[mei-kɑŋ]	mèi kāng
maltose	/ˈmɔltoʊz/	[məŋ-two-sɿ]	méng tuō sī
monarchy	/ˈmɑnərki/	[məŋ-nɤ-A-tɕi]	méng nè ā jī
montage	/ˌmɑnˈtɑʒ/	[məŋ-t^hai-$tɕ^h$i]	méng tài qí
mammoth	/ˈmæməθ/	[məŋ-mA]	měng mǎ
memory	/ˈmeməri/	[məŋ-mwo-li]	mèng mó lì
mini	/ˈmɪni/	[mi-ni]	mí nǐ
metaphysics	/ˌmetəˈfɪzɪks/	[mi-tA-fei-tɕi-kɤ-sɿ]	mì dá fěi jí gé sī
militia	/məˈlɪʃə/	[mi-li-ʂA]	mì lǐ shā
mistral	/ˈmɪstrəl/	[mi-ʂʅ-t^hwo-lA]	mì shǐ tuō lā（fēng）
miss	/mɪs/	[mi-sɿ]	mì sī
mister	/ˈmɪstər/	[mi-sɿ-two]	mì sī tuō
misanthrope	/ˈmɪsənθroʊp/	[mi-sɑŋ-swo-lwo-p^hu]	mì sāng suǒ luó pǔ
model	/ˈmɑdəl/	[mwo-t^hɤ]	mó tè
modern	/ˈmɑdərn/	[mwo-təŋ]	mó dēng
mole	/moʊl/	[mwo-ɚ]	mó ěr
moorish	/ˈmɔrɪʃ/	[mwo-ɚ-ʂʅ]	mó ěr shì
molasses	/məˈlæsɪz/	[mwo-lA-sɿ]	mó lā sī
morris	/ˈmɔrɪs/	[mwo-li-sɿ]	mó lǐ sī
mousse	/mus/	[mwo-sɿ]	mó sī
motor	/ˈmoʊtər/	[mwo-two]	mó tuō
modal	/ˈmoʊdəl/	[mwo-tai-ɚ]	mò dài ěr
mora	/ˈmorɚ/	[mwo-lA]	mò lā
moss	/mɔs/	[mwo-sɿ]	mò sī
motif	/moʊˈtif/	[mu-t^hi]	mǔ tǐ
mummy	/ˈmʌmi/	[mu-mwo]	mù mò
mohair	/ˈmoʊher/	[mA-hai]	mǎ hǎi
mace	/meɪs/	[mai-sɿ]	mài sī
masonite	/ˈmeɪsənaɪt/	[mei-swo-nai-t^hɤ]	méi suǒ nài tè

英语输入	英语国际音标 IPA	汉语国际音标	汉语拼音
menhaden	/menˈheɪdən/	[mən-hA-tʰɤ]	mén hā tè（yú）
mongoose	/ˈmaŋgus/	[məŋ-kɤ]	méng gē
minibus	/ˈmɪnibʌs/	[mi-ni-pA-ʂʅ]	mí nǐ bā shì
minim	/ˈmɪnɪm/	[mi-ni-mu]	mǐ ní mǔ
martyrs	/ˈmatə/	[mwo-ɚ-ti-sɿ]	mó ěr dǐ sī
molecule	/ˈmalɪkjul/	[mwo-lɤ]	mó lè
mops	/maps/	[mwo-pu-sɿ]	mò bù sī（gǒu）
mho	/moʊ/	[mu-ou]	mǔ ōu
monera	/məˈnɪərə/	[mu-nA-lwo]	mù nà luó
mustang	/ˈmʌstæŋ/	[mu-sɿ-təŋ]	mù sī dēng（mǎ）
masonite	/ˈmeɪsənaɪt/	[mei-swo-nai-tʰɤ]	méi suǒ nài tè
Naderism	/ˈneidərizəm/	[nA-tɤ]	nà dé（zhǔ yì）
nail	/neɪl/	[nA-ɚ]	nà ěr
neper	/ˈnipɚ/	[nai-pʰei]	nài péi
nainsook	/ˈnænsʊk/	[nan-su-kʰɤ]	nán sū kè（bù）
nicotinc	/ˈnɪkətin/	[ni-ku-tjəŋ]	ní gǔ dīng
negus	/ˈnigəs/	[ni-tɕjA-sɿ]	ní jiā sī（jiǔ）
nylon	/ˈnaɪlan/	[ni-luŋ]	ní lóng
nerve	/nɜrv/	[nje-fu]	niè fú
nebulas	/ˈnɛbjʊlə/	[nje-pʰu-lA-sɿ]	niè pú là sī
lemon	/ˈlemən/	[njəŋ-məŋ]	níng méng
newton	/ˈnutən/	[nju-dwən]	niú dùn
noumenon	/ˈnumɪnan/	[nju-mei-nwo]	niǔ měi nuò
knot	/nat/	[nwo-two]	nuò tuō
novelette	/ˌnavlˈet/	[nwo-wei-lje-tʰɤ]	nuò wèi liè tè
gnosis	/ˈnoʊsɪs/	[nwo-ɕi-sɿ]	nuò xī sī
narcotine	/ˈnakətin/	[nA-kʰɤ-tjəŋ]	nà kě dīng
narceine	/ˈnasɪin/	[nA-swei-jin]	nà suì yīn
knight	/naɪt/	[nai-two]	nài tuō
nit	/nɪt/	[ni-tʰɤ]	ní tè
noumena	/ˈnaʊmənɚ/	[nju-mi-nA]	niǔ mí nà
nous	/naʊs/	[nu-sɿ]	nú sī
nome	/noʊm/	[nwo-mu]	nuò mǔ（qǔ）
knights	/naɪts/	[nai-ʂʅ]	nài shì
pollen	/ˈpalən/	[pʰwo-lin]	pò lín
professor	/prəˈfesər/	[pʰu-fei-sɤ]	pū fēi sè

英语输入	英语国际音标 IPA	汉语国际音标	汉语拼音
oboe	/ˈoʊboʊ/	[ou-pwo]	ōu bō
organza	/ɔrˈgænzə/	[ou-kən-ʂA]	ōu gēn shā
ohm	/oʊm/	[ou-mu]	ōu mǔ
pavan	/ ˈpævən/	[pʰA-fan]	pà fán
paralympic	/pærəˈlɪmpɪk/	[pʰA-lA-lin-kʰɤ]	pà lā lín kè
palm	/pɑm/	[pʰA-mai]	pà mài
parsec	/ˈpɑrˌsɛk/	[pʰA-sɤ-kʰɤ]	pà sè kè
pascal	/ˈpæskəl/	[pʰA-sɿ-kʰA]	pà sī kǎ
potential	/pəˈtenʃəl/	[pʰA-twən-ɕi-ɚ]	pà tūn xī ěr
paradoxical	/ˌpærəˈdɑksɪkəl/	[pA-lA-two-kʰɤ-sɿ]	pà lā duō kè sī
packer	/ˈpækər/	[pʰai-kʰɤ]	pāi kè
pie	/paɪ/	[pʰai]	pài
paradigm	/ˈpærədaɪm/	[pʰai-tjan]	pài diǎn
party	/ˈpɑrti/	[pʰA-tʰi]	pā tǐ
parka	/ˈpɑrkə/	[pʰai-kʰɤ]	pài kè（dà yī）
palace	/ˈpæləs/	[pʰai-li-sɿ]	pài lì sī
pastorale	/ˌpæstəˈrɑli/	[pʰai-sɿ-tʰu-lai-ɚ]	pài sī tū lái ěr
packing	/ˈpækɪŋ/	[pʰan-kən]	pán gēn
penicillin	/ˌpenɪˈsɪlɪn/	[pʰan-ni-ɕi-lin]	pán ní xī lín
pampero	/pɑmˈpero/	[pʰɑŋ-pʰei-lwo]	pāng pèi luó（fēng）
pontificate	/pɑnˈtɪfikeɪt/	[pʰɑŋ-ti-fei-tɕjA-tʰɤ]	páng dí fēi jiā tè
pontoon	/pɑnˈtun/	[pʰɑŋ-tʰuŋ]	páng tǒng
polishing	/ˈpɑlɪʃ/	[pʰɑu-kwɑŋ]	pāo guāng
parkour	/pɑrˈkɔr/	[pʰɑu-kʰu]	pǎo kù
powder	/ˈpaʊdər/	[pʰɑu-tA]	pào dǎ（fěn）
puff	/pʌf/	[pʰɑu-fu]	pào fú
bacon	/ˈbeɪkən/	[pʰei-kən]	péi gēn
paisley	/ˈpeɪzli/	[pʰei-ʂɿ-li]	pèi shì lì huā（ní）
peck	/pek/	[pʰei-kʰɤ]	pèi kè
percent	/pərˈsent/	[pʰei-ʂəŋ-tʰɤ]	pèi shēng tè
piston	/ˈpɪstən/	[pʰei-sɿ-təŋ]	pèi sī dēng
pembroke	/ˈpembruk/	[pʰən-pu-lu-kʰɤ]	pén bù lǔ kè（zhuō）
punk	/pʌŋk/	[pʰəŋ-kʰɤ]	péng kè
bench	/bentʃ/	[pʰəŋ-tʂʅ]	péng zhī
pan	/pæn/	[pʰəŋ]	péng
pimento	/pɪˈmentoʊ/	[pʰi-mən-tʰA]	pī mén tā

英语输入	英语国际音标 IPA	汉语国际音标	汉语拼音
Beetles	/ˈbitləz/	[p^{h}i-tou-ʂʅ]	pī tóu shì
piano	/piˈænoʊ/	[p^{h}i-A-nwo]	pī ā nuó
breaking	/ˈbreɪkɪŋ/	[p^{h}i-li]	pī lì（wǔ）
pickup	/ˈpɪkʌp/	[p^{h}i-k^{h}A]	pí kǎ
piccolo	/ˈpɪkəloʊ/	[p^{h}i-k^{h}ɤ-lwo]	pí kě luó
pidgin	/ˈpɪdʒɪn/	[p^{h}i-tɕ^{h}in]	pí qīn（yǔ）
pitapie	/ˈpitəpaɪ/	[p^{h}i-t^{h}A-p^{h}ai]	pí tǎ pài
peer	/pɪr/	[p^{h}i-ɚ]	pí ěr
bill	/bɪl/	[p^{h}i-lɤ]	pí lè
beer	/bɪr/	[p^{h}i]	pí（jiǔ）
paintball	/ˈpeɪntbɔl/	[p^{h}i-t^{h}ɤ-pwo]	pǐ tè bó
picnic	/ˈpɪknɪk/	[p^{h}i-k^{h}ɤ-nje-k^{h}ɤ]	pì kè niè kè
Puritan	/ˈpjʊrɪtən/	[p^{h}jɑu-li-tan]	piào lì dān
purine	/ˈpjʊərin/	[p^{h}jɑu-ljəŋ]	piào lìng
pin	/pɪn/	[p^{h}in]	pǐn
pinchbeck	/ˈpɪntʃˌbek/	[p^{h}in-tɕ^{h}i-pai-k^{h}ɤ]	pǐn qí bǎi kè
pint	/paɪnt/	[p^{h}in-t^{h}wo]	pǐn tuō
pingpong	/ˈpɪŋpɑŋ/	[p^{h}jəŋ-p^{h}ɑŋ]	pīng pāng（qiú）
paravane	/ˈpærəven/	[p^{h}wo-lei-wei]	pò léi wèi
poker	/ˈpoʊkər/	[p^{h}u-k^{h}ɤ]	pū kè
boxing	/ˈbɑksɪŋ/	[p^{h}u-k^{h}ɤ-ʂəŋ]	pū kè shèng
plug	/plʌg/	[p^{h}u-lwo]	pū luò
bushel	/ˈbʊʃəl/	[p^{h}u-ʂʅ-ɚ]	pú shì ěr
preference	/ˈprefrəns/	[p^{h}u-lje-fei-lan-sɿ]	pǔ liè fèi lán sī
prunella	/pruˈnelə/	[p^{h}u-lju-nje-li]	pǔ liú niè lì
pullman	/ˈpʊlmən/	[p^{h}u-ɚ-man]	pǔ ěr màn
prion	/ˈpriɑn/	[p^{h}u-li-an]	pǔ lì ān
property	/ˈprɑpərti/	[p^{h}u-lwo-pwo-ti]	pǔ luó bó dì
proletariat	/ˌproʊləˈteriət/	[p^{h}u-lwo-lje-tA-li-jA]	pǔ luó liè dá lǐ yà
proletarian	/ˌproʊləˈteriən/	[p^{h}u-lwo-lje-t^{h}ai-lin]	pǔ luó liè tài lín
pneuma	/ˈnjʊmə/	[p^{h}u-nju-mA]	pǔ niǔ mǎ
paprika	/pəˈprikə/	[p^{h}A-p^{h}u-li-k^{h}A]	pà pǔ lì kǎ
pyrethrum	/paɪˈriθrəm/	[p^{h}ai-li-twən]	pài lì tūn
punch	/pʌntʃ/	[p^{h}an-tɕ^{h}y]	pān qù（jiǔ）
bearing	/ˈberɪŋ/	[p^{h}ei-lin]	péi lín
page	/peɪdʒ/	[p^{h}ei-tʂʅ]	pèi chí

英语输入	英语国际音标 IPA	汉语国际音标	汉语拼音
poncelet	/ˈpɔnslit/	[pʰəŋ-sɿ-lɤ-tʰɤ]	péng sī lè tè
pope	/poʊp/	[pʰu-pwo]	pǔ bó
pool	/pul/	[pʰu-ɚ]	pǔ ěr
puna	/ˈpunə/	[pʰu-nA]	pǔ ná
prolan	/ˈproˌlæn/	[pʰu-jy-lan]	pǔ yù lán
giraffe	/dʒəˈræf/	[tɕʰi-lA-fu]	qí lā fū
chia	/ˈtʃiə/	[tɕʰi-jA-tsɿ]	qí yà zǐ
kiwi	/ˈkiwi/	[tɕʰi-ji]	qí yì (guǒ)
chat	/tʃæt/	[tɕʰjA-tʰɤ]	qià tè
chocolate	/ˈtʃɔklət/	[tɕʰjɑu-kʰɤ-li]	qiǎo kè lì
chaldron	ˈtʃɔldrən/	[tɕʰjɑu-tʰɤ-lwən]	qiǎo tè lún
cheddar	/ˈtʃedər/	[tɕʰje-tA]	qié dá (gān lào)
king	/kɪŋ/	[tɕʰin]	qīn
gymnasium	/dʒɪmˈneɪziəm/	[tɕʰin-mu-nA-tɕʰi]	qín mù nà qí
chimpanzee	/ˌtʃɪmpænˈzi/	[tɕʰjəŋ-mjəŋ-tsɿ]	qīng míng zǐ
cookie	/ˈkʊki/	[tɕʰy-tɕʰi]	qǔ qí
trumpet	/ˈtrʌmpɪt/	[tɕʰy-lɑŋ-pʰai-tʰi]	qū lǎng pāi tí
trombone	/trɑmˈboʊn/	[tɕʰy-luŋ-pu-wəŋ]	qū lǒng bù wēng
zither	/ˈzɪðər/	[tɕʰi-tA]	qí dá
kino	/ˈkino/	[tɕʰi-nwo]	qí nuò
kilowatt	/ˈkɪləwɑt/	[tɕʰi-lwo-wA-tʰɤ]	qǐ luó wǎ tè
chinook	/tʃɪˈnuk/	[tɕʰjn-nwo-kʰɤ]	qīn nuò kè (fēng)
rave	/reɪv/	[ɻwei-wu]	ruì wǔ
ring	/rɪŋ/	[ɻwei-ən]	ruì ēn
satan	/ˈseɪtən/	[sA-tan]	sā dàn
salvia	/ˈsælviə/	[sA-ɚ-wei-jA]	sā ěr wéi yà
therm	/θɜrm/	[sA-mu]	sā mǔ
subsidy	/ˈsʌbsədi/	[sA-pai-ɕi-ti]	sà bái xī dì
substratum	/ˈsʌbstreɪtəm/	[sA-pu-sɿ-tʰA-tan]	sà bù sī tā dān
substance	/ˈsʌbstəns/	[sA-pu-sɿ-tan-sɿ]	sà bù sī tǎn sī
salsa	/ˈsɑlsə/	[sA-ɚ-sA]	sà ěr sà (jiàng)
saxhorn	/ˈsækshɔrn/	[sA-kʰɤ-sɿ]	sà kè sī (hào)
saros	/ˈseərɒs/	[sA-lwo-sɿ]	sà luó sī (zhōu qī)
samizdat	/ˈsæmɪzdæt/	[sA-mi-jA-tʰɤ]	sà mǐ yà tè
savanna	/səˈvænə/	[sA-wɑŋ-nA]	sà wáng nà (qún luò)
sovereignty	/ˈsɑvrənti/	[sA-wei-ləŋ]	sà wēi léng (tiē)

英语输入	英语国际音标 IPA	汉语国际音标	汉语拼音
symbian	/simbiən/	[sai-pan]	sài bān
sabin	/ˈseɪbɪn/	[sai-pin]	sài bīn
celluloid	/ˈseljulɔɪd/	[sai-lu-lwo]	sài lù luò
cello	/ˈtʃeloʊ/	[sai-lwo]	sài luò
celloidin	/sɛˈlɔɪdɪn/	[sai-lwo-tjan]	sài luò diàn
science	/ˈsaɪəns/	[sai-jin-sɿ]	sài yīn sī
sandwich	/ˈsænwɪtʃ/	[san-mjəŋ-tʂʅ]	sān míng zhì
salmon	/ˈsæmən/	[san-wən]	sān wén（yú）
samba	/ˈsæmbə/	[sɑŋ-pA]	sāng bā
sauna	/ˈsɔnə/	[sɑŋ-nA]	sāng ná
soul	/soʊl/	[sɑu-ljəŋ]	sāo líng
satin	/ˈsætən/	[sɤ-tjəŋ]	sè dīng
salad	/ˈsæləd/	[sɤ-lA]	sè lā
serpent	/ˈsɜrpənt/	[sɤ-pin-t^{h}ɤ]	sè bīn tè
serf	/sɜrf/	[sɤ-ɚ-fu]	sè ěr fū
seccotine	/ˌsɛkəˈtin/	[sɤ-ku-ʨəŋ]	sè gù dīng
centenary	/senˈtenəri/	[sən-tjəŋ-nA-li]	sēn dīng nà lì
cent	/sent/	[sən-t^{h}ɤ]	sēn tè
smart	/smɑrt/	[ʂA-mA-t^{h}ɤ]	shā mǎ tè
sadism	/ˈseɪdɪzəm/	[ʂA-ti]	shā dì（zhǔ yì）
sardine	/ˌsɑrˈdin/	[ʂA-tjəŋ]	shā dīng（yú）
sofa	/ˈsoʊfə/	[ʂA-fA]	shā fā
savage	/ˈsævɪdʒ/	[ʂA-fei-tʂʅ]	shā fěi zhī
savin	/ˈsævɪn/	[ʂA-fən]	shā fēn
shackle	/ˈʃækəl/	[ʂA-kou]]	shā gōu
saffron	/ˈsæfrən/	[ʂA-hwɑŋ]	shā huáng
solenoid	/ˈsɑlənɔɪd/	[ʂA-lje-nA-tu]	shā liè nà dù（diàn quān）
sauce	/sɔs/	[ʂA-sɿ]	shā sī
chauvinism	/ˈʃoʊvɪnɪzəm/	[ʂA-wən]	shā wén（zhǔ yì）
sergeant	/ˈsɑrdʒənt/	[ʂA-tʂan-tɤ]	shā zhàn dé
saran	/səˈræn/	[ʂA-lwən]	shā lún
sunburn	/ˈsʌnbɜrn/	[ʂai-pan]	shài bān
sandal	/ˈsændəl/	[ʂan-tA-li]	shān dà lì（xié）
cyanide	/ˈsaɪənaɪd/	[ʂan-nai]	shān nài
sensational	/senˈseɪʃənəl/	[ʂan sɤ-ɕjəŋ]	shān sè xing

英语输入	英语国际音标 IPA	汉语国际音标	汉语拼音
sonnet	/ˈsɑnɪt/	[ʂɑŋ-lai-tʰi]	shāng lài tǐ
champion	/ˈtʃæmpiən/	[ʂɑŋ-pʰi-an]	shàng pì ān
chain	/tʃeɪn/	[ʂɤ-jin]	shē yīn
shaping	/ˈʃeɪpɪŋ/	[ʂɤ-pin]	shè bīn
sadism	/ˈseɪdɪzəm/	[ʂɤ-tɤ]	shè dé（zhǔ yì）
shellac	/ʃəˈlæk/	[ʂɤ-lai-kʰɤ]	shè lái kè
syrup	/ˈsɪrəp/	[ʂɤ-li-pje]	shè lì bié
cheviot	/ˈtʃeviət/	[ʂA-wei-ni]	shá wèi ní
censor	/ˈsensər/	[ʂən-su-ɚ]	shēn sū ěr
sentimental	/ˌsentɪˈmentəl/	[ʂəŋ-ti-mən-tʰɤ]	shēng dì mèn tè
symphony	/ˈsɪmfəni/	[ʂəŋ-fəŋ-ni]	shēng fēng ní
sinker	/ˈsɪŋkər/	[ʂəŋ-kʰɤ]	shēng kè（piàn）
cent	/sent/	[ʂəŋ-two]	shēng tuō
cental	/ˈsentəl/	[ʂəŋ-two-ɚ]	shēng tuō ěr
sofar	/ˈsofɑr/	[ʂA-fA]	shā fā
sonar	/ˈsoʊnɑr/	[ʂəŋ-nA]	shēng nà
cymbal	/ˈsɪmbəl/	[ʂəŋ-pai-ɚ]	shěng bǎi ěr
sundae	/ˈsʌndeɪ/	[ʂəŋ-tai]	shèng dài
senate	/ˈsenət/	[ʂəŋ-ni-tʰɤ]	shèng ní tè
psychology	/saɪˈkɑlədʒi/	[ʂʅ-khɤ-lwo-tʂʅ]	shí kě luó zhī
smart	/smɑrt/	[ʂʅ-mɑu]	shí máo
starter	/ˈstɑrtər/	[ʂʅ-tA-tA]	shí dǎ dá
stokes	/stoʊks/	[ʂʅ-tʰwo]	shǐ tuō
scone	/skoʊn/	[ʂʅ-kan]	shì gān（bǐng）
scampi	/ˈskæmpi/	[ʂʅ-kan-pi]	shì gān bǐ（dà xiā）
sheriff	/ˈʃerɪf/	[ʂʅ-li-fu]	shì lì fǔ
soda	/ˈsoʊdə/	[su-tA]	sū dá
subject	/ˈsʌbdʒɪkt/	[ʂu-pai-tɕje]	shù bǎi jié
cement	/sɪˈment/	[ʂwei-mən-tjəŋ]	shuǐ mén tīng
spinet	/ˈspɪnət/	[sɿ-pi-nje-tʰɤ]	sī bǐ niè tè
stud	/stʌd/	[sɿ-tA-tsɿ]	sī dā zǐ
suede	/sweɪd/	[sɿ-hwei-kɤ]	sī huì gé
skiff	/skɪf/	[sɿ-tɕi-fu]	sī jī fú
screen	/skrin/	[sɿ-kʰu-lin]	sī kù lín
syllogism	/ˈsɪlədʒɪzəm/	[sɿ-lwo-tɕi-tɕʰin]	sī luò jí qìn
space	/speɪs/	[sɿ-pʰei-sɿ]	sī pèi sī

英语输入	英语国际音标 IPA	汉语国际音标	汉语拼音
switch	/swɪtʃ/	[sɿ-wei-tsɿ]	sī wéi zǐ
sweat	/swet/	[sɿ-wei-two]	sī wèi tuō
civil	/ˈsɪvəl/	[sɿ-ju-ɚ]	sī yù ěr
spar	/spɑr/	[sɿ-pA]	sī bā
species	/ˈspiʃiz/	[sɿ-pi-ɕi]	sī bì xī
spectroscope	/ˈspektrəskoʊp/	[sɿ-p^{h}i-two-lA]	sī pì tuō lā
stilton	/ˈstɪltən/	[sɿ-ti-ɚ-twən]	sī dì ěr dùn（gān lào）
stephanian	/stiˈfeiniən/	[sɿ-ti-fən]	sī dì fēn（shì）
sphinx	/sfɪŋks/	[sɿ-fən-k^{h}ɤ-sɿ]	sī fēn kè sī
school	/skul/	[sɿ-ku-lɤ]	sī gǔ lè
scull	/skʌl/	[sɿ-k^{h}A-ɚ]	sī kǎ ěr（tǐng）
schooner	/ˈskunər/	[sɿ-k^{h}u-nA]	sī kù nà chuán
slug	/slʌg/	[sɿ-lɤ-kɤ]	sī lè gé
smith	/smɪθ/	[sɿ-mei-tɤ]	sī měi dé
snooker	/ˈsnukər/	[sɿ-nwo-k^{h}ɤ]	sī nuò kè
spectrum	/ˈspektrəm/	[sɿ-p^{h}ei-sɿ tɤ]	sī pèi sī dé
sprue	/spru/	[sɿ-pwo-lu]	sī bō lú
spinet	/ˈspɪnət/	[sɿ-p^{h}i-nai-$tɕ^{h}$in]	sī pí nài qín
stadium	/ˈsteɪdiəm/	[sɿ-t^{h}A-ti]	sī tǎ dì
stance	/stæns/	[sɿ-t^{h}an-sɿ]	sī tǎn sī（shī）
stainless	/ˈsteɪnləs/	[sɿ-t^{h}ɤ-jin-lɤ-sɿ]	sī tè yīn lè sī
stuka	/stukə/	[sɿ-t^{h}u-k^{h}A]	sī tú kǎ（jī）
sone	/soʊn/	[suŋ]	sòng
sophist	/ˈsɑfist/	[su-fei-sɿ-t^{h}ɤ]	sū fěi sı tè
sousaphone	/ˈsuzəfoʊn/	[su-sA-fəŋ]	sū sà fēng
sociology	/ˌsoʊsiˈɑlədʒi/	[swo-ɕju-lwo-tʂʅ]	suō xiū luó zhī
soman	/ˈsəumæn/	[swo-man]	suō màn
sorbite	/ˈsɔbait/	[swo-pai-t^{h}i]	suǒ bài tǐ
sovereign	/ˈsɑvrɪn/	[swo-wu-ləŋ]	suǒ wù lěng
socialist	/ˈsoʊʃəlɪst/	[swo-ɕi-A-li-sɿ-two]	suǒ xī ā lì sī tuō
shroff	/ʃrɑf/	[sA-lɑu-fu]	sǎ lǎo fū
sarrusophone	/səˈrʊsəfon/	[sA-lju-swo]	sà liú suǒ（fēng）
sassafras	/ˈsæsəfræs/	[sA-ʂA-fu-lA-sɿ]	sà shā fù lā sī
cellite	/ˈsilaɪt/	[sai-lai-two]	sài lái tuō
xylodine	/ˈzaɪlədin/	[sai-lɑu-tjəŋ]	sài láo dīng
set	/set/	[sai-t^{h}ɤ]	sài tè

英语输入	英语国际音标 IPA	汉语国际音标	汉语拼音
sine	/saɪn/	[sai-jin]	sài yīn
santorin	/ˌsæntəˈrin/	[san-two-lin]	sàn duō lín（tǔ）
samsonite	/ˈsæmsənaɪt/	[san-swo-nA-tʰɤ]	sàn suǒ nà tè
saxonite	/ˈsæksənait/	[sɤ-kʰɤ-saŋ-nA-tʰɤ]	sè kè sāng nà tè
saxony	/ˈsæks（ə）nɪ/	[sɤ-kʰɤ-saŋ]	sè kè sāng（ní）
salami	/səˈlami/	[sɤ-lA-mi]	sè lā mǐ
celesta	/səˈlestə/	[sɤ-lɤ-sɿ-tʰA]	sè lè sī tǎ
setter	/ˈsetər/	[sɤ-tʰɤ]	sè tè（gǒu）
sabal	/ˈseibæl/	[ʂA-pA]	shā bā
sabadilla	/ˌsæbəˈdɪlə/	[ʂA-pA-tA]	shā bā dá
shire	/ˈʃaɪər/	[ʂA-ɚ]	shā ěr
sarin	/ˈsarɪn/	[ʂA-lin]	shā lín
saloop	/səˈlup/	[ʂA-lu]	shā lù
siren	/ˈsaɪrən/	[ʂA-lwən]	shā lún
snider	/ˈsnaɪdər/	[ʂʅ-nai-tɤ]	shī nài dé（pào）
scruple	/ˈskrupəl/	[sɿ-kʰɤ-lu-pu]	sī kè lù bù
scammony	/ˈskæməni/	[sɿ-kʰan-mwo-ni]	sī kǎn mó ní
scrapie	/ˈskreɪpi/	[sɿ-kʰɤ-lA-pʰi]	sī kè lā pí
geometry	/dʒiˈamətri/	[tɕʰi-au-mi-tʰu-ɚ-ly]	qī ào mì tǔ ér lǜ
centimeter	/ˈsentɪmitər/	[saŋ-ti-mei-tɤ]	sāng dǐ méi dé
section	/ˈsekʃən/	[sɤ-ɕwən]	sè xún
servant	/ˈsɜrvənt/	[ʂA-wən]	shā wén
stamps	/stæmps/	[sɿ-tan-pwo-sɿ]	sī dān bó sī
definition	/ˌdefiˈnɪʃən/	[tʰi-fei-ni-ɕwən]	tí fēi ní xún
turpentine	/ˈtɜrpəntaɪn/	[twei-ɚ-pʰən-tʰjəŋ]	tuì ér pēn tīng
talent	/ˈtælənt/	[tʰA-lian-tʰɤ]	tā lián tè
taboo	/təˈbu/	[tʰA-pu]	tǎ bù
touch	/tʌtʃ/	[tʰA-tʂʅ]	tǎ chì
Tartan	/ˈtartən/	[tʰA-taŋ]	tǎ dāng（pǎo dào）
tafia	/ˈtæfiə/	[tʰA-fei-jA]	tǎ fēi yà（jiǔ）
tack	/tæk/	[tʰA-kʰɤ]	tǎ kè
dado	/ˈdeɪdoʊ/	[tʰai-tu]	tái dù
dacca	/ˈdækə/	[tʰai-kʰA]	tái kǎ
taffy	/ˈtæfi/	[tʰai-fei]	tài fēi（táng）
time	/taɪm/	[tʰai-mu]	tài mǔ
Titanism	/ˈtaitənizəm/	[tʰai-tʰan]	tài tǎn（jīng shén）

英语输入	英语国际音标 IPA	汉语国际音标	汉语拼音
tank	/tæŋk/	[tʰan-kʰɤ]	tǎn kè
tango	/ˈtæŋgoʊ/	[tʰan-kɤ]	tàn gē（wǔ）
tambourine	/ˌtæmbəˈrin/	[tʰɑŋ-pwo-ljəŋ]	tāng bó líng
donut	/ˈdoʊnʌt/	[tʰɑŋ-nA-tsɿ]	táng nà zī
televox	/ˈtelivɔks/	[tʰɤ-lɤ-fu-kʰɤ]	tè lè fú kè
tesla	/ˈtezlə/	[tʰɤ-sɿ-lA]	tè sī lā
tex	/tɛks/	[tʰɤ-kʰɤ-sɿ]	tè kè sī
triangle	/ˈtraɪæŋgəl/	[tʰɤ-li-an-kɤ-ɚ]	tè lì ān gé ěr
tricot	/ˈtriko/	[tʰɤ-li-kʰɤ-tɤ]	tè lì kě dé
trick	/trɪk/	[tʰɤ-li-kʰɤ]	tè lì kè
terylene	/ˈterɪˌlin/	[tʰɤ-li-swən]	tè lì lún
trilemma	/traɪˈlemə/	[tʰɤ-li-ɻwei-mA]	tè lì ruì mǎ
tuxedo	/tʌkˈsidoʊ/	[tʰi-sɿ-fu]	tī sǐ tù
tittup	/ˈtɪtəp/	[tʰi-tʰA]	tī tà（wǔ）
tuba	/ˈtubə/	[tʰi-jou-pA]	tí yōu bā
tissue	/ˈtɪʃu/	[tʰi-su]	tǐ sù
tencel	/tensil/	[tʰjan-sɿ]	tiān sī
tips	/tɪps/	[tʰje-ʂʅ]	tiē shì
tin	/tɪn/	[tʰjəŋ]	tīng
tendency	/ˈtendənsi/	[tʰjəŋ-təŋ-sɤ]	tīng děng sè
dope	/doʊp/	[tʰou-pu]	tòu bù（yóu）
turbine	/ˈtɜrbaɪn/	[tʰou-pjəŋ]	tòu píng（jī）
totem	/ˈtoʊtəm/	[tʰu-tʰəŋ]	tú téng
tonite	/ˈtənaɪt/	[tʰu-nA-tʰɤ]	tú nà tè
treason	/ˈtrizn/	[tʰu-li-swən]	tǔ lì sūn
toast	/toʊst/	[tʰu-sɿ]	tǔ sī
technocracy	/tekˈnɑkrəsi/	[tʰwei-kʰɤ-nwo-kʰɤ-lA-ɕi]	tuī kè nuò kè lā xī
Twitter	/ˈtwɪtər/	[tʰwei-tʰɤ]	tuī tè
taper	/ˈteɪpər/	[tʰwei-pA]	tuì bá
tuna	/ˈtunə/	[tʰwən-nA]	tūn ná（yú）
dumpling	/ˈdʌmplɪŋ/	[tʰwən-pjəŋ]	tūn bìng
tank	/tæŋk/	[tʰwən]	tún
toccata	/təˈkɑtə/	[tʰwo-kʰA-tA]	tuō kǎ dā
trust	/trʌst/	[tʰwo-lA-sɿ]	tuō lā sī
tornado	/tɔrˈneɪdoʊ/	[tʰwo-nA-tʰwo]	tuō nà tuó
toss	/tɔs/	[tʰwo-ʂʅ]	tuō shī

英语输入	英语国际音标 IPA	汉语国际音标	汉语拼音
talkie	/ˈtɔki/	[tʰwo-tɕju]	tuō jù
truffle	/ˈtrʌfəl/	[tʰwo-lA-fu-ɚ]	tuō lā fú ěr
tribe	/traɪb/	[tʰwo-lai-pwo]	tuō lái bó
tribune	/ˈtrɪbjun/	[tʰwo-li-pi-wən]	tuō lì bǐ wén
tanist	/ˈtænɪst/	[tʰwo-ni-sɿ-tʰɤ]	tuó nì sī tè
total	/ˈtoʊtəl/	[tʰwo-tou]	tuò dōu
toft	/tɔft/	[tʰwo-fu-tʰɤ]	tuò fú tè
topology	/təˈpɑlədʒi/	[tʰwo-pʰu]	tuò pū（xué）
tod	/tɑd/	[tʰwo-tʰɤ]	tuò tè
town	/taʊn/	[tʰwo-wən]	tuò wēn
talma	/ˈtælmə/	[tʰA-ɚ-mA]	tǎ ěr mǎ（dà yī）
taffeta	/ˈtæfɪtə/	[tʰA-fu]	tǎ fū（chóu）
tarantella	/ˌtærənˈtɛlə/	[tʰA-lan-tʰai-lA]	tǎ lán tái lā（wǔ）
tarantula	/təˈræntʃələ/	[tʰA-lan-tʰu-lA]	tǎ lán tú lā（dú zhū）
talose	/ˈtæloʊs/	[tʰA-lwo]	tǎ luó（táng）
typhoon	/taɪˈfun/	[tʰai-fəŋ]	tái fēng
daiquiri	/ˈdækɪri/	[tʰai-kʰɤ-li]	tái kè lì（jiǔ）
tarragon	/ˈtærəgən/	[tʰai-lai-fəŋ]	tái lái fēng
tithe	/taɪð/	[tʰai-tɤ]	tài dé
tangent	/ˈtændʒənt/	[tʰan-tɕjn]	tán jìn
tambura	/tæmˈbʊərə/	[tʰan-pu-A]	tǎn bù ā
tibia	/ˈtɪbiə/	[tʰi-pi-jA-ti]	tī bǐ yà dí
theorbo	/θɪˈɔbəʊ/	[tʰi-ɑu-ɚ-pwo]	tí ào ěr bó
timpani	/ˈtɪmpəni/	[tʰjəŋ-pʰA-ni]	tíng pà ní
var	/vɑr/	[wA-ɚ]	wǎ ěr
wire	/ˈwaɪər/	[wei-jɤ]	wēi yě
weber	/ˈveɪbər/	[wei-pwo]	wéi bó
viola	/viˈoʊlə/	[wei-e-lA]	wéi é lā
vireo	/ˈvɪrɪˌoʊ/	[wei-li-e]	wéi lì é（niǎo ）
amaryllis	/ˌæməˈrɪlɪs/	[wo-mA-li-sɿ]	wō má lì sī
Utopia	/juˈtoʊpiə/	[wu-two-pɑŋ]	wū tuō bāng
vapor	/ˈveɪpər/	[wA-pwo-ɚ]	wǎ bō ěr
valse	/vɑls/	[wA-ɚ-sɿ]	wǎ ěr sī
wager	/ˈweɪdʒər/	[wA-kɤ-nA]	wǎ gé nà
vac	/væk/	[wA-kʰɤ]	wǎ kè
watt	/wɑt/	[wA-tʰɤ]	wǎ tè

英语输入	英语国际音标 IPA	汉语国际音标	汉语拼音
whatman	/ˈwɑtmən/	[wA-t^hɤ-man]	wǎ tè màn
Mastercard	/ˈmɑstəˌkɑd/	[wan-ʂʅ-tA-k^hA]	wàn shì dá kǎ
vandalism	/ˈvændəlɪzəm/	[wɑŋ-tA-ɚ]	wāng dá ěr（zhǔ yì）
veto	/ˈvitoʊ/	[wei-two]	wēi duǒ
wafer	/ˈweɪfər/	[wei-fA]	wēi fǎ（bǐng）
velocity	/vəˈlɑsəti/	[wei-lwo-ɕi-t^hɤ]	wēi luò xī tè
whisky	/ˈwɪski/	[wei-ʂʅ-tɕi]	wēi shì jì
wire	/ˈwaɪər/	[wei-jA]	wēi yà
viol	/ˈvaɪəl/	[wei-ɑu-ɚ]	wéi ào ěr
velcro	/ˈvelkroʊ/	[wei-k^hɤ-lɑu]	wéi kě láo
vicar	/ˈvɪkər/	[wei-k^hɤ-ɚ]	wéi kè ěr
villain	/ˈvɪlən/	[wei-lan]	wéi lán
Venus	/ˈvinəs/	[wei-nA-sɿ]	wéi nà sī
vinylon	/ˈvaɪnɪlɒn/	[wei-ni-lwən]	wéi ní lún
visa	/ˈvizə/	[wei-sA]	wéi sà（kǎ）
vitamin	/ˈvaɪtəmɪn/	[wci-t^hA-mjəŋ]	wéi tā mìng
vitaphone	/ˈvɪtəfoʊn/	[wei-t^hA-fəŋ]	wéi tǎ fēng
vermouth	/vərˈmuθ/	[wei-mei-sɿ]	wèi měi sī
wincey	/ˈwɪnsɪ/	[wən-ɕi]	wēn xī bù
honour	/ˈɑnər/	[wəŋ-nA-ɚ]	wēng nà ěr
worm	/wɜrm/	[wo-kan]	wō gǎn
oxygen	/ˈɑksɪdʒən/	[wo-k^hɤ-ɕy-kəŋ]	wò kè xū gēng（qì）
hernia	/ˈhɜrniə/	[xɤ-ni-jA]	hè ní yà
cholera	/ˈkɑlərə/	[xu-lje-lA]	hǔ liè lā
vanilla	/vəˈnɪlə/	[xwA-ni-lA]	huá ní lā
wastc	/weɪst/	[xwei-sɿ]	huí sī
cider	/ˈsaɪdər/	[ɕi-tɤ-ɚ]	xī dé ěr（jiǔ）
sirloin	/ˈsɜrlɔɪn/	[ɕi-ləŋ]	xī lěng
shimmy	/ˈʃɪmi/	[ɕi-mi]	xī mí（wǔ）
hypothesis	/haɪˈpɑθəsɪs/	[ɕi-pu-t^hi-ɕi]	xī bǔ tī xī
chivalry	/ˈʃɪvəlri/	[ɕi-fA-lɤ-li]	xī fǎ lè lí
situs	/ˈsaɪtəs/	[ɕi-t^hA-sɿ]	xī tǎ sī
city	/ˈsɪti/	[ɕi-t^hɤ]	xī tè
hippie	/ˈhɪpi/	[ɕi-p^hi]	xī pí
carmine	/ˈkɑrmaɪn/	[ɕjA-ɚ-min]	xià ér mǐn
shalloon	/ʃəˈlɒn/	[ɕjA-luŋ]	xià lóng（róng）

英语输入	英语国际音标 IPA	汉语国际音标	汉语拼音
cyclamen	/ˈsaɪkləmən/	[ɕjan-kʰɤ-lai]	xiān kè lái
shilling	/ˈʃilɪŋ/	[ɕjan-ljəŋ]	xiān lìng
shampoo	/ʃæmˈpu/	[ɕjɑŋ-pwo]	xiāng bō
shoran	/ʃɔræn/	[ɕjɑu-lan]	xiāo lán
hysteria	/hɪˈsteriə/	[ɕje-sɿ-ti-li]	xiē sī dǐ lǐ
cellulose	/ˈseljuloʊs/	[ɕje-lju-lu-sɿ]	xiě liú lù sī
shock	/ʃɑk/	[ɕjou-kʰɤ]	xiū kè
show	/ʃoʊ/	[ɕjou]	xiù
cigar	/sɪˈgɑr/	[ɕye-tɕjA]	xuě jiā
shaker	/ˈʃeɪkər/	[ɕye-kʰɤ]	xuě kè（bēi）
sharkskin	/ˈʃɑrkˌskɪn/	[ɕye-kʰɤ-sɿ-tɕjn]	xuě kè sī jīn（xì ní）
sherry	/ˈʃeri/	[ɕye-li]	xuě lì（jiǔ）
chenille	/ʃəˈnil/	[ɕye-ni-ɚ]	xuě ní ěr（shā）
secant	/ˈsikænt/	[ɕi-kən]	xī gēn
cylinder	/ˈsɪlɪndər/	[ɕi-lin]	xī lín
sangria	/sæŋˈgriə/	[ɕjn-tɕjA-li]	xīn jiā lì（jiǔ）
chiffon	/ʃɪˈfɑn/	[ɕye-fɑŋ]	xuě fǎng（chóu）
sister	/ˈsɪstər/	[ɕye-ɕi-tai]	xuě sī dài
cents	/sents/	[ɕjan-ʂʅ]	xiān shì
senator	/ˈsenətər/	[ɕi-nA-two]	xī nà duō
signal	/ˈsɪgnəl/	[ɕin-xɑu]	xìn hào
inflammation	/ˌɪnfləˈmeɪʃən/	[jan-fʰA-mei-ʂwən]	yán fǎ měi shùn
opium	/ˈoʊpiəm/	[jA-pʰjan]	yā piàn
yuffies	/ˈjʌfis/	[jA-fei-ʂʅ]	yǎ fèi shì
habit	/ˈhæbɪt/	[jA-pei-tu]	yà bèi dù
alkali	/ˈælkəlaɪ/	[jA-ɚ-tɕjA-li]	yà ěr jiā lǐ
aquarium	/əˈkweriəm/	[jA-kwei-lin]	yà kuí lín
aristocracy	/ˌærɪˈstɑkrəsi/	[jA-li-sɿ-two-kwo-lA-sɿ]	yà lǐ sī tuō kuò lā sì
armature	/ˈɑrmətʃər/	[jA-mA-tɕʰjou-jA]	yà mǎ qiū yà
analogous	/əˈnæləgəs/	[jA-nA-lwo-wo]	yà nà luò wǒ
inspiration	/ˌɪnspəˈreɪʃən/	[jan-ʂʅ-pʰi-li-tʂwən]	yān shì pī lì chún
insure	/ɪnˈʃʊr/	[jan-ʂu]	yàn shū
Yankee	/ˈjæŋki/	[jɑŋ-tɕi]	yáng jī
yeoman	/ˈjoʊmən/	[jɑu-mɑŋ]	yáo máng
elixir	/ɪˈlɪksər/	[je-li-kʰɤ-sɤ]	yē lí kè sè
etymology	/ˌetɪˈmɑlədʒi/	[je-ti-mwo-lwo-tʂʅ]	yè dì mó luò zhī

英语输入	英语国际音标 IPA	汉语国际音标	汉语拼音
yelling	/ˈjelɪŋ/	[je-ləŋ]	yè lěng
ethics	/ˈeθɪks/	[ji-ti-kɤ]	yī dí gé sī
email	/ˈimeɪl/	[ji-mei-ɚ]	yī mèi ér
isotron	/ˈaɪsəʊtrɒn/	[ji-su-tʂɑŋ]	yī sù chāng
Easter	/ˈistər/	[ji-sɿ-tʰai]	yī sī tài
ether	/ˈiθər/	[ji-tʰai]	yǐ tài
ideology	/ˌaɪdiˈɑlədʒi/	[ji-tɤ-wo-lwo-tɕi]	yì dé wò luó jī
inductive	/ɪnˈdʌktɪv/	[jin-tA-kʰɤ-ti-fu]	yīn dá kè dì fū
ink	/ɪŋk/	[jin-kʰɤ]	yīn kè
Inuit	/ˈɪnjuɪt/	[jin-nju-tʰɤ]	yīn niǔ tè
insulin	/ˈɪnsəlɪn/	[jin-su-lin]	yīn sū lín
internet	/ˈɪntərnet/	[jin-tʰɤ]	yīn tè（wǎng）
invention	/ɪnˈvenʃən/	[jin-wən-ɕjuŋ]	yīn wēn xióng
inch	/ɪntʃ/	[jin-tʂʅ]	yīn zhì
industry	/ˈɪndəstri/	[jin-tA-sɿ-two-li]	yīn dá sī tuō lǐ
infallible	/ɪnˈfæləbl/	[jin-fA-li-bwo-ɚ]	yīn fǎ lì bó ér
index	/ˈɪndeks/	[jin-tɤ]	yǐn dé
engine	/ˈendʒɪn/	[jin-tɕʰiŋ]	yǐn qíng
entelechy	/enˈteləkɪ/	[jin-tɤ-lai-ɕi]	yǐn dé lái xī
inflation	/ɪnˈfleɪʃən/	[jin-fA-ɻɤ-ɕjuŋ]	yìn fā rè xiōng
intelligentsia	/ɪnˌtelɪˈdʒentsiə/	[jin-tje-li-kən-tʂwei-jA]	yìn tiē lì gēn zhuī yà
empire	/ˈempaɪər/	[jiŋ-pai-ɚ]	yīng bài ěr
English	/ˈɪŋglɪʃ/	[jiŋ-kɤ-li-ʂʅ]	yīng gé lì shì
Enigma	/ɪˈnɪgmə/	[jiŋ-kɤ-mA]	yīng gé mǎ
interlock	/ˌɪntərˈlɑk/	[jiŋ-two-lwo-kʰɤ]	yīng tuō luò kè（jī）
infidel	/ˈɪnfidəl/	[jiŋ-fei-tu]	yīng fěi dú
inquisitor	/ɪnˈkwɪzɪtər/	[jiŋ-kwei-ʂʅ-tʰwo]	yīng guī shí tuó
entity	/ˈentəti/	[jiŋ-tʰi-ti]	yīng tì dì
interest	/ˈɪntrest/	[jiŋ-two-lje-sɿ-tʰɤ]	yīng tuō liè sī tè
yumpies	/ˈjʌmpis/	[juŋ-pʰi-ʂʅ]	yōng pí shì
yogurt	/ˈjoʊgərt/	[jou-kɤ]	yōu gé
university	/ˌjunɪˈvɜrsəti/	[jou-ni-wei-ʂʅ-ti]	yōu ní wéi shí dì
humor	/ˈhjumər/	[jou-mwo]	yōu mò
ukulele	/ˌjukəˈleɪli/	[jou-kʰɤ-li-li]	yóu kè lǐ lǐ
union	/ˈjuniən/	[jou-ɻən]	yóu rèn
yahoo	/ˈjɑhu/	[jA-xu]	yǎ hǔ

英语输入	英语国际音标 IPA	汉语国际音标	汉语拼音
yuppies	/ˈjʌpiz/	[jA-p^{h}i-ʂʅ]	yǎ pí shì
arrack	/ˈærək/	[jA-li]	yà lì（jiǔ）
unit	/ˈjunɪt/	[jɑu-ni]	yāo nì
idea	/aɪˈdiə/	[ji-t^{h}i-jA]	yī tí yà
invar	/ɪnˈvɑ/	[jin-wA]	yīn wǎ（hé jīn）
yoke	/joʊk/	[jy-k^{h}ɤ]	yù kè
jar	/dʒɑr/	[tʂA]	zhā
justice	/ˈdʒʌstɪs/	[tʂA-sɿ-tʂʅ-sɿ]	zhā sī zhí sī
chancellor	/ˈtʃænsələr/	[tʂan-sɤ-lA]	zhàn sè là
cheese	/tʃiz/	[tʂʅ-ʂʅ]	zhī shì
giraffe	/dʒəˈræf/	[tʂʅ-lA-fu]	zhī lā fū
zeus	/zjus/	[tʂou-sɿ]	zhòu sī
genus	/ˈdʒinəs/	[tʂən-an-sɿ]	zhēn ān sī
jig	/dʒɪg/	[tʂʅ-kɤ]	zhī gé
zebra	/ˈzibrə/	[tʂʅ-pu-lA]	zhī bù lā
gelatine	/ˈdʒɛlətən/	[tʂʅ-lA-tjəŋ]	zhí là dīng

致　谢

值此书完成之际，谨向给予我指导、帮助的学校、老师和同学们表示最衷心的感谢。

本研究是在我的导师李宝玲教授的悉心指导下完成，她严肃的科学态度和精益求精的工作作风，深深感染并激励着我，从课题的选择到书籍的最终完成，李老师都给予了我耐心的指导和启迪。

河北地质大学也给予了全面的支持，河北地质大学学术著作出版基金（CB2023004）使本书能够顺利出版完成。非常感谢校领导的对学术出版的重视，对科研大力的支持，及对老师的关怀。

此外，还要感谢书中参与试验与调查问卷的同学们，他们积极的参与也是我完成本书不可或缺的重要一环！正是依靠他们提供的有效数据，才使本书的实证研究具有说服力和可信度。

最后，感谢家人的支持，正是有了他们在生活中的付出，才使得我在学业和工作上取得更大的成绩！